美 国 语 文

[英]塞缪尔·约翰逊 等———— 著　　杨肖　移然———— 译

吉林出版集团股份有限公司

图书在版编目（CIP）数据

美国语文／（英）约翰逊等著；杨肖，移然译. —
长春：吉林出版集团有限责任公司，2015.10（2019.9重印）
书名原文：The Eclectic Readers
ISBN 978-7-5534-7001-6

Ⅰ. ①美… Ⅱ. ①约… ②杨… ③移… Ⅲ. ①英语课
—中学—美国—教材 Ⅳ. ①G634.411

中国版本图书馆CIP数据核字（2015）第208441号

美国语文

著　　者	［英］塞缪尔·约翰逊等
译　　者	杨　肖　移　然
策划编辑	李异鸣　杨　肖
责任编辑	王　平　齐　琳
封面设计	象上品牌设计
开　　本	787mm×1092mm　1/16
字　　数	420千
印　　张	25
版　　次	2015年10月第1版
印　　次	2019年9月第2次印刷
出　　版	吉林出版集团股份有限公司
电　　话	总编办：010-63109269
	发行部：010-81282844
印　　刷	廊坊市祥丰印刷有限公司

ISBN 978-7-5534-7001-6　　　　　　　定价：59.80元

AMERICAN LITERATURE

目录
CONTENTS

第21部分　感悟人生

1

第1部分
热爱自然

AMERICAN
LITERATURE

第1课
瓦尔登湖

亨利·戴维·梭罗

★ **我生活的地方；我为何生活（节选）**

在生命中的某个时期，人们习惯去思考在任何可能的地方建造一所房子。正因为如此，我对自己居所周围十二英里的地方都进行了考察。在我的想象中，我已经将所有的农场都买了下来，并且包含其中所需要购买的很多东西，同时，我对它们的价格了如指掌。我从农夫的院落前面经过，品尝他们院子里的苹果，和他们谈论庄稼。不管他提出什么价格，我都会按照他希望的价格将农场买下来，甚至，我所出的价格比他提出的还要高——买下农场里全部的物件，不过我并不会要契约——我将他的承诺当做契约，因为我很喜欢谈话——耕耘田地，从某种程度上，我想，也耕耘了农夫的心田，当我享受到足够的乐趣后，我把田地交给农夫继续耕种。因为这些经历，我的朋友认为我是一个地产经纪人。不管我走到哪儿，我都可以在那里居住，那里的风景也会因我而美丽。如果一栋房子的周围没有了土地，它又算是什么房子呢？所以，在房子的周围最好是有一片乡村的土地。我发现很多房子周围的环境都很难被迅速整修，有人也许会以为是那些地方远离村镇的缘故，但在我看来，却是村镇离它们太远了。我曾经说过，我会住在那里，我也确实那么做过，不管是一个小时，一个夏天或者一个冬天的时间。我曾经在那里体验了时间的流逝，体验了在煎熬中等待冬天过去，体验了春天的到来。将来要住在这个地方的人，不管他们将自己的家建造在什么地方，他们都可以相信我已经为他们的到来作好了准备。只需要一个下午，我就可以将那些地方修改为果园、树林和牧场，并且决定将哪些美丽的橡树或松树留在房前。不管从哪个角度看过去，那些即使枯萎的树都可以构造出一幅美好的风景。然后，我就让那些土地在那里默默等待，因为一个人是否富有，要看他是否能够将自己手中所握放下。

我的思想走得太远，以至于想到有好几个农场会拒绝我，不肯出售给我——被拒绝正合我的心愿呢——我从不在实际占有这类事上吃苦头。我差一点拥有自己的土地是那一次购买了豪罗威尔那个地方的时候，我准备好了种子，收集了材料，想要制作一辆手推车来运输那些产品。可是，就在土地的主人将要把地契给我的时候，他的妻子却改变了主意。几乎每个男人都会有这样一个临阵改变想法的妻子，她想要自己保留那片土地。于是，土地的主人用十美元的代价和我解除了合约。我在这个世界上只有十美分而已，要是我拥有这十美分，要是我拥有一个农物，或者十美元，或者这一切，这简直超出了我的数学能力，说不清我有多少财产了。但是，我还是将那十美元留给了他，也将农场留给了他，因为我的脚步已经走得足够远了。或者我也可以这样说：我慷慨地用自己购买的价格将农场又卖给了他。因为考虑到他也并不富裕，所以我又将十美元作为礼物送给了他。而最后的结果，我还依然拥有属于自己的十美分、种子以及一辆手推车。我发现做完这一切之后，我已经成为了一个富人，虽然我的贫穷还依然保持原状。但我获得了那些风景，并且从此刻起无须手推车就可以在这片土地上获得丰收。关于那片土地的风景：

"我统治视野之内的一切，

没有人可以置疑我的权威"。

已经有许多回，我看到诗人将一个农场之中最有价值的部分享用，然后飘然而去，可是暴躁的农夫却以为他带走的只是几个苹果而已。当一个诗人将这片土地写进自己的诗歌之中，那首诗就会成为一个藩篱，将这片土地围起来。但这片土地的主人并不知道，他的土地的乳汁已经被挤出，诗人在脱脂之后获

得了奶油，留给农夫的只有那脱去奶油的牛奶而已。

对我而言，豪罗威尔的与世隔绝才是它最诱人的地方：它距离村镇有两英里，离它最近的邻居都要半英里才可到达，在它和公路之间，还有一片宽阔的田地。它的边界一直朝着河岸延伸，地的主人曾经告诉我春天的雾就是这里的保护神，但对我而言那都不算什么。房子已经变得灰暗破旧，而篱笆也早就被弃之不用，这些都是这所房子曾经的主人与我之间的隔阂。苹果树的树干已经空了大半，上面长满了苔藓，并且被野兔啃得遍体鳞伤，这些让我了解了自己的邻居是个什么样的人。不过最让我印象深刻的，是第一次沿着河岸旅行时的感受。当时我看到这座房子被一片浓密的红枫林掩映着，林子里还传来看门狗的叫声。我太想获得这所房子，等不及房主将那些岩石搬走，等不及他将那些中空的苹果树砍掉，等不及铲掉牧场中长出来的桦树苗。总而言之，我已经等不及浪费任何时间，只是为了享用这特别的风景，我计划要在这片土地长住下去，就像阿特拉斯一样将它扛在我的肩膀，虽然我从未听说阿特拉斯那么做之后获得了什么样的奖赏。我所做的一切，没有任何的目的和动机，我只为将它买下来，可以让自己安然地拥有这块土地。因为我的内心很清楚，只要我将它购买下来，然后将它安静地放在一边不予多余的理会，它就会生产出我所希望的收成。可是，事情最后却并没有像我所希望的那样发展。

虽然我曾经在一个花园之中耕种，但对于在这块土地上的耕作，我只能说自己准备好了种子，万事俱备只欠东风。很多人都认为，年代越久的种子越好。我一点都不怀疑时间可以区分种子的好坏，当我最后播种的时候，我也不会失望。但是我要告诉我的朋友们，这样的话我只说一次：请你努力自由地、不受拘束地去生活。因为我认为受到一个农场的束缚与受到一个郡县监狱的束缚是一样的。

老卡托的著作《乡村轶事》引导了我，他曾经说过一段话，可是我所见到的唯一的翻译却并未将它的真实含义表达出来。他说："当你希望得到一个农场时，你可以转变自己的想法，不去买下它，也不去目不转睛地盯着它，更不要以为你的脚步遍及它的角落你就拥有了它。如果这是一块儿肥沃的土地，你可以不时地去看望它，它会带给你越来越多的快乐。"我想我不会贪婪地购买土地，而是在有生之年不断地去那里游玩欣赏，并且决定要在死后埋骨在那里，让它在我生命的最后带给我更多的快乐。

我并不打算为这块土地写一首忧伤的诗歌，而是要像清晨的公鸡一样为它热情地歌唱，站在鸡窝上发出高亢的鸣叫，将邻居们都唤醒。

当我第一次住进这森林中的房子，也就是我开始不分昼夜地都居住在那里的时候，恰好是美国独立日，也就是1845年7月4日。那个时候，我的房子还没有为过冬作好准备，只能阻挡雨水的侵袭。它还没有涂抹泥灰，也没有装烟囱，它的墙是用粗糙的木头做成的，上面还有宽宽的裂缝。我晚上住在这屋子里的时候，觉得非常凉爽。这所房子的柱子是笔直的，它是从树林中砍伐来的。门也是最近刚刚打磨的，崭新的窗框让那个房子显得干净又宽敞。当清晨来临时，屋子被露水浸泡着，这个景象让我不由自主地开始幻想到了中午的时候木头会不会渗出甜蜜的树胶。在我的幻想中，这座房子一整天都保留着清晨的气息，让我想起前一年见过的一栋在山中的房子。那座木屋非常宽敞，而且没有涂泥灰，就算是从此经过的神也会为它驻足，女神可以拖曳着长裙在屋里走来走去。从我的屋子里经过的风似乎来自于山顶，它携带着大自然断断续续的旋律，又或许只有来自天国的部分。清晨的微风不断吹拂着，而诗歌的灵感从未被打断，却也没有什么人能够有幸听到它。

我来到这片森林里，是因为我想要从容地生活，并探寻生活的真正意义。我不希望自己成为一个不懂得怎样生活的人，更不希望自己在临死的时候才发现原来我没有真正地生活过，这将是人生中无法弥补的遗憾。我不想让自己过不是生活的生活，因为生活是如此可贵。我也不愿一味顺从，除非我必须要那么做。我想要探寻生活的奥秘，吸收生活的精髓，我要像强壮的斯巴达人一样，将不属于生活的那些东西全部打败，开辟出一条宽阔的道路，并且将所有的杂草都除去，将生活逼进一个角落，将它的条件降到最低。如果，最终可以证明那生活是低劣的，为什么我要将它全部的低劣获取，然后才能将它向所有人公开呢？如果，生活是高尚的，我就可以通过自己的体验来证明它，并且在接下来的人生中好好地体会它。因为在我的眼中，大多数人对待生活的态度都非常奇怪，他们不愿意肯定自己的生活，不知道它是荒唐的还是高尚的。人们总是草率地得出结论，认为自己的人生中最重要的就是"赞美上帝，并且因为他而获得永远的幸福"。

我们的生命就好像卑贱的蚂蚁，虽然人人都在传说着很久以前我们就已经成了一个人。在小人国里，人类和长脖子的仙鹤作战，这实在荒谬，用一个错误去修正另一个错误。人类所具备的最美好的道德，到了那种地方反而会变成不可避免的劫数。在琐碎的生活之中，我们的热情被耗尽了，一个诚实的人几乎不需要超过他手指头数目的琐事，在非常极端的情况之下，也许还可以加上他的十个脚趾，剩下的就可以完全合并在一起了。简单，简单，还是简单！我要告诉你，你的琐事不要超过两三件，不要让它们达到一两百件或一千件。你可以只用半打数字就代替你一百万的琐事，让你的账单越简单越好。在这个文明社会的变化无常的大海之中，有乌云、风暴和流沙，还有数以千计的需要你考虑的事情，它们是如此繁杂，以至于一个人如果不到海底为自己建造一个港口，生活就会被这些事情所淹没，他只有成为一个飞速的计算器，才可以获得成功。简单，只有简单！如果一天吃一顿饭就足够，就不要去吃三顿；如果五个菜就足够，又何必去浪费一百个菜。其他所有的事情都可以按照这个比例来缩小。我们的生活就像是德意志联邦，由很多个州组成，它的边界在不断扩张，以至于德国人自己也搞不清楚国家的边界在哪儿。这个国家虽然有内部的调整，但是，这些内部的调整也只是外在和表面的。因为国家本身就是一个笨重的机构，它就和这片土地上成千上万个普通的家庭一样，放满了各种凌乱的家具，不断被自己设下的圈套绊倒。因为沉迷于奢华和挥霍，缺少计划和崇高的目标，它处在不断毁灭的过程中。不管对于德国，还是对于一个家庭，唯一的出路就是实行严格的经济政策，要比那些过着简单生活的斯巴达人更加严格地要求自己。生活的脚步太快了，人们总是觉得这个国家最重要的是贸易，是冰块的出口，以及电报谈话和一小时三十英里的旅行。但不管他们是否真的做到这些，他们的观点都是确定的。但是对于我们应该像人一样生活，还是像狒狒一样生活，他们却一点儿都不确定。如果我们不是把自己的日日夜夜都奉献给生产枕木和制造铁路，而是用来休整和改善我们的生活，那谁去修建铁路呢？如果铁路没有被及时修好，我们又怎么能及时到达天堂呢？可是，如果我们都待在自己的家里，将心思都用在自己身边的事情上，又有谁会想到要用铁路呢？从现在的情况看，并不是我们站在铁路之上，而是铁路站在我们之上。

时间就像一条小溪，而我只在溪边钓鱼。我伸手从溪水中汲水来喝，可是在那一瞬间，我发现了溪底的沙子，发现小溪是如此浅。溪水顺着河道慢慢地流走，而永恒却留在那里，我想要从更深的水中去汲水，在天空中钓鱼，星星就好像卵石一样躺在它的溪底。我连数字都不会数，连字母表中的第一个字母都不认识了，让我遗憾的是，我为什么没有了刚出生时的聪明。其实智慧就好像一把大刀，只要它发现了前进的道路，就会一直径直刺进事物的本质之中。我不希望自己的手总是在忙碌一些不必要的事，我的大脑控制着我的手脚，所以我身体中所有最敏捷的部分都在它们之中。我凭借着自己的直觉得知：我的大脑是一个有待挖掘的矿山，有一些动物可以用它们的鼻子和前爪来挖掘，而我只能用自己的头脑来开山挖洞。我知道，那最富饶的矿脉就在这其中，所以我要用探矿杖以及袅袅升起的炊烟来判断，我要在这里开发了。

★ 结论（节选）

我要离开这森林，理由就像我要来的时候一样充分。在我的内心深处，也许还有其他的生活要去体验，不愿意在这一种生活上浪费太多时间。值得关注的是，我们在生活中很容易惯性地遵循一条路线，为自己找到一条平庸的道路。我在那里住了一个星期，就找到了一条从我的门口到湖边的小路，虽然从我踩出它到现在已经有五六年的时间了，可它还是那么清晰可见。我想可能也有其他人走过这条路，才让它有了现在的样子。地球有着柔软的表面，人们可以在上面留下脚印，而思想的道路也是如此。在这个世界上，有多少的道路被人们踩踏，尘土飞扬之中成为一条路！传统和服从在人们的大脑中留下了多么深刻的烙印啊！我并不是要从此住进木屋，而是想站在世界之船的甲板上、桅杆前，因为只有那里才能让我看清楚群山之间的月光。此时此刻，我不想到下面去。

至少，通过我的尝试，我认识到了：如果一个人满怀信心朝着梦想前进，并付出莫大的努力，那么他就会取得出人意料的成功。这时，他会把一些事情抛在脑后，穿越无形的阻碍，他的身边和内心之中会有一个全新的、广泛的、自由的法规。就算是那里曾经有过旧的法规，也会在一个更为自由的范围上得到解释。他的生活，将会在一种更为高级的特许之上。他对自己的生活简化到什么程度，宇宙间的法规也会被简化到什么程度。到那时，孤独、贫穷和柔弱都不会存在。如果你修建了空中楼阁，你所做的不一定是无用功。那就是它们应该在的地方，现在你所要做的，就是在它们下面加上地基。

为什么我们会为获得成功而付出一切？为什么我们会不顾一切地去追寻它？如果一个人在队伍中不能和其他人保持一样的节奏，那也许是因为他听到了其他鼓点的召唤。不管那音乐是缓慢的还是遥远的，就让他按照自己所听到的音乐去行走吧！他的成熟没有必要像一棵苹果树那样迅速，难道他有必要将自己人生中的春天变成夏天吗？如果我们所要求的那些条件都无法成为事实，那么我们用来代替它的任何现实又有什么意义呢？我们不能在一个毫无价值的事物上毁灭自己，而是应该历尽艰辛，为自己开拓一片湛蓝的天空。在玻璃一样纯净的天空出现的时候，难道我们还要远远地凝视，就好像它从未出现一样吗？

不管你的人生多么低贱，你都要迎接它、感受它。你不能回避它，更不能诅咒它。生活并不像你以为的那么糟糕，当你富有的时候，你的生活反而看起来是最贫穷的时候。一个万分挑剔的人，就算他生活在天堂也不会开心。即使你的生活贫穷，也要用心去热爱它。就算出生在一个穷苦的家庭，你也可以找到快乐的、兴奋的、光荣的人生。夕阳照在富人窗户上的同时也会照在救济院的窗户上，它们所反射出来的光辉是一样的。救济院前的白雪，到了春天也一样会融化。在我看来，一个平静的灵魂即使生活在救济院中，也会像生活在宫殿里一样，他的内心同样是快乐的、幸福的。在我看来，城里的穷人过着最独立的生活，这足以让他们不带任何疑虑地接受生活，也许他们就是伟大的。大多数人以为自己生活在上层社会，整个城市都在支持着他们的生活，但事实上，他们维持自己生活的手段并不适合，而且很不光彩。善待你的贫穷，就好像善待花园之中的香草和鼠尾草。不要为了获得新东西而花费太多心神，不管是衣服还是朋友。将旧有的东西改变，并且保有它，如果它不肯改变，那就改变你自己。将你的衣服卖掉，将你的思想保存。上帝会看到你对社会的态度，如果你像一只整天被囚禁在阁楼一角的蜘蛛，只保有自己的思想，世界仍旧是那么大。一位先贤曾经说："一个人可以将三个师的师长带走，让军队陷入混乱；但一个人的思想却不能被带走，就算那是一个卑鄙又粗俗的人"。不要急着寻求发挥，那反而会让自己屈服于很多可以利用的权势。这些都是浪费。谦卑和黑暗一样，它们都能揭示天堂的光辉，而贫穷和低贱就像阴影一样围绕在我们身边，而创造力打开我们的视野。常常有人会说，就算把克罗伊斯的财富给了我，我也一样会不改初衷，我要做的事情也基本不变。此外，如果你因为贫穷而限制住了自己的格局，就像因为你买不起书报，便只能被限制在最重要最必不可少的经验之中，这样的环境反而可以激发你，让你去处理能生产最多糖浆和淀粉的材料。和骨头最贴近的生活，就是最甜蜜的生活。你被贫穷保护，所以你也不会在琐事上虚度光阴。没有人因为高尚的慷慨而失去低下的荣耀，多余的财富只能让你得到多余的东西，钱并不是购买灵魂必需品的必要选择。

生命就像河流一样在我们的身体中流淌，有时候它会涨潮，及至我们所不知道的高度，将那些干涸的土地淹没。这样的时刻是重要的时刻，我们土地上的麝鼠也会被淹没。我们并不总是生活在干涸的土地上，远在内陆都可以看到河岸，它们在科学没有记录之前就泛滥成灾。有一个在新英格兰四处传播的故事，想必人人都听说过：在一截老苹果树干枯的树枝里，一只强壮又美丽的虫子爬了出来。这是一截在农夫的厨房里放了六十年的木头，它曾经生长在康涅狄格州，后来被运到了马萨诸塞州。从木头的年轮上，我们可以猜出，在这棵树还活着的时候，就有一粒虫卵被留在了里面。这只虫子正是由那粒卵孵化而来的，而它的成长依靠的就是从缸中偶然传来的热量，连续几个星期，人们都听到它在啃咬木头，好从里面爬出来。听过这个故事的人，哪一个不被生命不朽的力量所感动呢？那个美丽的长着翅膀的生命，在还是一粒卵的时候就被留在了绿色树干里，而这树干居然变成了它的坟墓。多少年来，在干燥僵硬、刻满了年轮的木头里，它被深埋。直到多年之后，当这一家人围坐在喜宴桌边，他们惊讶地听到了从内而外发出的啃咬声，这只虫子出人意料地从最微不足道的家具中钻了出来，它要享受属于它的完美夏日。

我并不寄希望于约翰和乔纳森这些普通人认识到这些，但这就是未来的特质，仅仅依靠时间的力量无法让它破解。黑暗就是熄灭我们眼神中的光，只有天空破晓，我们才能因为它而苏醒。现在，还有很多日子需要这样的破晓，而太阳不过是宣示这一切的一颗晨星而已。

知识拓展

★ **亨利·戴维·梭罗（1817—1862）**

亨利·戴维·梭罗是19世纪美国著名的作家、哲学家。他出生在马萨诸塞州，曾就读于哈佛大学，1841年开始投入写作。《瓦尔登湖》为其代表作，此书是作者对他在瓦尔登湖两年两个月零两天的实际生活的记录。此书文笔清新、健康向上，主要揭示的是作者在回归自然中所感悟到的人生真谛。

阅读思考

1.梭罗最初为什么要住进森林？最后为什么又离开了呢？

2.梭罗对那些生活贫困潦倒的人，有什么样的看法？

3.如果梭罗生活在现代社会，他会像文中所描述的那样生活在大森林中吗？为什么？

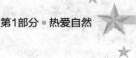

第2课

穿越大裂谷

梅里韦瑟·刘易斯

1805年8月17日 星期六

　　今天早上我起得很早，然后安排德鲁叶和那个印第安人一起顺着河流向下探寻，派希尔兹去打猎。我吩咐麦克尼尔将剩下的肉都煮熟，为大家和酋长准备了一顿算不上丰盛的早餐。

　　德鲁叶出发两个小时后，那个印第安人沿着河流走了一段路后又返回来了，他告诉我说白人们要回来了，因为他亲眼看见了他们。听到这个消息，所有人都变得兴奋和激动起来，酋长也在不停地拥抱着周围的人。我也和他们一样高兴。过了不一会儿，克拉克船长和翻译卡波诺来到了这里，另外还带来了一个印第安妇女，后来我们发现那个妇女居然是卡密沃特酋长的妹妹。这种重逢的场面实在让人感动，尤其是萨卡噶威阿和一个印第安妇女见面的时候，更让人感动。那个印第安妇女曾经和她一起被囚禁，后来她从米涅塔勒斯逃走，重新回到她的族人中。

　　到了中午，独木舟也到达了。大家再一次被喜悦所笼罩，因为我们所有人都聚集到一起了。他们还带来了一个振奋人心的消息：如果水上航行不太便利的话，我们很快能得到很多的马匹，这可以帮助我们在陆地上继续我们的探险旅程。

　　现在，我们在河的左岸撑起了帐篷，这里是一条分岔路的交叉点，而且有很好的草坪覆盖着平坦的地面。独木舟里的货物被卸下来，我们的行李也都被安置在岸边，一张大船帆被当做帐篷一样支起来。我们还在地上插了一些柳树的枝条，当我们和印第安人聊天的时候，他们可以坐在树枝所带来的荫凉之中。我们

觉得和印第安人之间的谈话最好就在今晚举行。

下午四点钟时，我们通知他们来到这里。通过拉布士、卡波诺和萨卡噶威阿的翻译，我们向印第安人充分地说明了我们来到这里的目的。在交流的过程中，我们特别留意让他们感受到我们良好的祝愿，以及政府对他们的关心。我们向他们传达了一种意识，让他们觉得货物、安全以及舒适的生活都要依靠政府来获得，也让他们感知到政府的强大和对他们的友好态度。对于我们深入到如此偏远地区的原因，我们也作出了解释——因为我们要寻找一条更直接的道路，可以将商品送到他们的身边。在我们到家之前，没有人能够和他们交易，所以他们为我们提供了热情的帮助，以便让我们可以尽快回家。这样做对我们双方来说都是很有好处的。

知识拓展

★ 梅里韦瑟·刘易斯（1774—1809）

梅里韦瑟·刘易斯是美国探险家和军人。他出生在弗吉尼亚州，1795年参军，成为美国的一名正规军。1801年被任命为托马斯·杰弗逊的私人秘书，后被杰弗逊任命为路易斯安那州的州长。1809年死于一个小酒馆中，具体死亡原因至今是个谜。

阅读思考

1.当刘易斯和其他人相聚的时候，他表现得非常高兴，这是为什么？

2.刘易斯向印第安人解释他这一次探险的原因时，是如实相告的吗？

3.和印第安人的谈判结束之后，刘易斯分发了一些礼物给他们。请问他这样做的原因是什么？

4.对于刘易斯和印第安人所进行的谈判，你认为他所选择的方法是否正确？请说明你的理由。

第3课
地球上最壮观的景象

约翰·威斯利·鲍威尔

　　科罗拉多大峡谷是成千上万个峡谷集合体，是一个大型的峡谷群。同样，这个峡谷中的每一道峭壁都是由很多的峭壁所组成的峭壁群。所有的峭壁都形态各异，几乎没有重复的姿态。在大峡谷中，每一个小小的峡谷都可以称得上是美好的世界，像尼亚加拉大瀑布下的峡谷就有几千个，像约塞米蒂国家公园里的也有几千个。当所有这些峡谷都组合在一起成为一个整体时，这简直是地球上最为壮观的景象。即使将华盛顿山脉海平面以下的地方都掀起填进大峡谷中，也不能让峡谷中的水从峭壁之中溢出。即使将蓝力奇山拔起来扔到大峡谷里，也不能将这个峡谷填满。

　　雨水和河流在大峡谷中进行鬼斧神工一般的雕刻，这片广阔的峡谷迷宫将科罗拉多河流过的高原劈成两半，而这峡谷迷宫也是水的杰作。每一条河流都在挖掘着属于自己的峡谷，就算是一条小溪也在开通自己的道路。当大雨来临时，细流精雕细琢地雕刻着峡谷，因为每一场雨只能刻出一点点。大雨间隔的时间很长，峡谷上空一年之中有绝大多数都是晴朗的天空。但是随着岁月流逝，大雨不断带来涓涓细流，在数个世纪的积累之中，它们完成了一个神奇的作品。

　　在峡谷中，冲蚀所带来的作用是广泛的，但它只能算是冲蚀给这个地区带来的改变中很小的一部分。在那些高山峻岭之间，被冲走的石块要比填满这座峡谷所需要的石块还多。这个地区因为冲蚀的作用几乎整体降低了一千多英尺，甚至在某些地区，超过三万英尺的岩石都被冲走了。这么算起来，就算是一个面积只有二十万平方英里的土地，平均也有六千英尺的地面被冲走。请大家都来想象一下：一个面积达到二十万平方英里的地区，它的厚度达到一英里，而云层中不断落下大雨，将这些岩石都击碎成细沙，小溪再将这些细沙都带走，送进河流，再通过科罗拉多河将它们送进大海。我们总以为是山脉之中氤氲的水雾形成了云朵，但事实上却是云朵雕琢了山脉。地球内部的地质力量将巨大的地块从海底托举出来，这种力量也让地球在不断改变。那些四处飘飞的云彩携带着暴雨，带着彩虹，用巨大的力量和高超的技巧，将山脉和峡谷都雕刻出来，并且制造出悬崖和彩虹搭配的绮丽景象。白云，它才是真正的艺术家。

冬天来临的时候，大峡谷更会凸显出一些出人意料的特点。黑色的片麻岩，条纹斑驳的石英岩，以及位于峭壁上的绿色砂岩，它们一起组成了壮美的红色石壁。石灰石高高耸立，它就在带状砂岩的山头上。冬天的白雪将这一切都覆盖起来，站在低处看去，这些岩石变化的部分似乎一直伸进了天空。在岩石和蔚蓝天空之间，甚至找不到任何缝隙。天空也是这个伟大景观的组成部分，在石壁的周围，它形成了一个宽大的圆顶棚，苍穹为大峡谷带来了蓝色的一抹。在这个宽阔无边的建筑之中，天与地成为一体。

到了雨季，白云就会到峡谷中来回游戏，它可以让峡谷产生另一种效果。云朵从一个峡谷蹿到另外一个峡谷中，迂回地奔走，它让整个天空都充满了动态和生机。这里的云朵和平原的不一样，在平原上，它们只会靠着风的推动朝着一个方向移动，而在大峡谷中，它们会沿着山间的小路走出多变的姿态。这么看来，这些小小的云朵似乎就像人似的，它们有自己的意愿和灵魂，而且每一朵云都在做着不一样的事情——它们就好像是各自有着各自的主意，只跟随自己内心之中的愿望而四处飘荡。在人们瑰丽的幻想世界里，白云是属于天空的。当它们来到峡谷中时，天空也会来到这里。云朵攀附着山崖，似乎是想将岩石都举到无边的天空中去，可是那天空没有尽头，它们只好将这些石壁不断扩大。

这个大峡谷的奇观，已经超越了语言可以描述的范畴。再丰富生动的文字，都会在大峡谷面前黯然失色。就算是将语言和图片结合起来，也无法完成这个艰难的任务。创造出大峡谷这个自然界中最壮观景象的，是多种多样而又千变万化的力量。这个伟大的奇观经过了人类无法想象的时间才完成，它所有精致的特征，都是由岁月的风雨精雕细琢而成的。如果你要描述它，就会像描述天空之中的繁星一样困难，也像描述由橡树、松树、杨树、山毛榉、菩提树、山楂树、郁金香、百合花、玫瑰花、蕨类、苔藓和地衣这些丰富的植物所组成的美丽的森林一样困难。而且在这大峡谷中，除了千变万化的岩石形态之外，还有丰富的色彩元素。在这里，岩石的颜色可以与天空的颜色相匹敌，大峡谷中有着彩虹一样丰富的色彩。但是，丰富的形态与色彩也无法概括出大峡谷非凡的特质，因为这里还是音乐的天堂。永不停息的河水发出雷鸣一般的咆哮声，暴风雨也在山崖上进行着演奏，它的表演意气风发，充满激情。当湛蓝的天空露出的时候，风雨又会变得轻柔低沉，吟唱着慢慢退去。伴随着美妙的音乐，潮水在不断涨落。当水流跳进岩石间，或者当它加入到巨大的瀑布中时，它会在峡谷之中形成激流，又奏出别样风格的曲调。大峡谷简直是一个歌唱的世界，无尽的音乐在河流中激荡，无穷的歌声在溪流中翻腾，无边的音符在流过岩石的溪流中浅吟低唱。当它们都聚合在一起时，一首旋律动人的交响乐就出现了。所有这些，都是水演奏的音乐，地球上坚硬的地基就是它最壮观的竖琴，天上的云朵通过暴风雨的强大与细雨的温柔，在这把竖琴上弹奏着它的曲子。

形态的雄伟，颜色的美丽，音乐的优美，它们在大峡谷中融合在一起。大峡谷的形态之美超越了任何山脉的壮观，颜色之美甚至可以媲美落日余晖的艳丽，而它的声音则跨越了雄浑的暴风雨，轻柔的小雨滴，以及那些不断奔腾着喷洒着水珠的泉水。但是，大峡谷所拥有的远不止这些，它还有一片广袤的土地。在比较平坦的山谷之上，可以驻扎一个国家。每时每刻，每周每月，你能看到的只是大峡谷的一小部分，就算用一年的时间来观察，也看不到它的全部。它的颜色在任何一个时刻都表现得丰富多彩，但是随着日升月落，它还会有繁复的变化。云朵飘过时，光影在山谷之中不断跳跃，季节用不断变化的色彩留下自己的足迹，这些都不是你一眼就可以看到的。有时候，它像是一个毫无变化的景致，只需要掀开它的面纱就能看得清清楚楚。但有时候，你只有在它的迷宫中跋涉，才会惊叹它壮丽的美。相对于阿尔卑斯山和喜马拉雅山，大峡谷更难被穿越，但是如果你的力量和勇气已经足够了，你就可以肩负使命，用一年的艰苦跋涉去尝试，也许你会了解到它独有的世界。

知识拓展

★ 约翰·威斯利·鲍威尔（1834—1902）

作为一名联邦战士，约翰·威斯利·鲍威尔曾经参与过内战。在南北战争中，他失去了自己的一条胳膊。即便如此，鲍威尔仍然成为第一个在科罗拉多河和大峡谷中的航行者和勘探者。

鲍威尔是一名地质学家。1869年,他在科罗拉多河进行了一次为期三个月的航行,这一次航行充满了各种不可预测的危险。他的资助者是史密斯索尼娅学院和国会,在他们的资助之下,鲍威尔带领着一支有十个人和四条船的队伍展开了探险。在进入峡谷之前,鲍威尔陷入了沉思,他把自己所面临的状况描述为:"一段等待完成的未知旅程,一条等待探索的未知河流。"探险队伍乘着小船来到了峡谷中,他们看到了湍急的河流、高高的瀑布以及危险而突出的岩石。在一次前进过程中,鲍威尔的探险队失散了。其中那些被艰险的河流吓坏了的人走上了陆地,可是他们却永远葬身在那里。而鲍威尔率领着剩下的一部分人继续在河流中战斗,他们幸存了下来,并且圆满地完成了这一次探险。

鲍威尔在后期还进行过其他的探险活动,他勘测了落基山脉和绿河的峡谷。在19世纪70年代,他还曾经指导联邦对西部公共领土进行地理勘测,以促进政府制订利用这些土地的计划。

阅读思考

1.读了这篇文章后,你对作者所描述的大峡谷有了什么样的感受?

2.因为季节的变化,大峡谷产生了一些特殊的视觉奇观,请你找出它们分别是什么样的。

3.作者主要是通过视觉来写这篇文章的,但是还从其他的方面进行了描述,请指出。

4.对鲍威尔来说,这一次对大峡谷的探索意味着什么?

第4课
论 自 然

拉尔夫·沃尔多·爱默生

　　自然，是一个适合喜剧也同样适合悲剧上演的舞台。对于那些健康的人来说，空气之中蕴藏着效力强大的补充能量。天空变得阴沉，我在暮色降临时从荒芜的田野雪地里穿过，脚踩在坑坑洼洼的道路上，脑海中没有任何要交好运的念头闪过。可是就在此时，一种极度的欢愉充盈着我的内心，让我快乐得简直要接近恐惧的边缘。同样，如果一个人抛弃自己所经历过的一切，行走在森林中，他会像蛇蜕皮一样获得重生，不管他正处于生命中的哪一个阶段，他都会像孩子一样单纯。因为在森林里，人们会获得永恒的青春。这里是上帝的花园，它被神圣而庄严的氛围所笼罩，欢乐的宴席在这里不会结束，客人们在这个园子里寻找乐趣，就算过去一千年他们也不会感到厌烦。在森林里，理智和信仰重新回到我的心中。在森林里，我不会承担任何生活的不幸，因为除了我的眼睛之外，自然几乎可以修补所有的耻辱和灾难。

　　站在空旷的土地上，我的身心在无忧无虑的空气里得到释放，它们飞升到一个无限的空间之中，所有卑贱的自私自利的想法都在这里消失不见。我变成了一个透明的眼睛：周围的一切好像都不存在一样，可是万物却都被纳入这个眼睛里，共同生命的暗流在我的全身不断涌动循环。我已经成为上帝的一部分，我是他的颗粒。最亲近的朋友的名字都变得陌生，在此时，是兄弟、朋友还是主仆对我们而言都微不足道。对于那些不受压抑的永恒的美，我的心中充满了无限热爱。在荒野之中，我找到了远比街道和村庄中更亲切的自然。这个宁静的自然中，从那远方的地平线上，人类看到了和他自己本性一样美好的事物。

　　从这田野和森林中，人们可以体会到的最大的快乐便是人类和自然植物之间神秘的联系。我并不是孤独的，也不是不受关注的，自然在向我点头微笑，我也向它们致意。树枝在风雨之中不断摇曳，这个景象让我感到既陌生又熟悉，我感到惊喜但却并非从未见过。那种感觉，就好像当我认为自己的思想和行为公正、正确的时候，心中萌发出更为高尚的思想和更为美好的情感一样。

但是，我们可以确定这种喜悦的力量并非来自于自然，它来自于人们的内心深处，或者是人们的内心和自然的和谐统一共同促生了它。将这种喜悦努力地节制，是非常必要的。因为自然并不总是如此盛装打扮，相反地，昨天如同仙境一样焕发着芳香，闪烁着光芒，今天就会被忧伤的愁云笼罩。自然也会被精神的颜色所感染，对于一个正处于灾难中的人而言，他内心涌动的每一束火焰里都蕴藏着悲伤。就像一个刚刚和最爱的人生死离别的人，他会从自然之中感受到冷漠。对社会底层的贫穷者来说，他们头顶的天空也显得不那么壮观。

知识拓展

★ 拉尔夫·沃尔多·爱默生（1803—1882）

拉尔夫·沃尔多·爱默生是美国著名的散文作家、思想家、诗人，1803年5月6日出生于美国的波士顿。他出生时，美国处于一片混沌之中，没有鲜明的政体，也没有统一的意识形态。一些人已经意识到当时的美国有一种新生力量的崛起，但是无人能够用语言清晰地表达出来。1837年，爱默生发表了一篇题为《美国学者》的演讲词，宣告了美国文学的独立。此文还抨击了美国社会的拜金主义，强调了人的价值，被称为美国文化的"独立宣言"。

爱默生具有非常高的表达天赋，他将这种优势运用在了散文、诗歌还有演讲上，成为美国文学史上被引用最多的作家之一。

阅读思考

1.当爱默生站在自然的土地上，他的意识上升到了一个无限的空间里，他的心理发生了什么样的改变？

2.什么是人们在荒野中可以体会到的最大的快乐？

3.在爱默生的描述中，一个人来到森林中并将自己曾经经历的一切都抛开，分析他所指的真实含义是什么？

4.爱默生在文中将自己描写成了一个透明的眼睛，你认为他想要表达的是什么思想？

第5课

生　火

杰克·伦敦

天色刚刚放亮，天空一片灰暗，四周冷彻心扉。那个人沿着育空的主路行走，然后转向一边去，从高高的土坡爬上去之后，走上一条模糊而又人迹罕至的小路。他向东而去，穿越了一片宽阔的云杉林地。土坡非常陡峭，他不得不在顶上稍作休息，让自己喘口气。他顺便看了看自己的手表，发现时间已经到了九点钟。虽然天上万里无云，但是没有太阳，也没有要出太阳的迹象。这是晴朗的一天，虽然一切都被无形的薄雾笼罩着，让天色显示出一种微妙的阴暗，而这些只是因为没有太阳的关系。不过，这一切都没有让这个人感到不安，他已经习惯没有太阳了。距离他上一次看到太阳，似乎已经有好几天了，而且他知道还要再过几天，那个让人鼓舞的大火球才会出现在南方，虽然它只是从地平线向外窥探一下，就会迅速地从人们的视野中下沉消失。

这个人回头看了一眼自己的来路。他看到一英里宽的育空河被三英尺厚的冰层覆盖着，在冰层的上面还有几英尺的积雪。周围是一片洁白的世界，在随着视线轻轻地浮动，这些积雪早就在冰冻期形成了。放眼望去，从北到南，除了一条深色的细线，其余都是无边无际的白色，那条线从一个遍布云杉的小岛一直蜿蜒至南方，又从那里盘旋到北方，消失在北方另一个长满云杉的小岛后面。这条深色的细线就是公路，是那条主干道，它向南延伸五百英里到契尔库特关、迪亚和盐水湖，向北延伸七十英里到道森，再向北一千英里到怒拉托，再延伸一千五百英里会到达白令海边的圣米歇尔。

这条延伸向远方的细线一样的道路，在这个看不见太阳的天空下延展，极度的寒冷和它所制造出来的奇异景象，都不能给他留下任何特别的印象。这并不是因为他已经习惯了这一切，他只是这片土地上的新来者，一个刚刚踏上这片土地的新人，这是他在这里度过的第一个冬天。他的问题是没有想象力，对于生活中的事物虽然反应机敏，但那只是对事物而不是其中包含的意义。华氏零下五十度，意味着冰点之下华氏八十多度（译者注：华氏温标规定32度是冰点）。这种事实带给他的感觉就是寒冷和不舒服，这就是全部的感受。可是这并不会让他开始思索自己作为一个恒温动物所具有的生物脆弱性，人类一般只能在一定冷热限度内才能生存，而他不会去思考关于不朽的话题和人类在宇宙中的定位问题。零下五十度的含义，就是刺骨的、让人受伤的寒冷，只有用手套、耳罩、鹿皮鞋和厚袜子，才可以让自己远离冻伤。对他来说，零下五十度就仅仅是零下五十度而已，他从未想过还会意味着其他的东西。

他转身继续向前，试探性地吐了一口唾沫。一声刺耳的爆炸声传来，把他吓了一跳。他又吐了一口，唾沫在没有落地之前又一次发出了爆裂的声音。现在，他知道唾沫会在零下五十度的雪地上爆裂，而且在空气中也会发生。毫无疑问，现在比零下五十度还要冷，虽然他不知道究竟有多冷。温度并不重要，他要去亨德森溪左边分岔的那个旧营地去，其他的伙伴已经在那里了。他们从印第安溪跨过裂谷而来，可是他却走了一条迂回的路。他想看看有没有可能在春天时从育空的小岛将圆木顺着溪流运出去。六点以前，他应该躲进帐篷里，没有错，因为那会儿天已经黑了，不过那些小伙子会在那里点一堆篝火，用热气腾腾的晚饭来抚慰自己。想到了午饭，他用手按了按夹克下面突出的一块东西，那是藏在他的衬衣下面的，用一块手绢包着，贴着他肌肤的一个圆饼。让它贴着他的身体，是圆饼不结冰的唯一方法。当他想到这些的时候，嘴角不由得露出一个微笑，那些圆饼都已经切开并且浸透了熏火腿的油，夹着一大片煎火腿，想到这些他就由衷地开心。

钻进了高大的云杉树林，沿着模糊的小路前进，这条路从上一次雪橇经过之后又掩盖了一英尺的雪。他很高兴自己并没有乘坐雪橇，这样可以轻装前进。事实上，他只有一顿用手绢包着的午饭，可是他对于寒冷却备感惊异。他一边断定天当然是冷的，一边用戴着手套的手摩擦着自己的鼻子和颧骨，因为他的鼻子似乎总是急切地伸进刺骨的空气中。

在这个人的脚边，一条狗跟随着他。这是一条很大的本地爱斯基摩狗，血统纯正的狼狗，浑身被灰色的皮毛覆盖着。无论是外表还是个性，这条狗都和它的兄弟野狼一样。这可怕的寒冷使狗都显得有点沮丧，因为它知道这不是赶路的时候。狗的直觉比人类的判断要准确真实，事实上现在的天气并不只是比零下五十度冷而已，甚至要比零下六七十度还要冷——此刻已经是零下七十五度。冰点是零上三十二度，也就是说此刻已经是冰点以下一百零七度。那条狗虽然并不懂得温度计是什么，可是在它的脑子里有比人类更为确切的对于温度的意识。野兽有自己的直觉，因为它受到了模糊但却充满了威胁力的恐惧的压制。它蹑手蹑脚地走到这个人的脚边，对于他每一个突兀的动作都投以急切询问的眼神，似乎在期待他快点进到营地中去，或者到什么地方寻求庇护，最好是可以生一堆火。这条狗已经知道什么是火，而且它希望有一堆火，实在不行也可以在雪下面挖一个洞，躲在里面可以让身上最后的暖意得到保留。

当这条狗呼吸的时候，冻结的湿气变成了一层漂亮的霜落在它的毛上，它的下颌、口、鼻子和睫毛都因为呼吸所产生的结晶而变成了白色。那个人的红色胡须也结霜了，并且显得更为牢固，每当他呼出一口温暖的湿气，霜就会结出更多的一层，最后变成冰。与此同时，这个人的嘴里还在咀嚼烟草，结冰的胡子紧紧粘在嘴唇上，让他吐出烟草汁的时候没有办法清理自己的下巴。最后的结果就是琥珀色坚固的冰胡子在他的下巴上慢慢积累，越来越长。假如他在此刻摔倒，那胡子就会被磕碎，就像玻璃一样变成一堆小碎片。可是他对于这个附加物似乎并不在意。在那个地区，所有嚼烟草的人都会有此经历，他也经历了两次寒潮，虽然他知道那两次并不像这一次这么冷，但是根据"六十英里"酒精温度计，他估算那两次也是在零下五十度和零下五十五度了。

穿过了几英里的森林之后，他继续越过一片广阔的平原，向下顺着一条结冰的小溪一直走去。这就是亨德森溪，这里离分岔口还有十英里的距离。他看看表，已经是上午十点钟了。他的行进速度是一小时四英里，也许到十二点半的时候他就可以到达分岔口了。到时候他想用午饭来作为这一次行动的庆祝。

那条狗紧随着他的脚步跳了下来，它的尾巴低垂着，显得有些沮丧。而这个人却无视它，只是顺着小溪一直朝前走去。雪橇经过后留下的辙印还清晰可见，后来落下的积雪足有二十英寸，盖住了上一次留下的滑槽。看来已经有一个月没有人顺着这条安静的溪流来回走动了。这个人稳步前进，心无挂碍。除了想到在分岔口吃午饭以及在六点钟到达营地和伙伴们会合之外，他似乎没有想别的。没有人和他交谈，就算有，他嘴上结冰的胡子也不允许他这么做。因此，他就继续嚼着烟草，重复着这个单调的动作，让琥珀色的胡子继续增长。

过了一会儿，一个念头冒了出来：天气实在太冷了，这是他从未经历过的寒冷。他一边向前走一边用手套的背面摩擦自己的颧骨和鼻子。这个机械的动作来回重复着，他偶尔会换一下手，可是不管怎么摩擦，只要一停手，颧骨就会变得没有知觉，鼻子也会变得麻木。他觉得自己的脸颊上也要结冰了。当意识到这一点之后，他难免有点苦闷和懊恼，因为他没有像朋友巴德一样在寒潮的时候戴一个鼻带。那是一种会从脸颊上勒过，同时保护脸颊的鼻带。不过这样也没有关系，脸冻一冻又能怎么样呢，虽然有点儿疼，但是也不会有什么大不了的。

虽然大脑之中一片空白，但这个人的观察力依旧敏锐，他随时注意着小溪的变化，不管是弯曲还是回旋，或者是被木材堵塞的河道，他总是在注意落脚的地方。有一次，在从一个拐弯处经过的时候，他突然跳了起来，好像一匹受惊的马，他绕开本来要走的道路，顺着河道向后退了好几步。他很清楚这条小溪的冰已经到了溪底——在北极寒冷的冬天里，任何小溪都别想有水——但是他也知道泉水会从山脚流过来，会在雪层下面从小溪的冰上流过。就算是最寒冷的寒潮，也不能让这些泉水结冰，这一点他也清楚。同时，他也知道这泉水有多危险。它们是陷阱，在雪层的下面也许会有三英寸或三英尺深的水洼，在水洼的上面也许会覆盖半英寸厚的冰，而冰又被雪覆盖着。水层和冰层交替存在，如果有人不小心踩穿一层，他就会一直掉下去，严重的时候水会一直浸到他腰的部位。

这就是他为什么要惊恐地跳开的原因，因为他的脚感受到了弹性，他听到雪层下面冰的破裂声。在这种气温之下弄湿脚，意味着麻烦和危险。至少这会让他不得不停下来生火，在火光的保护之下光着双脚烤干自己的长裤和鹿皮鞋，时间也会被拖延。他站在岸边，研究着河床和两岸的情况，最后确认了从右边而来的水流。思考了一会儿，他摩擦着自己的两颊和鼻子，从左边绕了过去，小心翼翼地测试着每一个落脚点。当危险渐渐远离，他又开始嚼烟草，按照每小时四英里的速度前进了。

在接下来的两个小时里，几个类似的陷阱又出现了。通常如果下面藏着一个水洼，雪层就会下陷，并且会有砂糖一样的结晶，这就是危险的信号。而他又有一次靠近危险，因为怀疑前方有危险，所以他让狗走在前面，而那条狗却不愿意这么做，它只想跟在后面。那人便将狗推到前面，看着它飞快地从白色表面越过。突然之间，那条狗陷了下去，它挣扎了一会儿，跑到一边比较牢固的地方才站住脚。可是它的前腿已经湿了，挂在它身上的水也立刻变成了冰。

它立刻就将这些冰舔掉，然后从雪地跳下来，又将脚趾间的冰舔掉。这是动物的一种本能，让冰留在那里会带来疼痛，它虽然不了解这一切，可是按照生命深处的神秘指示它做到了这一切。不过那个人是明白这一切的，他决定脱下右手的手套，帮助狗将一些冰拣出来。虽然手指裸露在外面还不到一分钟，他就惊讶地发现它们已经受到寒冷的侵袭变得麻木了。这个天气确实太冷了，他急忙将手套戴起来，并且不断用手猛击自己的前胸。

十二点到了，这也是一天中最明亮的时刻。但是，当太阳运行在冬天的轨道上，依旧在遥远的南方停留时，这里的地平线都不能被照耀得清晰。在亨德森溪边起伏的丘陵上，正午的晴空也没能让这个人的影子投射出来。到了十二点半的时候，他按照计划准时到达小溪的分岔处。对于自己能达到这个速度，他很高兴，如果继续保持的话，他一定可以在六点时和伙伴们会合。他将夹克和衬衫的扣子解开，拿出了午饭。这个动作用时没有超过十五秒，可就是这么简短的时间，他已经感到自己裸露的手指变得麻木了。他并没有立刻戴上手套，而是用手指在大腿上用力敲打了十多下。在一段白雪覆盖的圆木上坐下来，他开始享用午饭，可是手掌在腿上敲打所引起的疼痛在数秒之内就消失了，这也让他感到非常吃惊。他没有时间去咬一口圆饼，而是反复敲打着手指，然后将一只手戴上手套，留下另一只手来吃东西。他想要试着咬一口，结冰的胡子却挡住了食物，他忘记生一堆火让其解冻了。轻声嘲笑着自己的愚蠢的时候，他感到麻木已经占据了他露出的手指，他感到刚刚坐下的时候脚趾上传来的刺痛感也不见了。他不敢肯定脚趾是暖和了，还是麻木了，当他在鹿皮鞋里试着动了动脚趾之后，才知道它们确实是麻木了。

匆忙地将手套戴上之后，他的心里才开始有点儿恐惧。他不停地跺脚，让刺痛的感觉又重新回到双脚上。天气还是很冷，这就是他唯一的感受。那个从萨尔福尔溪来的人曾经告诉他这个地方会冷到什么程度，看来他说的是真话。可是当时他还嘲笑人家，这说明一个人万万不能凡事太肯定。那个家伙没有说谎，真的是太冷了！他来回地踱步，跺脚并甩动胳膊，直到身上感到有一丝暖意，他才拿出火柴准备生火。上一个春天，这里的水位很高，所以有很多干燥的树枝被积累下来，那变成了他的木柴。从一个小小的火苗开始，他认真地生火，很快一堆熊熊的火焰就燃烧起来。他脸上的冰化开了，并且在火光的保护下他吃完了圆饼。此时此刻，人类的智慧战胜了天气的寒冷。那条狗也很开心，它伸开四肢在火旁

边取暖，但又保持着安全的距离以免自己被灼伤。

吃完东西之后，这个人又拿出烟斗，舒舒服服地抽了一斗烟。然后他又重新戴好手套，帽子上的耳罩也牢牢地罩住耳朵。他沿着左边的小溪分岔朝前走去。狗对于离开那堆火有点失望，它依依不舍地回头望着火堆。这个人似乎不惧怕寒冷，也许他的祖辈就对寒冷一无所惧。因为此时是真正的寒冷，已经到了冰点以下一百零七度的寒冷。而狗是知道的，它的祖辈也都知道，所以它继承了这些常识。狗知道在这种可怕的寒冷之中跑到外面去是不会有好处的，这种时候最应该做的就是挖个雪洞，舒服地躺在里面，等着一道云幕从外层空间之中被拉开，因为寒冷就是从那里而来。从另一个角度来看，这狗和这人的关系并不亲密，他们之间的关系就是雇主和做苦工的奴隶，而它所能得到的安抚就是鞭子以及使用鞭子时候恐吓的声音。因此，狗并没有试图将自己的担心告诉这个人，对于这个人的感受它也不关心。它回头不舍地望着那堆火，它只是为自己感到难过。当那个人吹着口哨并伴随鞭打声叫狗的时候，这条狗只好追到他的脚边，跟着他朝前走。

这个人又开始嚼烟草了，所以他那琥珀色的胡子又开始增长起来。当他呼出那潮湿的气息时，他的胡须、眉毛和睫毛上又开始布满白色的结晶。在亨德森溪左边的分岔上，泉水似乎比别的地方要少，走了足有半个小时，这个人也没有发现泉水的迹象。但它并未消失，在一个迹象不明显、被柔软的白雪覆盖着的地方，他原本以为那里是坚固的，谁料居然是一个水洼。于是这个人毫无防备地掉了进去，虽然水不深，可是他膝盖以下还是被弄湿了。他只能挣扎着朝坚固的地方走去。

他感觉非常愤怒，不断诅咒着自己的坏运气。原本希望在六点钟的时候可以到达营地与伙伴们会合，现在看来必须要拖延一个多小时了，因为他不得不先生一堆火，把自己的鞋袜都烤干。他很清楚，在这样的低温环境之中他必须这么做。所以他只好走到岸边去，爬到顶上，钻进云杉树周围的小灌木丛中，找到一堆水位比较高的时候留下的木柴。虽然这些木柴大多是木棍和细树枝，不过其中也有一些树干和干草。他将比较粗的木头摆在雪地上，搭成一个架子，以免那些刚刚点燃的火苗被融化的雪水熄灭。他从口袋里拿出火柴和桦树皮，轻轻擦了一下，点燃一个火苗。这些东西比纸还易燃，他先将火苗放在木架上，然后朝着火焰扔了一把干草和细树枝。

他轻缓而仔细地添柴，对于自己的危险境地开始有深切的认识。火苗在逐渐增大，更大的树枝被扔进去。他蹲在那里，将树丛中被缠住的细树枝都抽出来，然后扔进火堆中。他知道自己不能疏忽，在这种零下七十五度的环境，自己的脚又被弄湿了，没有一个人能冒生火失败的危险。假如他的脚没有被打湿，就算是生火失败了，他也可以在路上奔跑个半英里，血液就会开始增速循环。但是现在是零下七十五度，打湿的脚正在结冰，要想让自己的双脚恢复温暖就不能仅仅通过跑步了，不管他跑得多快，湿漉漉的脚都会被冻成一个硬块。

对于目前的情况，这个人很清楚。萨尔福尔溪的那位前辈曾经在去年秋天的时候就已经给过他忠告，而他现在对于这个忠告充满感激。目前他的脚已经没有了任何感觉，为了尽快生火，他只能脱下手套，让手指暂时被冻得麻木。一小时四英里的行进速度让他的心脏将血液一直送到身体表面和肢体的顶端，可是当他一停下来，这个血液输送就会放缓。这寒冷似乎是从天空中来的，在地球不受保护的顶端肆虐，而他位于这个顶端之中，领教了这寒冷的力量。他身体中的血液已经开始退缩，他明白血液就是生命，在这一点上他和那条狗是一样的，血液和狗一样想要藏起来，将自己掩盖起来，以免受到这可怕寒冷的侵袭。如果他能继续保持以每小时四英里的速度前进，那他就能将血液输送到表面，不管它是否愿意。但是现在它退缩了，躲进他身体的最深处。在肢体的顶端，他已经感觉不到血液的流动了，他的脚因为已经潮湿了，所以开始结冰，手指露在外面已经没有知觉了，但万幸的是，还没有被冻住。他的鼻子和脸颊也开始不断地结着冰霜，全身的皮肤在失去血液支持后变得更加冷。

虽然脚趾、鼻子和脸颊结满冰霜，但是他已经变得安全，因为火燃烧起来了。他将和手指一样粗细的树枝不断扔进去，过了一会儿又添进和胳膊一样粗的树枝。他将自己的鞋袜都脱掉，在烤干它们的同时，他可以将裸露的双脚放在温暖的火边。当然，他要先用雪摩擦它们。火越烧越旺，他安全了，他突然想起萨尔福尔溪老前辈说过的话，不禁笑了起来。那个老头儿曾经很严肃地告诫他不能在零下五十度以下一个人行走于克朗代克。可是现在他做到了，他是一个意外，一个人出现在这里，并且挽救了自己。他想那些老人之中有一部分真像女人一样娇气。一个男人要有清醒的头脑，而他就具备这一点。只要是这样的男人，就可以独自穿行任何地区。不过他的脸颊和鼻子在以惊人的速度结着冰，他没想到手指在这么短的时间内就失去了任何感觉。当他想将手指握在一起去拿一根树枝的

时候，发现它们已经了无生机，似乎已经逃离了他身体的管辖范围。当他碰触到一根树枝时，他不得不确认自己是否真的抓住了。他感觉自己和手指末端的联系已经快要消失了。

这都不可怕，因为有火，那噼噼啪啪燃烧着、跳跃着的火焰在向他证明着他是安全的。他将自己的鹿皮鞋解开鞋带，拍碎覆盖在鞋外面的一层冰，厚厚的德国长袜就像一副铁鞘一样包住他膝盖以下的部位。他发现鹿皮鞋的鞋带变得坚硬，好像在大火之中扭曲打结的钢条。他先是用自己麻木的手指使劲拉扯，但很快就发现这么做毫无用处，只好抽出那把带鞘的小刀。

可是，他还没有将鞋带割开，一个意外就发生了。这是他自己犯的错误，或者也可以称之为失误。火堆本不应该生在云杉树下的，最佳的生火地点应该是在露天的地方。但是为了方便从树丛之中找到树枝直接扔进火里，他选择了这里。而这里树木上面有很多积雪留在树枝上，好几周都没有风，每一根树枝上都积满了雪，当他抽出树枝的时候，轻微的震动就会传到树枝上去——虽然他认为这震动可以忽略，但是却引起了这一场灾难。一根树枝上的积雪掉落下来，这雪堆落到了下面的树枝上，整棵树的积雪都被卷入其中。一场雪崩就这样毫无预兆地发生了，这个人和这堆火完全地被大雪覆盖住了。在本应该燃烧火焰的地方，只有一堆新鲜而又凌乱的白雪。

就像是听到死刑宣判，这个人顿时惊呆了。他坐在那里盯着那火堆的灰烬转不过神来。过了一会儿，他才恢复镇定，那个萨尔福尔溪的前辈所说的是正确的。假如有人和他同行，他就不会这么危险，同伴可以帮他重新生火。但是现在只能靠自己重新燃起火焰，好吧，这一次绝对不能再失败了！因为目前看来，就算他成功了，也有可能会失去几个脚趾。此时他的脚已经冻得厉害，而要等第二堆火燃起来还需要一段时间。

这些想法在脑子里转动的时候，他已经开始了忙碌。一个新的生火的架子被架起，这一次他选择了露天的地方，不会再有任何危险的树来扑灭大火。然后他又从树枝堆里找出干草和细树枝。他的手指已经没有办法握在一起抽出树枝和干草，只能一捧一捧地拿过来。因此，很多并不适合的腐烂树枝和青苔也夹杂其中，但他已经努力了。他有条不紊地进行着，又收集了一大堆树枝，以便等火燃烧起来之后再用。当他做这些的时候，那条狗一直坐在那里注视着他，露出渴望急切的眼神。在它的眼中，他是可以提供火焰的人，只是等待的时间稍长一些。

做好了准备工作之后，他伸手去口袋里拿出一片桦树皮。虽然他知道那树皮在哪儿，可是手指却感觉不到它，虽然他已经听到了手指摸到树皮发出的清脆声音。不管怎么努力，他已经无法握住树皮，而他能感到自己脚上的冰正在迅速增加。这个想法让他陷入恐惧，他努力地与之对抗着。他先用牙齿戴上手套，又猛力甩动胳膊，用尽全力让它们击打自己身体的两侧。坐着做了一会儿，他又站起来继续做，而那条狗则一直坐在那里，将它狼一样粗的尾巴绕在前爪上取暖。它注视着这个人，敏锐的耳朵朝前伸着，好像狼一样。当这个人击打自己的双手时，发现这个动物可以在天然皮毛的保护之下获取温暖，心里不由得升起一阵强烈的嫉妒。

又过了一阵子，他的手指在经过击打之后有了一丝感觉。当那疼痛从微弱变得明显，最后成为难以忍受的刺痛时，这个人甚至想要欢呼起来。他摘下右手手套，拿起桦树皮，虽然手指很快变得麻木，可他已经抓到了那一束硫黄火柴。极度的寒冷迅速夺走了他手指的生命力，当他想要从中捡起一根火柴的时候，整把火柴都掉在雪地里。他想捡起它们，可是却无法做到，没有生机的手指既不能触摸也不能抓握。他很小心，不去关注脚、鼻子、脸颊上的冰，只一心关注那火柴。他用自己的眼睛代替手指的感觉，看着手指放在火柴两侧便努力合拢手指——确切地说是他想合拢手指，因为大脑已经失去了对手指的掌控，手指并未服从这个命令。他又将手套戴起来，猛力击打自己的膝盖。然后他用戴着手套的手捧起火柴和雪放在腿上，可是这并不能对他有所帮助。

一番尝试之后，他终于将火柴夹在自己的掌根。当他试图用嘴咬住那火柴的时候，他听到嘴唇上的冰裂开后发出的噼啪声。他先将下颌收紧，上嘴唇探出，用上牙去将那火柴分出一根。他成功地做到了这一点，一根火柴掉在他的腿上。情况无法好转，因为他没有办法捡起它。但他想出一个好办法，用牙叼起火柴在腿上摩擦。擦了二十多下，火柴才冒出火苗，他便又叼着它去点燃树皮。当那硫黄开始燃烧时，烟钻进他的鼻孔和肺部，让他忍不住痉挛一般咳嗽起来，火柴又掉在雪地里熄灭了。

萨尔福尔溪那个老前辈是正确的，在接下来的时间里，他控制着自己的绝望。心里不断在想：零下五十度以下，真应该有个同伴。他击打自己的手，却不能获得任何感觉。他猛地用牙摘下手套，露出两只手，将整把火柴都夹在手掌根。在胳膊上的肌肉尚未结冰之前，他可以用手掌根夹紧火柴，然后他将那一把火柴顺着自己的腿摩擦了一下，火柴便发出火光，足有七十根火柴同时开始燃烧。没有风能吹灭它们了，他歪着头躲开那浓烟，然后将那一把燃烧的火柴靠近桦树皮。就在这个时候，他的手有了感觉，因为那是非常强烈的疼痛。他忍耐着，笨拙地将火柴举到桦树皮旁，可是那树皮并不能很快燃烧，因为他自己的双手遮蔽了大部分的火焰。

在他实在无法忍受的时候，他只能猛地分开双手，燃烧着的火柴掉进雪中，可是桦树皮已经点燃了。他将干草和细树枝放在火上，在无法挑拣的情况下，他只能用双手的掌根夹起柴火。小片的朽木和苔藓挂在树枝上，他用牙齿尽可能咬掉，对那火焰，他不得不小心翼翼而又狼狈地去呵护。火就是生命，它不能熄灭。身体表面的血液流失让他忍不住颤抖，也变得越来越笨拙，一大片绿色的苔藓掉进火苗，他想用手指将它拨出去，可是颤抖的身体又使他用力过猛，将那一堆火都弄散了。燃烧的草和树枝被分离开，他想将它们聚拢，虽然拼命努力，可是因为颤抖加剧，反而让它们更加分散。树枝冒出一阵烟，又熄灭了，这一次生火又失败了。他黯然四顾，眼神落在那只狗身上，它在火的余烬边躁动不安地耸动着，两只脚轮流抬起，渴望和急切使它的重心前前后后不停地挪动着。

望着那只狗，他的脑中忽然生出一个疯狂的主意。他曾经听过这样一个故事：一个人被陷入暴风雪中，于是他杀死了一头小公牛，躲在尸体的余温里面获救了。他也可以将狗杀掉，让温暖的尸体驱赶手的麻木。于是他开始呼唤那只狗，声音中有一种陌生的恐惧语调。他对狗说话，叫它过来。可是狗吓坏了，这种语调太陌生，它从未听过。它充满怀疑的天性察觉到危险，虽然不知道是什么危险，但它大脑之中的某个地方正生出对那个人的恐惧。它听到那个人的呼唤，耳朵朝后压下，显得躁动不安，弯背、耸肩和换脚的动作越发明显，它不想过去。那个人用双手和双膝朝它爬过来，这个姿势更激发了它的怀疑，于是它迅速地侧过身子跑开了。

在雪地里坐了一会儿，这个人开始挣扎着保持镇定，他用牙齿给自己戴上手套，然后站起来。他先朝下看了一眼，以确认自己确实站了起来。双脚失去感觉也让他失去了和大地的联系。当他站立的时候，狗的怀疑似乎也因此消减了。他用果断而带着命令的口吻呼叫那只狗，让它又回到了习惯性的忠诚中，它来到了他的身边。这个人失去自控的胳膊猛地抱住那狗，他发现自己的手不能抓，手指也不能弯曲,这让他着实感到惊讶。这一切发生得太快,狗没有来得及逃走就被抱紧,他坐在雪地里,任凭狗发出愤怒的吼叫用力地挣扎。

将狗揽在自己的胳膊里,这就是他所能做的。他发现自己无法杀死那条狗,因为麻木的双手不能抽出那把带鞘的刀,而勒死狗的可能性也很小。他只好将狗放开,狗疯狂地跑远,尾巴夹在两腿间,不断嚎叫着。这个人看看自己的手,以确认它们的位置。他再一次前后猛烈地甩动胳膊,用双手击打身体两侧。五分钟之后,他的心脏运送了足够的血液到身体表面,他停止颤抖了。可是双手仍然没有感觉,它们像砝码一样垂在胳膊下面,当他试着再去感受它们时,却失去了它们的位置。

他已经被压抑和对死亡的恐惧控制了,他意识到这不仅是手指和脚趾结冰或者失去手脚的问题,而是关乎他的生死存亡。这让他陷入恐慌之中,他转身跑到溪床,顺着模糊的小路奔跑。狗从后面追上来和他一起跑,他的奔跑毫无目的,因为他处于一生之中从未体验过的恐惧之中。他在雪地里费力挣扎着,他看清楚小溪的两岸有光秃秃的山杨树和天空,这让他感觉好了一些,可他并未停留。他又继续跑,只希望脚能解冻,如果可以跑得足够远,也许就可以到达营地。虽然他可能失去手指、脚趾和脸颊上部分东西,可是伙伴们会照顾他,让他剩下的部分存活。可是他脑海之中却还有一个声音在说:他永远到不了那营地。距离营地还有太多英里,冰冻已经让他失去了希望,他很快就会僵硬地死去。他让自己努力忽视这个想法,任凭它在脑中叫嚣却选择无视它,让自己去想其他的事情。

他很奇怪,自己居然可以用冻僵的双脚跑步,当它们落地的时候,他根本感觉不到它们的存在。在他自己看来,他好像在地面滑行,并未和地面接触。他曾经在画里面见过一个长着翅膀的天使,他不知道那天使滑翔的时候是否和他有一样的感受。

他一直想着跑到营地和伙伴会合,但是却忽视了自己并没有那个耐力。被绊倒几次后,他变得蹒跚,不断摔倒,当他试图站立的时候,他失败了。他决定必须先坐下来休息,下一次只能选择走路,不停地走下去。当他坐下来喘息的时候,他发现自己很温暖,不仅没有发抖,而且还有股暖流在胸腔中游走。虽然他的鼻子和脸颊仍然没有感觉,但跑步带来的热量已经让手脚融解了。然后他想到自己身体被冻结的范围正在扩展,这个想法无法压制,他企图遗忘它去想别的事,因为他知道这会让他感到惊恐。但是这个想法不断冒出来,直到他脑海之中

产生了一幅自己被冻僵的画面。这太可怕了，他又顺着那条路疯跑起来，每当他想要减慢速度的时候，那冰冻正在扩散的想法就会让他重新跑起来。

那条狗一直跟着他跑，当他再次摔倒时，那狗就会坐在他前面，用尾巴绕过前爪看着他。动物的温暖和安全让他感到愤怒，他咒骂着，直到那狗低垂下耳朵。而这一次，颤抖又一次占据了他的身体，他和冰冻的战斗即将失败。身体结冰的想法让他继续前进，可没跑出去一百英尺，他就踉跄着跌倒了。这让他更惊恐了，他等到呼吸恢复后便坐了起来，脑海中涌出用尊严迎接死亡的想法。但是这样的想法不能占据他的大脑，他感觉自己就像一只被割掉脑袋的鸡一样四处乱跑，真是丢脸！既然他必须被冻死，那他也希望体面地死去，这样的平和心境让他感受到了一缕困意。他觉得这个主意不错，在睡梦里死去，就像被麻醉了一样。冻死并不像人们想的那么糟，还有很多比这更糟的死法呢。

他想象着自己的尸体被伙伴们发现，他忽然发现自己和他们在一起，顺着小路一直寻找自己。然后转了一个弯，他发现自己躺在雪地里。他脱离了自己的身体，因为这天确实太冷了，这就是他的想法。当他返回美国时，他希望可以将这里的寒冷讲给大家听。思绪顺着这个想法又漂移到和萨尔福尔溪前辈的画面，他清晰地看到自己正暖和舒服地抽着烟斗。

"你是对的，前辈，你是对的。"这个人含含糊糊地对萨尔福尔溪前辈说着。

这个人陷入了从未体验过的最满足的睡眠中，狗就坐在他对面等待着。短暂的白天和悠长的黄昏结束了，狗没有看到他要生火的迹象，而在它的意识里从未有人这么做过。黄昏降临，狗对火充满了渴望，它猛烈地轮换着前脚，嗥叫着，但又担心被责骂。可是那个人默不做声，狗的嗥叫声大起来，它爬到那个人身边，感受到了死亡的气息。这让它毛发直立，急忙后退了几步。夜还是那么寒冷，星空闪烁着，那条狗站在那里不断嗥叫着。然后它转身离开了，朝着它所知道的营地的方向跑去，在那里有其他的人可以给它提供食物，可以为它生火。

知识拓展

★ 杰克·伦敦（1876—1916）

杰克·伦敦是美国现实主义作家，其一生创作颇丰，主要作品有《野性的呼唤》《海狼》《白牙》以及短篇小说《热爱生命》《老头子同盟》《北方的奥德赛》《沉寂的雪原》等。

杰克·伦敦出生在美国的旧金山，来自"占美国人口十分之一贫困不堪的底层阶级"家庭。贫苦的出身为他以后的写作提供了丰富的素材。他的作品语言朴实、笔力刚劲、富有阳刚之气，在美国文学史上独树一帜，深受美国大众的欢迎。

阅读思考

1.文中作者所描述的地方冷到了什么程度，请举例说明。

2.文中的主人公在升起第二堆火的时候，犯了怎样的错误？这个错误又造成了什么严重的后果？

3.当他生第三堆火无法成功的时候，他在脑海中冒出了怎样的想法？最终他的想法变成现实了吗？

4.为什么极度的严寒没有给这个人留下任何特别的印象？

第2部分
人类的起源

AMERICAN
LITERATURE

第1课
龟背上的土地

奥内达加族

迈克尔·J.卡杜托和约瑟夫·布鲁卡克 复述

很久很久以前，世界上只有水，根本就没有土地。而水的区域充斥着人们视野所及的任何地方，鸟儿和各种动物都在水里游动、生活。水的上空，便是天陆。天陆里长着一棵又高大又美丽的树，它的根是白色的，一共有四条，分别伸向四个神圣的方向；在它的枝条上，各种果实点缀其间，花朵在上面盛放。

天陆上还住着一个老首领，他的妻子非常年轻，并且正在孕育着他们的后代。有一个夜晚，老首领的妻子梦见天陆中的大树被连根拔起。第二天，她把梦中的情景讲给了自己的丈夫听。

她的丈夫听后，点了点头说："我亲爱的妻子，你的梦让我感到很难过，显然，这个梦里蕴藏着巨大的力量。按照我们的传统习惯，如果有人做了这样一个充满力量的梦，我们就要让这个梦变成现实，所以那棵大树必须被连根拔起。"

于是，老首领召集了所有的年轻人，让他们合力将这棵树连根拔起。但是，那棵树的根太深、太坚固了，人们实在无法推动它。最后，老首领独自走到树前，双臂紧紧抱住树干，弯下膝盖，紧绷身体，猛地用力向上一提，把大树连根拔了出来，横倒在地上。天陆上大树原来生长的位置变成了一个大洞，首领的妻子走过去抓住大树的树枝朝洞里看去，她看到洞里似乎有粼粼的波光在闪耀。为了看得更清楚，她又朝前探了探身子，谁知，她忽然身体失去平衡，掉进洞里去了。她的手从那树枝上滑下来的时候抓住了一把种子，然后她就一直向下坠落，坠落，坠落……

在天陆的下方，那些在水里游动的动物和鸟儿抬头向上看去，发现了这个掉下来的女人。

一只天鹅说："有一个人从天上掉下来了。"

另一只天鹅说："我们应该帮助她！"

两只天鹅飞到天空中，让天上掉下来的女人落在它们宽阔的翅膀之间，并带着她慢慢地飞回到水面，鸟儿和动物们都在水中看着她。

"她的脚上没有蹼，和我们不一样。所以我想她不能在水里生活！"一个动物说。

水里的另一只动物问："那我们应该怎么办呢？"

"我有办法！"有一只水鸟说，"在水底很深的地方，我听说有一种泥土。只要我们潜入水底，将泥土带上来堆积在一起，她就可以找到一个站的地方了。"

这个提议获得了鸟儿和动物们的赞同，它们一个接一个地进行尝试，努力想要将泥土从水底带出来。

鸭子第一个潜水下去，它朝水底奋力地游去，可是游到很深的地方仍然没有到达底部便浮了上来。第二个下去的是海狸，它潜得更深，直到水底变成了一片黑暗，没有一丝光亮，却仍没有找到泥土的所在，它也无奈地浮了上来。接下来是潜鸟，它用强有力的翅膀使劲游，离开了好长时间，但也失败了，没能拿到泥土。所有的动物都尝试了，但是没有一个获得成功。

这时，一个小小的声音传来："要是我不把泥土带上来，我就死在水底！"

大家都急忙寻找是谁在说话，发现原来是小麝鼠。只见小麝鼠潜入水中，努力地游啊游，它没有其他动物强壮，也没有其他动物敏捷，可是却有坚定的决心。小麝鼠到了水底，发现周围已经一片黑暗，但它仍然坚持向更深的地方游去。因为游得太深，它的肺都快要爆炸了，可是小麝鼠还是坚持。就在它快要失去知觉的时候，小麝鼠伸出自己的小爪子，用力向水底抓了过去。它感到自己似乎碰到了水底，可是却瞬间失去了知觉，像死了一样浮向水面。

满怀期待的动物们看到浮出的小麝鼠，不禁又是一阵失望，它们以为它也失败了。可是，它们突然发现小麝鼠的右爪紧紧地攥着。"它拿到泥土了！"它们大声地说，"但将它放在哪儿呢？"

这时一个低沉的声音忽然说："就把泥土放在我的背上吧！"大家一看，水下正缓缓游上来一只大龟。

动物们把麝鼠放在大龟的背上，让它的爪子在龟背上慢慢打开。直到今天，

我们还可以在龟背上看到麝鼠爪子留下的那道痕迹。而被麝鼠抓上来的那一点泥土刚刚落在龟背上，就立刻开始变大，它不断变大，直到变成了今天这个世界这么大!

两只天鹅带着天上掉下来的女人落在了土地上，她站在这崭新的泥土上，张开自己的双手，让手里的种子掉落在光秃秃的地面上。那些种子在土地上开始生长，树木、小草开始出现，土地上的生命开始了。

阅读思考

1.根据文章，请指出老首领为什么要去拔那棵大树?

2.老首领的妻子在掉下去的那一刻手中抓住了什么? 请说明这样写的作用?

3.在此篇文章中，是麝鼠最终找到了泥土，才让从"天陆"上掉下来的女人有了立足之地，这样写的意义是什么?

第2课
纳瓦霍人起源传说

纳瓦霍族

华盛顿·马修斯 复述

　　第十二天的清晨，人们开始清洗自己的身体。洁身后，女人拿起金黄色的玉米粉来擦拭自己的身体，而男人则使用白色的玉米粉来擦拭。洁身仪式刚刚结束，人们便听到了远处神的呼唤。像以往一样，这样的呼唤会出现四次，每一次的声音都比前一次更大、更近。四次呼唤之后，神果然出现了，蓝身神和黑身神各自拿着一张神圣的鹿皮，白身神拿着两个玉米穗，一个黄色的，一个白色的，这两个玉米穗上都结着饱满的果实。

　　其中一张鹿皮被神铺在地上，它的头朝着西方，而两个玉米穗则头朝东被放在上面。另外一张鹿皮头朝东盖在玉米穗上，并且，一只白鹰的羽毛和一只黄鹰的羽毛分别被放在与之相同颜色的玉米穗下边。神让大家都靠后，站在远处，给风让开路。从东方吹来的风是白色的，从西方吹来的风是黄色的，这两股风从不同的方向吹进了两张鹿皮之间。风起的时候，八个幻影出现了，它们绕着鹿皮走了四圈，它们走动的时候，鹰的羽毛从鹿皮之间伸了出来，被踩在脚底。当它们终于走完时，神上前揭开了上面所覆盖的那张鹿皮，只见原本放在里面的玉米穗不见了，而是变成了一个男人和一个女人躺在那里。

　　男人是那个白色的玉米穗变化而成的，女人则是黄色的玉米穗变化而成的，给他们生命的正是那两股风。直到现在，人们嘴里还是会不断呼出风来，这就是我们的生命，如果有一天这些风不见了，我们的生命也就要结束了。如果仔细看我们手指最上一节的纹理，还可以辨认出风吹来时留下的痕迹，这些纹理可以告诉我们当那股风吹过我们的祖先时，它是从什么方向吹来的。

　　这被神和风一起创造出来的便是最初的男人和最初的女人，神指导大家用树枝建立起一道围墙。建好之后，最初的男人和最初的女人便走了进去，神告诉他

们："现在，你们就要作为丈夫和妻子一起生活。"

知识拓展

★ **纳瓦霍族**

纳瓦霍族是美国西南部的一支原住居民，是当今美国最大的土著居民，该族聚居地也是美国现留面积最大的印第安人保留地。他们曾经和美国有过长达数十年的战争，后来终于保留了自己的自留地。如今，这里依然保留着他们古老的民风民俗。

阅读思考

1.在纳瓦霍族人的意识里，"四"是个很神圣的数字，请说明其原因。

2.在这个故事中，族人认为人类是怎样出现的？

3.除本书中讲述的关于人类起源的传说，你还知道哪些？和同学们讨论一下。

第3课

在灰熊直立行走的时候

莫多克族

理查德·艾尔多斯与阿尔方索·沃迪兹 复述

在大地上出现人类之前，天神的首领居住在冰冷的上界，而他对这样的环境感到非常厌倦。为了让冰冷的空气远离自己，他用石头在天空中挖出了一个洞，把所有寒冷的冰雪都从这个洞中推出去，形成了一个从地面一直通往天上的大雪堆，这就是人们今天所说的莎斯塔山。

后来，天神拿起自己的手杖，从云朵上迈到了山峰上，他沿着山坡向地面走去。当走到一半路程的时候，天神便用自己的手指到处触碰，他所碰到的地方都会长出一棵树来，而他用脚踏过的地方，冰雪开始融化，变成水向下流去，最后形成了江河湖海。

天神又举起自己巨大的手杖，将较小的一端用力敲碎，并将那些碎片随手扔进了河流中。神奇的是，那些较大的碎片立马变成了海狸和水獭，而比较小的碎片则变成了鱼。树叶从树上落下，天神捡起它轻轻地吹了一口气，一只只小鸟便被造了出来。然后，天神用手杖较大的那端用同样的方法创造出了那些在地上行走的动物，其中最大的便是灰熊。

刚刚被天神创造出来的灰熊外表看来和今天的熊一样，浑身上下都是毛，爪子也尖利无比。但是有所不同的是，它们会直立行走，还能说话，就好像人一样。因为灰熊看上去非常凶猛，所以天神把它们送到远离自己的山脚下的大森林里生活。

看到自己创造出来的这一切，天神的首领感到很满意，他决定把家人也带来，和他一起居住在地面上。于是，他们就把冰雪堆积出来的大山当成了自己的房子，并在里边生起火。为了能让火星和烟飘出去，天神又在山顶挖了一个孔，

每当他将大木头扔进火堆的时候，火星就会从那个孔里飞出去，并随之引起大地的震动。

春天即将结束的时候，天神和他的家人幸福地围坐在火堆边，这时风神送来的大风将整个山顶都撼动了。这阵风一直在吹，以至于让烟和火星都吹进了天神的家中，熏疼了他们的眼睛。天神对他的小女儿说："你去烟孔那里告诉风神，让他轻一点儿吹，要是他再这么吹下去，整座山都会被他吹翻的！"

天神的小女儿朝着烟孔爬了过去，天神又告诫她："你要当心，不要把头伸出去，不然风会把你吹走的。"

那个小女孩迅速地爬到了山顶，她乖乖地待在烟孔里和风神说着话。当她准备向下爬回家的时候，忽然想起父亲曾经说过，从山顶可以看见大海。小女孩非常好奇，想知道大海是什么样子。于是，她小心地将头伸出了烟孔，面朝西方看去。可她还什么都没有看到，风神就一把抓住了她的头发，把她从烟孔里拉了出来。小女孩被刮到树木和冰雪交界的地方，这里长满了低矮的杉树，而她鲜艳的红头发一直在雪地里飘荡。

一只大灰熊在外出觅食的路上发现了这个红头发的小姑娘，它将她带回了自己的家。因为灰熊家里正好有小熊，所以她得到了灰熊妈妈很好的照顾，她每天和小灰熊一起吃饭、游戏，一起慢慢地成长。

小姑娘终于长大了，变成了一个年轻的女人，她和灰熊的大儿子结为夫妻。时间在慢慢推移，这对小夫妻生了很多的孩子，可是这些孩子并不像他们的灰熊父亲一样有那么多毛，也不像他们的天神妈妈。

这些小生命的降生让灰熊们感到异常欣喜和高兴，于是他们在莎斯塔山的旁边建造了一栋房子，让这个功不可没的妈妈和她的孩子们居住，这就是我们今天看到的小莎斯塔山。

又过去了很多年，灰熊妈妈已经预知到自己的生命即将结束，对于自己和丈夫当年收留并藏起了天神首领的女儿，她感到有一些惭愧，很想得到天神的原谅。于是，灰熊妈妈把所有的族人都召集在一起，在它们为天神女儿所建造的房子前，灰熊妈妈用一朵白云将她的大孙子送上了莎斯塔山顶，让它去告诉天神首领他那个被风神吹跑了的女儿现在在哪儿。

听到自己小女儿的消息，天神首领非常激动，他太想见到自己丢失已久的女儿了，便大步从山顶跑了下来。巨大的脚步让大地崩裂，山上的冰雪也开始随着他的脚步融化。时至今日，在萨斯塔山的南边还可以看到天神首领留在岩石上的脚印。

当他来到那座房子前时，他不可置信地喊道："难道我的女儿就住在这种鬼地方？"

在天神首领的记忆里，他的小女儿乖巧美丽。然后，他看到了自己的女儿，那个曾经的小女孩已经长大成人，变成了一个成熟的女人，并且正在抚育一群孩子。天神女儿的孩子是天神首领从未见过的，他对自己外孙的模样感到诧异，这完全是他从未见过的一种新生物。一个新的物种在未经他允许的情况下就来到这个世界，天神首领瞬间发怒。他扭转头，皱着眉头盯着即将死去的灰熊妈妈说："你们居然欺骗了我，我诅咒你们从现在开始用四只脚走路，并且永远夺去你们说话的能力。"

天神首领毫不留情地将自己的外孙从房子里赶了出去，他扛起自己的女儿，大踏步地爬回了山顶。从此，他再也没有在森林里出现过。有人说天神将他房子里的火熄灭，带着他的女儿回天上生活去了。

被抛弃的天神的外孙们，这些长相奇怪的生物失去了自己的母亲，开始在各处游荡。他们就是最早的印第安人，也是所有印第安部落的祖先。

居住在莎斯塔山附近的印第安人从来都不杀灰熊，这就是原因所在。但是当灰熊杀死一个印第安人的时候，这个印第安人的尸体就会被当场火化。此后的很多年，每当有人经过那个印第安人被杀的地方，都会丢一块石头过去作为纪念。天长日久，这里便形成了一个大石头堆，让人们永远铭记他死去的地方。

阅读思考

1.天神为什么不喜欢住在自己上界的家中？

2.在天神所创造的动物中灰熊是最大的动物，那么如今在地上行走的最大的动物是什么？

3.文章中的灰熊犯了什么错误而使天神发怒？后来天神是怎样对它们进行惩罚的？

4.为什么灰熊会生活在离山很远的大森林中？

5.印第安人被灰熊杀死后，会以怎样的方式对他进行纪念？

6.你喜欢这个故事的结局吗？为什么？

第3部分
战争的插曲

AMERICAN
LITERATURE

第1课
战争的插曲

斯蒂芬·克瑞恩

中尉将一块儿橡胶毯子铺在地上，并在上面倒满了给士兵们用的咖啡粉。下士和其他代表——那些修建防护矮墙的人都来到这里，他们要领取每个班应得的那一份咖啡。

中尉皱着眉头，对于这个分配咖啡的任务，他看得非常严肃。他用剑在咖啡上划出不同的线条，让它们分割成精确的棕色正方形小块。他的嘴唇紧闭，看着那些被分割好的咖啡，似乎有一种解答了算术难题的喜悦。下士们蜂拥而上，每一个人都获得了一个小方块。可是这时，中尉却发出了惊人的尖叫声，他将目光投向身边的一个人，似乎这个人刚才袭击了他一样。周围的人看到中尉的袖子上满是鲜血，他们也跟着发出了惊呼。

中尉好像被蜜蜂蜇到了一样，他朝后退去，身体摇晃着。他努力站直，可是人们却听到他发出粗重的呼吸。他那充满了悲伤的神秘目光越过矮墙，看着远处的绿色树林，看着树林里升起的缕缕白烟。在这个时刻，所有人都静默得好像雕塑，他们看着中尉，为这一次突发的灾难感到震惊和恐惧，因为它发生在人们毫无防备的情况下，人们根本无暇顾及这一事件的发生。

就在中尉远眺那片树林的时候，士兵们不断摇着头，可是所有人都保持沉默，他们也看着远处的那片森林，仿佛有一颗子弹带着他们的思绪飞向一个神秘的旅程。

在这种情况的促使之下，中尉已经拿起了自己的剑，他伸出左手，却并没有抓到剑柄，而是笨拙地握住了剑锋。他将自己的眼神从那片充满了敌意的森林里挪回，落在了那把被他举起来的剑上，似乎很茫然，不知道应该拿这把剑劈向哪里。简言之，这件武器在他的眼中似乎忽然变得陌生起来，他好像是在一个一无所知的状态下将它握在手中，就如同别人塞给他一把三叉戟、一根拐杖或一把铲子一样。

过了一会儿，他想要试着将这把剑插回剑鞘中去。可是，要想将一把用左手握住剑锋的剑插回悬挂在左腰上的剑鞘中，就连马戏团里最灵巧的人都没有办法做到。这位中尉便这样与这把剑做着斗争，他的眼神中透露出一丝绝望，呼吸沉重得就好像是一个比赛中的摔跤选手。

直到此时，那些在周围旁观的人，才从雕塑一样的状态中醒过来，他们用同情的眼光看着中尉，迅速地围拢起来。值班的士兵从中尉手中接过剑，轻轻地将它插回剑鞘中。做这个动作的时候，他将自己的身体朝后仰去，甚至不敢让自己的手指碰触到中尉的身体。中尉身上的伤口似乎给予他一种神奇的高贵，那些没有受伤的人因为这种新的可怕的状态而显得无比庄严，他们朝后慢慢地退去。中尉的同伴们不断用眼神试探着他，似乎是在担心哪怕一个手指的力量就可以将这个中尉推倒在地，这个奇怪的感觉让他们担心悲剧会发生，担心中尉会被投入那个模糊又黑暗的未知世界。正是因为这个原因，值班的士兵将剑插回剑鞘的时候，身体才会向后仰。

其他的人也在忙碌着，有一个人带着胆怯的神态贡献出自己的肩膀，征询中尉是否想要靠一靠。可是中尉却悲伤地看了他一眼，摆摆手拒绝了他。他的神情似乎是一个知道自己身患绝症的病人，明了中又带着绝望的无助。他的眼神再一次越过矮墙，向森林望去。半晌，中尉转过身，缓慢地朝后走去。他用左手轻轻握住右手腕，仿佛那受伤的胳膊是用脆弱的玻璃做成的一样。

众人都沉默地看着森林，又看了看中尉离去的背影，然后又看看森林，看看中尉。

这位受伤的中尉穿过战场的边线，他看到了很多平日里看不到的景象。他发现一个将军骑在一匹黑色的战马上，瞪着眼睛看着树林前穿着蓝色军服的步兵，那片树林的遮挡给他带来了麻烦。一名副官疯狂地骑马跑过来，然后跃下马背，先敬礼，然后将一个文件交给了将军。这一切都透露出一种奇怪的色调，就好像这是一幅历史油画。

在将军和随从的身后，有一小队人马。他们是由一个喇叭手、两三个勤务兵以及军旗手组成。这些人都骑在狂躁的马背上，拼命想要在原地站稳，保持他们对将军表达敬意的距离。但是因为他们身边轰隆作响的炮弹，战马不由自主地狂

暴地颤抖和跳跃。

有一个喧闹的炮兵连正在呼啸着从右边冲过来，他们的马蹄敲击着地面，发出轰鸣。骑士们不断叫喊着口号，发出对敌人的威胁和对战友的鼓励。最后，在车轮轰响声和枪支面前，中尉不得不停下自己的脚步。炮兵连在地面上拉扯出来的一条曲线让人激动不已，它的停顿点就好像波浪在撞击礁石一样雄伟，当它终于在前方消失，车轮、杠杆和发动机所组成的美丽画面就好像一枚呼啸而过的火箭，它发出的声音是人类灵魂深处的战争合唱。

中尉将自己的胳膊高举起来，就像它是玻璃做的一样。他站在那里看着炮兵连，直到所有的细节都消失不见，只有骑兵们的背影在上下跳跃，挥舞着鞭子远去。

后来，他将自己的眼睛转向战场，那里传来了篝火一样热烈的枪声，有时候这枪声没有规律，令人烦躁；而有时又像雷声一样，令人振奋。他看到硝烟在翻滚着上升，还看到人们在奔跑欢呼，向着远方一个模糊的方向不断射击。

他遇到了几个掉队的人，那些人告诉他应该去战地医院。他们告诉中尉医院的准确位置，讲述着每一个兵团和每一个师的表现，以及每一位将军的观点。中尉举着自己受伤的胳膊，用惊异的眼神看着他们。

有一群人在路边煮咖啡，他们发出嘈杂的谈话声，声音不高但是很乱。有几个军官走了出来接见中尉，询问了几个莫名其妙的问题。有一个人看到他受伤的胳膊，大吼道："伙计，这可不是办法，你应该把这个东西给固定住。"他对中尉处理伤势的方法进行了纠正，将袖子剪下来，使其露出胳膊。在他的碰触下，胳膊上的每一根神经都在颤抖。他一边不断地发出怒骂，一边将自己的手帕绑在伤口上。他说话的语气让人觉得这个人已经习惯受伤，见多不怪了。中尉低下头，在这个人面前他显得那么生疏，连伤口都不会处理。

在一座古老的学校建筑周围，中尉看到了医院低矮的白色帐篷。这里正在发生异常的骚乱，在医院的中央有两辆救护车的轮子深陷泥坑，司机不断发出抱怨，挥舞着手臂不断责骂别人。在那两辆塞满了伤员的救护车里，不断传来人们悲苦的呻吟。一群打着绷带的人来来往往，还有很多人在树下坐着，料理着自己受伤的头、胳膊和腿。在学校大楼的楼梯上，还有人在愤怒地争论，有一个人安详地靠着树坐着，吸着一个玉米穗做的烟斗，他的脸色灰暗得好像军毯。中尉很想冲上去告诉这个人他就快要死了，不要坐在这里等死。

一个忙碌的外科医生走过中尉的身边，他脸上挂着友好的微笑说："早上好！"可是当他看到中尉受伤的胳膊，脸色就黯淡了下来："呀，让我来看一看。"他的神情中似乎突然露出一丝轻蔑，身上的伤口明显降低了中尉在他眼中的地位，医生有些不耐烦地吼道："是哪个笨蛋将伤口绑成了这样？"中尉低声回答："哦，是一个人。"

当伤口终于裸露出来时，医生轻蔑地用手指拨弄了一下说："哼，你跟我来吧，让我来照顾你。"他的声音里透出无限的冷漠，似乎是要将犯罪的人送进监狱似的。

中尉的个性一直温顺，但是现在他却涨红了脸，他盯着医生的眼睛说："我猜想，胳膊不用切断吧！"医生喊道："伙计，不要胡说！不要胡说！来吧来吧，我不会将它切断，你不要天真了！"

"放开！"中尉一边怒吼一边挣扎，他的目光固定在那所老学校的大门上，在他的眼中，这座大门就像通往死亡的入口一样凶恶。

这就是中尉失去他的胳膊的故事，当他回到自己的家里，他的姐妹、母亲和妻子望着那空荡荡的袖管忍不住发出啜泣的声音。在这些泪眼的围绕之下，他感到有些羞愧，只好说："哦，好了，我觉得这并不要紧。"

阅读思考

1.在文中，中尉是怎样受伤的？

2.为什么在中尉受伤后，所有的人都不想去触碰他？

3.最后，医生是用什么方法来治疗中尉受伤的胳膊的？

4.在小说中，中尉行走在路上的时候有一种超然物外的视角，就好像一个人看着别人的世界一样，是什么原因让他有了这种麻木的感觉？

第2课
玛丽·彻斯纳特的内战

玛丽·彻斯纳特

（1861年4月上旬，南北方局势更趋于紧张恶化，整个国家都严阵以待。4月12日，萨姆特要塞响起了内战的第一枪，在南卡罗来纳州查尔斯顿的联邦军营里。附近的居民在自家的屋顶上默默地注视着这一切。玛丽·彻斯纳特的日记中所描写的，正是当时人们情感的变化历程。）

1861年4月7日

今天，形势似乎明朗起来了。

一个人只能希望风平浪静，林肯和西沃德曾经那么愚蠢地前进，然后又更加愚蠢地后退。可是不管怎么样，和平还是有希望的。

事情的改变速度总是那么快。我的丈夫被任命为布里奇德将军麾下的一名副官。三小时以前，我们还在安静地收拾东西，准备立刻起程回家，大会也停止了。而现在，他告诉我说今天晚上可能就要发动对萨姆特要塞的进攻。这取决于驻守在萨姆特要塞的联邦军将领安德森和外面的舰队，而传令官却告诉我这一次在围栏外面所进行的战争表演，都是为了给德克萨斯看。

约翰·曼宁戴着红色的肩带举着他的剑进来了。因为可以在部队前进的时候成为布里奇德的手下，他开心得像个孩子。他和维格弗一起带着指令去找哈特斯蒂恩上尉了。

彻斯特纳先生还在赶报告，他要将报告交给大会。

海恩太太来电话说她只有一种感觉——就是替不在这里的人感到遗憾。

杰克·普雷斯顿、威力·埃尔斯顿，那些别人口中过着轻松日子的人和被叫做"大胆"的约翰·格林，一起以志愿兵的身份去了那个岛。

七百人的军队被派遣出去，运送军火的大车整夜都在街上轰隆隆地奔走，安德森点燃了一盏蓝色的灯，我想这是给外面的舰队发出的信号或者暗号。

　　今天的晚餐时间，没有谈及查尔斯顿港那边的事，但一股强烈兴奋的暗流在涌动着。这群人都非常杰出，除了我们平日见到的威瑟斯法官、朗顿·查韦斯、以及特瑞斯科特组成的四人小组，两位州长敏斯和曼宁也和我们共进晚餐。

　　他们兴奋地谈论着，我这一辈子只有今晚是用心倾听。

　　晚餐结束之后，正事才开始，敏斯州长带着虔诚的表情掏出了一把剑以及一条红色肩带，他要将这些东西交给彻斯纳特上校，因为上校已经前往萨姆特要塞，去说服对方投降。

　　现在，我们需要的是耐心，我们必须等待下去。

　　安德森真是愚蠢，他为什么要进驻到萨姆特要塞去呢？从那之后，所有的事情都变得诡异。现在，他们截获了一封安德森的信，在信里他催促他们让他快点投降，而且还描述了一番他不让他投降的情况下可能会发生的恐怖结局，以此作为威胁。

　　将自己的头送进那个可怕的境地之前，他就应该对这一切有所准备。

1861年4月12日

安德森拒绝了有条件投降的提议。

　　昨天的晚餐我们享用得很疯狂，又很兴奋，男人们都大胆而又机智地说着俏皮话。大家好像都感觉到这也许是我们最后一次快乐的聚餐了，可是谁都没有说出口。今天和我们共进晚餐的还有迈尔斯先生，亨利·金太太冲进来说：“有消息，我带来了最新的消息，金家所有的男人都去了岛上！”对于这个结局，她似乎感到非常骄傲。

　　当她还在这里的时候，我们的和平谈判专家彻斯纳特先生回来了。大家对他和安德森上校之间的交谈非常感兴趣，可是他却不愿意谈及，只想填饱自己的肚子。对于安德森，他似乎有一点儿同情，已经给戴维斯总统发了电报，请求总统先生的指示。

　　电报的内容似乎是关于给安德森的回答，等等。他带着附加的命令又回到了萨姆特要塞。

　　就在他们即将离开码头的时候，A. H. 博耶金兴奋异常地跳上船，他觉得自己并没有受到该有的重视，他那么热爱战斗，可是他居然被遗忘了。

我没有假寐，我怎么睡得着呢？如果安德森拒绝接受条件，那么在四点钟的时候，他们接到的命令就是要向他开火了。

我好不容易挨到了四点，听到圣米歇尔教堂的钟声响起。我心里盘算着四点半的时候，也许会有一座大炮发出沉重的爆炸声。

我从床上跳下去，双膝跪地，匍匐在地板上，以前所未有的虔诚进行祈祷。

房子里传来躁动不安的声音，走廊里也传来脚步声，大家似乎都朝着一个方向赶去。我穿上自己的长袍，披上披肩，也追随那脚步声而去——那是朝着屋顶的方向。

炮弹已经开始爆炸，在黑暗中，我听到一个男人说："浪费弹药！"

我知道，我的丈夫此时正在一个黑暗的水湾中划着船，在飞向要塞的炮弹火光的笼罩之下。如果安德森还是那么顽固不化，那么我们这边的要塞也会依照命令开火。枪战已经开始了，在要塞中，大炮在指挥下发出了轰鸣。每一次射击会造成多少生命的死亡和破坏，谁也无法统计。

屋顶上的女人都开始变得疯狂，她们不住地祈祷，而男人们则在咒骂。一颗炮弹飞上天空，火光照亮了这一切。听他们说，今天晚上军队就会尝试登陆。

哈里亚特鲁号的舵手室被炮弹炸烂了，所以他们不得不将船开回海里。

当我们在上面朝着远方眺望的时候，大家的心里都充满了疑惑，因为萨姆特那边一枪都没有打出来。

今天，敏斯和曼宁与我们一起吃饭，他们都已经成了布里奇德将军的副官，是上校了。曼宁希望我可以维持秩序，但是我只能给予他自己的祝福，因为他即将面临的是迎着炮火去海湾之中发布命令，指挥战斗等危险的事。

昨天晚上到今天凌晨，我待在房顶的时候感到非常虚弱疲倦。于是我就坐在一个看上去是黑色凳子的东西上。可是一个男人忽然朝我喊："快站起来，你这个傻女人，你的裙子着火了！"然后他不由分说就将我拉了起来，我才看到那是一截烟囱，我的衣服上还在冒着火星。苏珊·普雷斯顿和威纳博先生听到动静也上来了，可是在他们到来之前我衣服上的小火苗就被扑灭了。

你知道吗，在嘈杂的争论和我们的眼泪开始流淌之前，可能因为祈祷的力量，居然没有人受伤。空中传来狂怒的声音，但它不能说明什么，那只是一种错觉或者一个陷阱……

刚刚有个人进来汇报，说彻斯纳特上校在布里奇德将军房间的沙发上睡着了。经过了这么紧张而又疲乏的两个夜晚，他一定累得可以在任何地方入睡……

1861年4月13日

不管怎么样，没有人受伤，所以昨天晚上我们都感到非常高兴。

那些大炮不断发出可怕的轰鸣，在大家看来，那是对屠杀的恐惧。

甚至没有一个连受到损伤，真是庆幸。

萨姆特要塞发生了火情，但这并没有让那些喷射火舌的枪支停止。这是那些副官告诉我的，他们还披着红色的肩带，佩着剑，不肯将自己的制服脱下。

听到那些枪声，我们也不可能像平日一样平静地进餐。大家都不愿意坐到餐桌边上去，走廊里到处都摆满了茶盘。

有人虽然在床上躺着，但是内心却十分焦虑，在孤单的悲痛中，人们忍不住发出悲叹。维格弗夫人和我在我的房间喝茶，好让自己得到一些安慰。

这些女人所具有的信念让人非常欣赏。

1861年4月15日

我从来都不知道我居然可以经历这样让人激动兴奋的时刻。

我听到他们喊叫着："出来了，出来了一群人！"

那其实只是一群由彻斯纳特上校和曼宁上校带领的暴民。

人群不断发出呼喊，这两个人被看做送来好消息的使者。在大家的护送下，他们被送到了布里奇德将军的总部，据说萨姆特要塞要投降了。

我听到房顶上的人喊道："萨姆特要塞起火了！"这样的情况以前也发生过一两次了。

当我们都镇静下来，彻斯纳特上校向我们讲述了投降的整个过程。如果说他和平常的样子相比还是有一些不太安定的话，他的态度也足够平静了。

维格弗和他们一起待在莫里斯岛上，当他看到要塞的火光，就跳上了一艘小船，将自己的手帕作为一面白旗扬起来，向着萨姆特要塞的方向划过去。维格弗是从一个炮门进去的，彻斯纳特上校不久后也到了那里，他是从一个正规的入口进去的。安德森上校告诉彻斯纳特上校走路要小心，因为那些地方到处都是地雷。根据我所知道的消息，要塞是向维格弗投降了。

但是一切都一团糟，我们的旗帜在半空里飘扬着，消防车也在到处扑火。每个人都不能完整地跟你说完整件事，然后就会冲到别处去，或者被其他的事情牵扯，或者去打听最新的消息……

知识拓展

★ 美国内战

在美国历史上，内战是最为伤痛的篇章之一，它给几百万士兵和民众的生活带来无可比拟的影响。其中多篇描写内战的文章都是笔者的亲身经历，内战使他们的生活彻底地改变了。

1860年4月12日，战争虽然已经开始，但是还没有伤亡的现象出现，然而玛丽·彻斯纳特却感受到了即将到来的腥风血雨。从玛丽的日记中，我们可以看出战争开始时的乐观和后来的恐惧相互交织的情感。

阅读思考

1.作者对美国内战的态度是怎样的？

2.你了解美国内战的情况吗？了解多少呢？给大家说说。

3.如果你所在的国家发生了战争，你会去参战吗？

第3课
布尔伦战役的叙述

托马斯·乔纳森·杰克逊

（托马斯·乔纳森·杰克逊是南部邦联的一个将军，在这封写给妻子的信中他讲述了南方军队战斗中的第一次胜利。那是1861年7月的一场战斗，发生在华盛顿特区郊外一条名叫布尔伦的小溪附近。）

我亲爱的妻子：

昨天，我们打了一场激烈的战斗，并且取得了伟大的胜利，它是属于上帝的光荣。连续几小时，我们冒着猛烈的炮火前进，不过我只受到一点儿小伤，我左手最长的手指受伤了。不过医生说，手指并没有什么大碍。在我的手掌和指节中间的位置，子弹从食指旁边穿过，让它受了一些伤。如果子弹打到了手心，我就要失去这个手指了。我的马虽然受了伤，不过还幸存。你送给我的外套在臀部的位置破了个口子，不过幸好我有个手巧的随从，他将那个难看的口子修补得几乎看不见了。就像这次光荣的胜利一样，我能够幸存下来，全部都是上帝的保佑。让所有的荣誉、赞美和光荣都归属他。这是我所参加过的最为艰苦的一场战役，虽然炮火并不是最激烈的。我的职责是指挥中间的军队，我的一个团也向右边伸展出去一段距离。还有其他的指挥官在我左右，虽然有很大一部分功劳都属于我们勇敢的军队的其他部分，但上帝让我的队伍在打退敌人的过程中发挥了更大的作用。这些事情我只能对你说，你不要告诉任何人，让别人说出那些赞美的话吧，而不是我自己。

美国语文
AMERICAN LITERATURE

知识拓展

★ **托马斯·乔纳森·杰克逊（1824—1863）**

托马斯·乔纳森·杰克逊是美国内战期间最著名的南方将领之一，如果以战绩来论，他可能是美国最伟大的将军之一。

他出生在弗吉尼亚州的一个苏格兰移民家中，因父母早亡，从小被叔父养大，并帮助叔父打理农场。因为常年在户外运动，所以他身体较为强壮。他所受的教育不多，但是却自学了大量知识，后来进入西点军校学习。美国内战爆发后不久他便参战。

在1861年的布尔伦战役中，他凭借在战斗中的果敢和坚定赢得了卓越的声誉。杰克逊在写给妻子的信中讲述了这次战斗，但是，在取得这次重大胜利两年之后，他溘然离世。杰克逊致死的原因是他的部队把他误作地方骑兵，他被射中之后死于并发症。

第4课

一个士兵的回忆

沃伦·李·戈斯

（在攻击萨姆特要塞的战斗开始几个星期后，有成千上万的青年男子都志愿加入战斗队伍，来自马萨诸塞州的沃伦·李·戈斯就是最初入伍的人之一。）

这是一个难以入眠的夜晚，我爬下床的时候，感觉到有冰冷的寒气在后背上移动。刮完胡子之后，我开始为另一次不顾一切的英勇行为作准备。那时我已经二十岁了，当我做任何非同寻常的事情之前，我都会先刮胡子，不管是求爱还是战斗。

站在招募新兵办公室的门口，我紧张得全身颤抖，心脏猛跳得好像低沉的鼓一样。在转动门把手之前，我把贴在门上的招募新兵公告读了一遍又一遍，一直到认为自己了解了所有的要求为止。在公告之中许诺了旅游和晋升的机会，这看起来很不错。我觉得自己把战斗看得那么严肃也许是个错误。"还可以旅游！"现在，我已经完成了四年的兵役，我必须要承认那个旅游的机会并不只是空谈。但所谓的提升现在看来就有点傻了，它不仅来得慢，而且充满了不确定性。

虽然已经下定决心要去参军入伍，可是我却一点儿都不心急。我有点倾向于延迟这种感觉，因为内心之中不断波动的欲望，让我显得既懦弱又勇敢。我很想入伍，可是——就让我赶紧转动门把手，让此刻的自己得到暂时的解脱吧！

我的第一套军服很不合身，裤子长了三四英寸，法兰绒衬衣很粗糙，穿着很不舒服，而且领口也有点太大，其他地方却有点小。步兵帽看上去是一个非常难看的袋子，它的顶子和皮帽舌是用纸板做的。松松垮垮的上衣看上去是唯一比较合适的，而外套大衣让我觉得自己就像是一个包在巨大外壳里发育不良的玉米。除了弗吉尼亚的泥土之外，已经没有什么东西可以让我如此失望，让我对军队盛

况的幻想完全地破灭了。

　　参军之后，我并没有得到自己所预料的那种结果。客观地看看我所得到的，光是穿着军装的自己就已经让我无法得意起来。教官让我学习左右转，在挺起肩膀、传令和举起胳膊的问题上，我觉得教官有些不必要，他在小题大做。因为火枪很难获得，所以在连队和团队之中，只能先进行固定动作训练，之后才能学习武器手册。虽然我们拿到枪的时间比较早，但背着它几小时之后，我们都宁肯将它丢到一边去。经过一小时的训练，那个火枪显得越来越沉重，而且看上去也没有刚拿到的时候那么漂亮了。

　　在我接受训练的第一天，因为对于重复做同一个动作感到厌倦，我就对训练教官说："快停止这种傻事吧，去杂货店转转怎么样？"他给我的唯一回答就是对一个下士说："去，将这个人带出去强化训练！"而那个下士真的就那么做了。

　　军队里的人怎么不像平常人？他们不会对你的建议表示感谢。在他们看来，任何的聪明才智都无法和教官发出的"向右看"、"向左转"、"右斜身齐步走"的指令相比。对于一个没有任何经验的新兵来说，他需要一段时间才能认识到自己不是来思考和提建议的，能做的只有服从。可是有些人永远都学不会这一点，在谦卑和泥水之中，我终于学会了这一点，虽然这很难。在我前三个星期的训练中，我很怀疑我的爱国主义热情是否有膝盖那么高。在一个旁观者看来，训练太容易了，可是事实并非如此。一段时间之后，我把我的制服剪短了，只有这样我才能忍受它。我慢慢地开始克服训练的艰苦，打算熬过它。紧接着，命令下达：朝着华盛顿出发！……

知识拓展

★ 美国内战实情

　　美国内战爆发后，男子都应征入伍，大多数人认为这场战争是光荣的，并且会迅速结束。在联邦士兵沃伦·李·戈斯的日记中，我们可以了解到当时的年轻人把参军看做是赢得尊敬的机遇。但是在经历训练和战场上的残酷之后，他们都开始认识到要想获得荣耀还需要付出惨重的代价，或许是生命，或许是身体的残缺。在葛底斯堡战役中，罗伯特·E.李经历了空前的惨败，对方也因此付出了巨大代价。士兵兰道尔福·麦克基姆在自己的日记中记载了他的战友们表现出来的勇敢,其中大部分人都在葛底斯堡战役中死去,足足有5.1万人。

阅读思考

1.在文章中,作者最初了解战争的真实情况吗?

2.作者作战的意志坚定吗?为什么?

3.战争都是残酷的,可是随着科技的发展,战争方式也发生了一些相应的变化,试比较当时的战争和现在的战争有什么不同。

第5课
在另一个国家

欧内斯特·海明威

战争一直持续到秋天，而我们却已经不能再去参加了。秋天时，米兰是一个寒冷的地方，天很早就黑了，灯亮的时候，顺着街道朝窗户看去，让人备感温馨。商店的外面，有很多猎物悬挂着，狐狸皮上撒着雪花，风吹着它的尾巴。僵硬沉重的鹿挂在那里，露出干瘪的肚子。风中小鸟在飞，羽毛几乎要被吹得翻转过来。这是个寒冷的秋天，风几乎都是从高山上刮下来的。

每天下午，我们都去医院，从城镇到医院有不同的路，其中两条是沿着运河的，都比较长。但是，不管怎么走，你都要跨过运河才能到医院。有三座桥可以选择，其中一座桥上有个女人在卖烤栗子。她的炭火很温暖，离开的时候你还可以将暖烘烘的栗子装在口袋里。这所医院古老而美丽，我们总是穿过大门和天井，又从另一扇大门离开。在天井那，常有葬礼举行。老医院也修建了新的砖亭，每天下午我们就聚集在那里，坐在疗效明显的治疗仪器上。

医生来到我的机器前，说："参军前，你最喜欢做什么？爱好什么体育项目？"

我说："足球。"

"不错！"他说，"你还会踢足球呀！"

我的膝盖已经不能弯曲，从膝盖到脚踝，小腿直直削下去，腿肚子也没有了。这个机器就是要让我的膝盖可以打弯，类似骑三轮车。可是它现在还是不能完成任务，一到打弯的时候，那机器就不能继续运转。医生说："会过去的，你是幸运的，年轻人！你还可以像冠军一样踢球！"

我旁边的机器上，是一个陆军少校，他的手像婴儿一样。医生在检查他那夹在两条皮带中的手，让那两条皮带上下跳动，拍打他的手指。他朝我眨眨眼说：

"医生上尉，我也能踢球吗？"他原本是一个优秀的击剑手，在战前的意大利，他算是最优秀的。

医生从他后面的办公室拿来一张照片，上面是和少校的手一样萎缩的一只手。这是它接受治疗之前的样子，之后它就长大了一点儿。少校用自己健全的手拿着照片仔细地看，又问："这是受了什么伤？"

医生说："是工伤。"

"真有意思。"少校一边说，一边将照片还给医生。

"有信心了？"

"没有。"少校回答。

有三个小伙子每天都会出现，他们跟我年纪相仿。他们都来自米兰，一个想做律师，一个想做画家，还有一个原本想做士兵。接受机器治疗之后，我们会一起走到斯卡拉剧院边上的库娃咖啡馆。我们四个在一起时，会从危险区抄近道。人们恨我们，因为我们是军官。当我们经过的时候，有人在酒馆里喊："打倒军官！"还有一小伙子有时会跟我们同行，他用一块黑丝巾遮住脸，因为他没有鼻子，脸还需要修复。他从军校毕业后就去了前线，第一次上战场还不到一个小时就负伤了。也许是因为他出生于世家，所以他们修复他的脸，但却一直不能把鼻子恢复原来的样子。后来，他去了南美洲的一家银行，不过那是很久之后的事。我们没有了解他后来的情况，唯一知道的是战争还在继续，而我们再也不会参与其中了。

我们都挂着一样的勋章，除了那个黑丝巾小伙子，因为他在前线的时间不多，因此无法得到勋章。想当律师的小伙子个头高大，脸色苍白，他曾经是阿迪提特种部队的中尉，他有三枚勋章，而类似的勋章我们每个人只有一枚。在死亡的阴影中，他活了很久，后来变得有点超然物外。我们都有点看开了，除了每天下午在医院见面之外，没有其他事可以将我们联系在一起。我们故意穿越敌意区去咖啡馆，走在黑暗中，看着酒店的灯光。有时候男男女女会聚集在便道上，我们只好走在街上，穿过人群的时候，我们会感到某些曾经的事将我们联系在一起，而那些恨我们的人是不会了解的。

我们都很熟悉库娃咖啡馆，那里非常温馨，灯光昏暗。在某些时刻，这里人声鼎沸，烟雾缭绕。女招待一直站在桌旁，带着插图的报纸插在报架上。库娃咖啡馆的女招待很爱国，我发现意大利人最爱国的就是咖啡馆女招待了——至今，

我都相信她们依然热爱着自己的国家。

小伙子们对我的勋章很尊敬，他们询问我获得勋章的原因。我把那份辞藻华丽的文件拿给他们看，上面写满了"兄弟情"和"自我牺牲"等词汇。但是当那些修饰去掉后，这份文件说明我得到勋章的原因只是因为我是个美国人。从此之后，他们对我的态度有点儿改变。虽然相对于外来者，我还是他们的朋友，但从那份文件之后我就不再是他们中的一员了。他们的情况与我不同，他们都是做出了很多的牺牲才获得勋章。我也受伤了，这固然没有错，但这只是个意外。我并不会因为自己得到奖励而羞愧，虽然有时候喝了鸡尾酒之后，我会想象自己也在战斗中赢得尊重，并最终获得勋章。可是当我在呼啸的寒风中行走在夜晚的空旷街道，商店都打烊了，我努力靠近路灯行走，此时我才知道自己永远也做不出那些事情——我是如此怕死。深夜独自躺在床上，想着如果再次回到前线时，我会害怕死亡。

那三个获得勋章的人，就像猎鹰一样，而我不是。虽然在那些从未打过猎的人眼中，我也是猎鹰，但他们三个更了解其中的滋味，所以我被慢慢疏远了。不过，我和那个第一天上前线就受伤的小伙子成了朋友，因为他现在永远无法获知自己会在战场上怎么表现了。他也不被他们接受，可我喜欢他，因为我认为他也不会像一只猎鹰。

在曾经是击剑高手的少校眼中，勇气是不存在的。我们坐在机器上的时候，他用很多时间纠正我的语法。他曾经称赞我的意大利语说得好，我们很谈得来。少校说："你为什么不注意一点儿语法呢？"于是我们开始讨论语法，这反而让意大利语变得难学，我首先要在脑海中理顺了语法才敢开口和他说话。

少校定期到医院来，我发现他从未落下过，虽然我知道他肯定不相信这些机器。曾经有一段时间，我们都不信那些机器，少校说这都是胡闹。这些机器当时刚刚发明，要靠我们来证明它们的效果，这真是个愚蠢的想法。他说："理论总是相似的。"我学不会语法，他就说我非常丢脸，是个笨蛋。他觉得自己和我在一起就像个傻瓜。他身材矮小，直挺挺地坐在椅子上，盯着墙，用皮带夹着他的手指重重地击打。

"战争结束后，你打算做什么？"他问我，"按照语法来说！"

"我要去美国。"

"你结婚了？"

"没有，但是我想结婚。"

"那你就真的是一个傻瓜了。"他似乎带着怒气说，"人不该结婚。"

"为什么呀，少校？"

"别叫我少校！"

"为什么人不该结婚？"

"不能结婚，不能结婚！"他怒气冲冲地说，"人不应该让自己处于一个失去一切的位置，人应该可以找到自己不会失去的东西。"

他说话的时候愤怒而悲伤，眼睛直勾勾地望着前方。

"那为什么一定会失去呢？"

"必然会失去！"少校说。他盯着墙壁看了一会儿，又看看那机器，猛地从皮袋里抽出自己的手，用手抽打着自己的大腿。"必然会失去的！"他几乎是吼叫着说，"不要跟我争论！"然后他又冲着管理机器的护士嚷嚷："关掉这该死的玩意儿！"

他去另外一间屋子做轻微治疗和按摩，我听到他问医生能不能用电话，然后他关上门。当他又回到这个房间时，我正在另一架机器上坐着。他披着斗篷，戴着帽子，来到我的机器前，将胳膊放在我的肩膀上。

"对不起。"他说着，用那只健康的手拍了拍我的肩膀，"我不想失礼，但是我的妻子刚去世，请你原谅我。"

"哦——"我不禁为他感到难过，说，"我很遗憾。"

他咬着嘴唇站在那里，说："这真的很难，我没法控制自己。"

他的眼光越过我，望着窗外。忽然，他开始哭泣。"我完全不能控制自己。"他只说了这一句，就哽咽住了。接着他号啕大哭，仰着头什么都不看，身体站得很挺拔，充满了军人气概，眼泪在脸颊上流过。过了一会儿，他咬咬嘴唇，绕过那些机器走出门去。

据医生所说，少校的妻子很年轻，当他确定自己受伤后不能再上战场，才和她结婚。但是她却因为肺炎死去了，虽然只是病了几天，没有人想到她会死。有三天时间没有在医院看到少校，之后他又像平常一样出现了，只是制服袖子上多了一条黑色的丝带。当他回来的时候，四周的墙壁挂满了装在镜框里的照片，上面是各种各样创伤治疗前后的对比照。在少校使用的机器前，有三张图片和他的手完全一样，但它们都复原了。我不知道医生从哪儿弄到这些照片，因为我以为我们是第一批使用这机器的人。而少校却只是望着窗外，这些照片并没对他起到

什么影响。

知识拓展

★ 欧内斯特·海明威（1899—1961）

海明威是美国小说家。他出生于美国伊利诺伊州，母亲酷爱文学，这对他以后的写作产生了巨大的影响。

"一战"爆发后，海明威加入了红十字会战场服务队，投入到意大利战场上。战争结束后，他进入多伦多《星报》当记者，并开始了自己的创作生涯。在将近十年的时间里，他出版了很多作品，其中有《太阳照常升起》。

1928年，海明威离开巴黎，回到了美国的佛罗里达州，过起了田园般的宁静生活。但是在"二战"期间，他重新复出，成为一名随军记者。1940年，海明威创作了以西班牙战争为背景的反法西斯主义小说《丧钟为谁而鸣》。1952年，发表中篇小说《老人与海》，并于1954年凭此篇作品获得了诺贝尔文学奖。

阅读思考

1.少校的妻子怎么了？

2.这篇文章中的气氛有些异样，请说明原因。

3.少校为什么会对语法有如此浓厚的兴趣？他这样做的重大意义是什么？

4.故事中的人物因为具有了什么品质才能直面困难？

5.这个故事是如何反映第一次世界大战期间人们心中的幻灭感的？

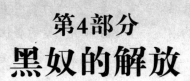

第4部分
黑奴的解放

AMERICAN
LITERATURE

第1课
对《解放黑奴宣言》的反应

亨利·M.特纳牧师

（1862年9月22日，林肯总统发表了《解放黑奴宣言》，他宣布战乱州的所有奴隶会在1863年1月1日被解放。在当时，那些州并不属于北方联邦的控制范围，所以他们并没有在那一天真的获得解放。但是，对于那些身处奴隶制的煎熬中的人们来说，《解放黑奴宣言》是一个有力的希望，它激起了自由的美国黑人支持北部联邦的一阵热潮。一个出身自由家庭的居住在华盛顿特区的美国黑人亨利·M.特纳牧师，在这篇记载中描述了黑人对于《宣言》的最直接的反应。）

在我的教堂周围和里面，很多人都簇拥在那里。我急忙跑进第一家能够印刷《解放黑奴宣言》的报社，它叫做《晚星报》。在等待报纸的拥挤人群之中，我期待着印着《宣言》的报纸。第一张报纸出来了，被人群中的三个人同时抓住，其中一个年轻人非常敏捷，抓起报纸就跑了出去。第二张也被几个人同时抓住，几下就被撕碎成了纸屑。报社里终于递出了第三张报纸，我成功地抓到了《宣言》的主要部分，然后拼命逃出人群。顺着攀索维尼亚大道，我拼命奔跑，大家看到我手中所握的报纸，都发出震耳欲聋的欣喜的叫声。很多人围拢过来，将我推到了一个大台子上，让我朗读《宣言》。可是在经过了差不多一英里的奔跑之后，我已经上气不接下气，无法朗读。于是，我将报纸递给辛顿先生，他朗声读了出来。在他朗读的时候，人们都做出了各种手势和动作，男人发出尖叫，女人快要晕倒，狗在狂吠着，白人和黑人手握手唱起了歌。就在此时，海军大院的炮开始喷出火焰，紧接着在白宫后面也响起了一阵的嘶吼……在白宫前面，黑人和白人组成的游行队伍在游走，人们都在庆贺林肯总统发布《宣言》。总统出现在白宫的窗户前，朝着人群鞠躬作为回应，成千上万的人都想告诉他——如果他走出白宫，大家会兴奋地拥抱他！……这个历史时刻是天下独有的，任何人的一生中都不可能再次看到这样一个场景了。

知识拓展

《解放黑奴宣言》

　　《解放黑奴宣言》是一份由美国总统亚伯拉罕·林肯公布的宣言。此宣言分两部分发布：第一部分公布于1862年9月22日，它主要概述了第二部分的目的。第二部分公布并生效于1863年1月1日。此宣言虽仅使一部分奴隶得到了解放，但是它为最终废除全美的奴隶制度奠定了坚实的基础。

阅读思考

　　1.人们听到《独立宣言》的内容后，都有怎样的反应？

　　2.你认为应该废除奴隶制度吗？为什么？

　　3.《独立宣言》是林肯总统做出的伟大功绩之一，你知道他还为美国作出了哪些卓越的贡献吗？查阅相关资料进行整理。

第2课

我所经历的种族歧视

索月拉·特鲁斯

（内战使奴隶制结束，而对抗种族歧视的斗争却刚刚开始。在这封写于1865年10月1日的信件中，索月拉·特鲁斯描写了一次与种族歧视正面交锋的情景。）

几个星期以前，我和我的朋友约瑟芬·S.格里芬走在一起。街车的售票员拒绝停车搭载我，虽然我紧跟着约瑟芬，并且已经抓住了车上的铁杆。街车拖着我开出了很远，约瑟芬才将车拦下来。她将这个售票员的行为报告给了城市轨道的主管，他马上就将那个售票员开除了，然后他告诉我：如果我受到司机或者售票员的不公正待遇，就把车号记下来。

13日，为了弗里德医院的病人，我必须要去那里一趟。在那里，我已经持续做了好几个月的咨询建议工作。这一次和我同行的是另一个朋友，她是密歇根的劳拉·S.哈维兰德，所以我以为不会在坐车的时候遇到麻烦。当我登上那辆车的平台的时候，售票员忽然推了我一把，喊道："回去！下去！"我告诉他我不会下去，他便愤怒地大喊："那我就把你扔下去！"他双手用力抓住我的右臂，一把就将我推下来。这时候，哈维兰德夫人告诉他说他不能这么对我，他便用愤怒的语气快速地质问她："她是你的吗？"哈维兰德夫人回答说："她不是我的，但她是一个人！"我们将那辆车的车号记下来，主管接到了我们的报告后立刻就将那个售票员开除了。同时，他还建议我们以人身攻击的罪名控告他，因为在被那个人推下车的时候，我的肩膀扭伤了。我们根据这个建议实施，那个售票员很快便逮捕了。汤普森法官主审了这个案子，我的胳膊那会儿非常僵硬，并且肿痛得厉害。不过现在已经好多了。陈旧的奴隶制思想虽然很难被消灭，但它必须走向灭亡……

阅读思考

1.售票员为什么不让那位乘客上车？

2.为什么废除种族歧视的制度已经公布，这样的事情仍然存在？

3.你了解美国的历史吗？为什么黑人和白人不能享受同样的待遇？

第5部分
伟大的演说

AMERICAN
LITERATURE

第1课
第二次就职演说

亚伯拉罕·林肯

1865年3月4日

这是我第二次出现在这里，宣誓就任总统。所以，我也没有必要再像第一次一样发表冗长的演讲。对于我们将要进行的行动，进行一番详细的描述是更合适的选择。此时，我的前四年任期刚刚结束。过去的四年里，一场伟大的竞赛吸引着人们的注意力，并且占据了这个国家的主要精力。在每一个时间点和阶段之中，它都会引起人们公开的讨论，因此没有什么新的情况值得通报。我们军事的进展，它作为其他一切的支撑，大家所了解到的情况和我所知是一样的。我相信，所有人对于这一情况都是非常满意并且受到鼓舞的，我们满怀期待地眺望未来，所以不能贸然作出预测。

四年前的此时，所有人的注意力都焦急地指向一场迫在眉睫的内战，所有人都对它心怀忧惧，所有人都在想办法逃避。那一次，我在这里发表的就职演说一直强调不希望通过战争解救这个国家，但是，城市中却有一些叛乱者，他们却在力求不通过战争来破坏这个国家——他们设法通过谈判来解散联邦，分裂国家。双方都站在反对战争的立场，而其中的一方却宁愿制造战争也不希望这个国家继续存活，另一方宁愿接受战争也不希望这个国家覆亡。于是战争不可避免地来临了。

我们人口之中，有八分之一是黑人奴隶，虽然他们并没有普遍分布在整个联邦，而是集中在南部。这些奴隶们构成了一种独特而强大的利益，所有的人都知道，引起这场战争的正是这种利益。叛乱者不惜通过分裂国家来达到自己的目的，他们这么做就是为了加强、持续并且扩展这种利益，而政府所要求的只是获得限制这种利益在地域上蔓延的权力。双方对这场战争都无法预料，也没有料到它会达到这种严重程度，会持续如此之久。这场战争的起因，随着战争的结束甚至还在未结束之前就已经消失，这一点双方也没有预料到。大家都在寻求容易获胜的路途，期望着战争的结果不要太过惨烈。我们读同一本《圣经》，向同一个上帝祈祷；我们都祈求上帝帮助自己获得胜利。这看起来很奇怪，有人居然敢于请求公正的上帝帮助他压榨别人的血汗，用以累积自己的财富。不过，我们也不能就此得出结论，认为自己就不会受到审判。双方的祈祷都不可能得到回应，事实上大家的祈祷也都没有得到回应。全能的上帝有自己的考量，"罪过让悲伤降临到这个世界。罪过是不可避免的，但是悲伤要降临到带来罪过的人身上！"如果美国的奴隶制是上帝赐予的罪过，那它已经超过上帝准许的时间，他现在希望它从这里消失。所以，上帝将这场可怕的战争降临给南北方，作为带来罪过的那些人的悲伤。信徒们认为"活着的上帝"有神圣的特性，对于那些特性的任何偏离，我们是否应该看清楚？我们怀抱着天真的希望和热烈的祈祷，我们希望这战争带来的苦难快点结束。但是，如果上帝希望它继续下去呢？上帝希望战争继续到奴隶们二百五十年来没有得到报酬的劳作所积累的财富全部销毁，继续到鞭子上流下的血被剑刃上流下的血报复，就像他在三千年前所说，那么我们仍然会说："主的审判，是完全准确、公正的。"

我们对任何人都没有抱怨，我们用博爱对待所有人，我们坚决地支持正确的事。上帝让我们辨认正确的事，让我们继续战斗，好让我们正在进行的事业获得完美的答案。将这个国家的伤口包扎好，将参与战争的人都照料好，将他们的妻子和孩子都照顾好——我们要尽一切努力去获得公正持久的和平，我们要珍惜这来之不易的和平，不止是我们自己的，还有我们与其他国家之间的和平。

知识拓展

★ 亚伯拉罕·林肯（1809—1865）

在美国最为悲惨的时候，亚伯拉罕·林肯成为美国总统。为了将这个被战争弄得四分五裂的国家重新联合起来，他付出了巨大的努力和奋斗。在面对无法避免的国家危机时，林肯所表现出来的勇气、力量和他的献身精神，让他成为最受人民爱戴的美国总统之一。

虽然出身卑微，但林肯很早就对政治表现出浓厚的兴趣。他曾经就职于伊利诺伊州的立法院和美国国会，这些经历让他赢得了奴隶解放运动支持者的拥戴。1858年，林肯和斯蒂芬·道格拉斯竞选美国参议员席位，虽然没有在这一次选举中获胜，但和道格拉斯之间激烈的辩论让林肯在全国范围内获得了承认，帮助他在1860年成为美国总统。

　　林肯当选总统之后不久，美国内战就爆发了。林肯在战争过程中表现出了巨大的力量和勇气，也展示了他天才般的演讲才能。1863年11月，林肯受邀来到葛底斯堡国家公墓的启用典礼，在这里他发表了一篇演讲，让整个世界都铭记了他所讲的话。

阅读思考

　　1.林肯的这次演讲中，其根本目的是什么？

　　2.这次演讲，透露出林肯对于奴隶制持有什么样的观点？

　　3.在演讲中，林肯试图让南北双方达成和解或者伸出调停的手，他是如何去表达这一愿望的？

　　4.林肯的演讲中，有哪些句子是我们应该铭记的？

第2课
独 立 宣 言

托马斯·杰弗逊

在人类社会不断进步的过程中，当顺应大自然和上帝的旨意，想让一个民族脱离另一个民族的奴役而独立的时候，他们必须把自己独立的原因公之于众，因为这样才是对人们的舆论和争议的尊重。

在我们的认识中，这些真理是不言而喻的：每一个人生来平等，造物主赋予他们的权利永远不可剥夺，不论是生存权、自由权，还是追求自己幸福的权利。人类建立起政府，就是为了保护这些权利不受侵害，让一个政府拥有正当的权力，则是被统治者同意而授予的。不管任何形式的政府，如果它对于这些生而具有的权利进行破坏，人民便有权将其颠覆或者废除，建立一个新的政府来行使使命。新诞生的政府要让人们感觉到新的政府会让他们更加安全和幸福，这样他们才能真正地行使自己的权力。如果严肃地看待，运行了多年的政府不应该由于一时冲动或无关紧要的事而更换。从过去的经历来看，不管是什么样的苦难，只要还能够忍受下去，人们就会坚持忍受，而不会想到去废除自己已经习惯了的政府。但是，政府如果不断滥用职权，强取豪夺，企图将人民置于专制暴政之下，这时人民就有权利也有义务推翻它，并且为了自己的未来寻找新的保障。而过去殖民地正是因为忍受了这样的苦难，才决心要奋起反抗。翻开大不列颠王国的史书，我们所看到的都是殖民地人民屡屡被伤害、不断被掠夺的惨状。王国就是想要各个州都建立起独裁的暴政，为了证明这一结论并非空穴来风，我们将要公布一些事实，让世人凭借自己的公正来判断。

对于从公众利益出发，大家最需要的法律，他拒绝批准！

那些有迫切需要而且非常必要的法律，被统治者阻止批准，或者它们被束之高阁，无望地等待他的批准。这些法律一旦被搁置，统治者就会完全将它们遗忘。

对于可以为广大人民带来便利的法律，他也拒绝批准！如果人们愿意放弃自己在立法机关的代表权，才有希望让法律获批，而这种权利对他们来说又至关重要，只有暴君才希望人们放弃这种权利。

为了让各州的立法团体对他百依百顺，他让他们去到交通极其不便利、距离档案库非常遥远的地方去开会，只是想要让他们疲于奔命。

当各州的议会以无畏的坚毅来反对他侵犯人民权利的时候，他便一再地解散它们。

各州的议会被解散了，他又拒绝选举新的议会。但幸运的是，立法权是无法被取消的，这是各州人民行使权利的依据。这种情况让各州都处于危险的边缘，既要防备外来的侵略，又要防备发生内战。

为了抑制各州的人口增长，他不断阻挠外国人入籍法的通过，对其他鼓励外国人移民到各州的法律也拒绝批准，同时将分配新土地的条件不断提高。

对于建立司法权力的法律，他拒绝批准，让司法工作的推进无法进行。

对于法官的任期、薪酬以及支付方式，他完全地置于他人意志支配之下。

他大兴土木，修建新的官衙；他建立臃肿的机构，用大量的闲置官员来骚扰人民的安宁，消耗人民赖以生存的各种物质。

在和平时期，他并没有获得立法机关的同意，便在我们之中维持常备军。

他企图让军队于民政之外形成独立之势，让它凌驾于民政之上。

他和那些不法之徒勾结，让我们处于不适合我们的体制之中，而且这种体制又不在我们的法律所承认的管辖范围，他还让那些帮凶炮制了各种伪法案，用以达到以下目的：让大批的武装力量驻扎在我们身边；当他的帮凶杀害了我们的民众，他用虚伪的审讯来包庇他们，让恶人逍遥法外；让我们和世界各地无法达成贸易；不考虑民众的处境，巧立名目征税；在案件的审讯过程中，将我们应该享有的陪审制权利剥夺；以莫须有的各种罪名让我们去海外受审；在邻近的省份将英国的自由法制废除，并且建立起专制政权，不断扩大该省的地域疆界，企图通过这种方式来建立一个样板，让它成为向其他省份推行这种集权制度的工具；他将我们的宪章取消，将我们最珍贵的法律废除，将我们各州的政府从根本上改变；他中止我们的立法机关行使权力，并且宣称他有权力制定我们的一切法律。

他宣布对我们作战，并称已经放弃我们，我们已经不在他的保护范围。

在我们的海域，他肆意地掠夺；在我们的沿海地区，他任意蹂躏；在我们的城镇，他焚烧破坏，人民的生命受到迫害。

就在此时，他派遣了大量的雇佣兵前来这里屠杀、破坏，进行肆虐的勾当。而这些行为已经开始很久了，就算是最野蛮的时代，都无法找到残酷卑鄙到这种程度的案例。他根本不配做文明国家的元首。

在公海上，他俘虏我们的同胞，让他们不得不拿起武器反抗，逼迫他们残害自己的亲人和朋友，并且让他们死在自己的亲人和朋友手中。

在我们中间，他不断挑唆、煽动，让那些残酷、未开化的印第安人杀戮我们的同胞。就像大家所知道的那样，印第安人总是不分男女老幼，格杀勿论！

在承受这些压迫的过程中，我们一直保持着谦卑的态度，恳求获得体谅。可我们得到的回答，却是一次又一次的伤害。

当一个君主的品质已经凸显出暴君的印记，他又怎么能做自由人民的统治者。

我们也在顾念着那些英国兄弟，不断提醒他们那些立法机关的企图：他们想把无理的管辖权横加在我们身上。我们曾经告知他们移民者的生活，曾经寄希望于他们天生的正义感与善良的雅量。我们曾经恳求，希望他们看在相同祖先的分上，放弃这些掠夺的行为，不要让彼此的关系再继续受到影响。对于这种充满了正义并且来自于血缘关系的呼声，他们充耳不闻。在迫不得已的情况之下，我们只好宣布脱离关系，像对待那些与我们没有任何血缘的其他民族一样对待他们——示我以兵，即为我敌；示我以善，即为我友。

在善良的殖民地人民的授权下，集合在大陆会议旗帜下的美利坚合众国代表们，发出全世界最崇高的正义呼声，将我们严肃的意向表达，并且慎重地宣布：这些联合到一起的殖民地，从此要成为独立、自由的国家；按照它天赋的权利，它应该获得自由与独立。这里将再也没有对英国王室效忠的义务，也将再也没有与大不列颠国家之间的任何政治关系，并且这种关系必须断绝。作为一个自由并且独立的国家，它可以宣战，也可以缔结和约，它可以组成联盟，也可以采取一个独立国家有权采取的一切行动。

在上帝的保佑之下，我们坚决地支持这篇宣言，以我们的生命、财产和神圣的名誉，彼此宣誓！

知识拓展

★ 托马斯·杰弗逊（1743—1826）

托马斯·杰弗逊一生中取得了巨大的成就，所以在人们心目中，他好像是一个无所不能的人。他不仅帮助美国人民获得独立，而且还担任了第三任美国总统；他建立了弗吉尼亚大学，还为美国建立了公共教育系统。他为自己设计了一座房子，在楼层之间设置了可以传送食物的电梯，他还建立了美国货币的十进制系统。与此同时，他还是一位具有娴熟技巧的小提琴家，是一个艺术爱好者和杰出的作家。

杰弗逊出生于美国弗吉尼亚一个富裕的家庭，他曾经进入威廉与玛丽学院学习，并获得了法律学位。在弗吉尼亚众议院任职期间，因为他心直口快，为保护国家的权利而作出了很大贡献。在殖民地人民和英国政府之间爆发了战争的时候，杰弗逊在这场激烈的斗争中成为一名杰出的领袖。

战争结束之后，杰弗逊担任了美国驻法大使，后来他又担任了美国第一届国务卿以及第二届副总统的职务。1801年，杰弗逊当选为美国总统，在他执政期间，从法国人手中购得了路易斯安那地区，这让美国的土地扩大了近一倍。

阅读思考

1.杰弗逊在文中指出了对英国统治者痛恨的原因，请指出一二。他这样列举对他所表达的目的有什么作用？

2.杰弗逊认为，政府统治中出现了怎样的情形，就应该被废除了？

3.如果这篇文章改成演讲稿的形式，效果会有什么不同？

4.如果你是殖民者中的一员，你读了这篇文章后会奋起反抗英国统治者的统治吗？并说明原因。

第3课
在弗吉尼亚州大会上的演讲

帕特里克·亨利

尊敬的主席先生:

我比任何人都推崇爱国主义。对于刚才发言的可敬的绅士,我也致以高度的评价。同一个问题,经常会有不同的视角。所以,如果那些绅士愿意和我一样,对于和他们的观点相反的人进行仔细地考量,他们就不会认为这是对他们的不敬,我也就可以随心所欲地表达自己的观点。现在的时刻,我们无须拘泥于礼节,因为我们现在所讨论的问题对于这个国家有重大的意义。在我的意识里,这是一个与自由或奴役有着同等重量的问题,因此,我们辩论的自由程度,也应该和这些问题的重要程度相一致。只有这么做,才能发现真理,才能不辱使命,完成上帝和国家交给我们的职责。在这样一个重要的时刻,要是我因为畏惧,或者因为担心触怒谁而隐瞒自己的观点,那就等于我犯下了背叛国家的重罪。这么做,对上帝是不忠的,而我又敬畏上帝远胜于世界上任何一位国王。

主席先生,众所周知,人类的天性就是喜欢沉溺在希望所造成的幻觉之中,对于痛苦的真理总是选择无视,却会去聆听女妖的歌声,直至最后被变为野兽。这难道是为了自由而战的人所应该选择的道路吗?如果有人长着眼睛却是个瞎子,有的人长着耳朵却是个聋子,他们对于和拯救自己密切相关的事情视若无睹,我们难道要和他们一样吗?在我内心中,为了了解全部的真相,我不惜让灵魂遭受全部的痛苦,我愿意了解最坏的可能,并已经为此作好了准备。

我只能依靠经验的灯来指明方向,除了过去的经验,我已经无法再去判断未来。而按照过去的经验,在近十年之中,英国内阁有什么行为可以让各位绅士有理由说服自己怀抱希望?难道是他们最近接受我们的请愿书的时候脸上那虚伪的笑容吗?先生们,那笑容唯一可以证明的是你脚下的陷阱,我们又怎么能够相信！请你扪心自问，他们接受请愿的时候所展示的笑容，与此时大规模的海陆战争是否相称？一项号称爱与理解的工作，难道还需要舰队和军队出现吗？难道是因为我们表现得不愿意和解，为了赢得我们的爱，他们必须出动军队吗？绅士们，不要再自欺欺人了！战争和镇压，就是王权所能采取的最后手段！

主席先生，我想问问在座的各位，如果这些军队不是为了逼迫我们屈服，那他们还想做什么呢？绅士们还可以为他们找到其他可能的动机吗？在这个世界的角落里，大不列颠的国王还有什么敌人需要他召集这些海陆军队吗？不，没有了！绅士们，我们要认识到这些军队就是针对我们而来，不可能是为了其他任何人！他们的目的，就是为了把英国内阁长期以来制造的锁链，牢固地钉在我们的身上，将我们牢牢捆住。

可是，我们再如何反抗、争辩有用吗？这种方式我们已经尝试了十年，还有什么话题是我们没有探讨过的吗？什么都没有！任何的可能性都已经在我们的讨论中出现了，但依旧于事无补。难道我们还要祈求吗？难道我们还能找到其他没有使用过的借口吗？绅士们，请你们不要再欺骗自己了！对于这场马上要落下的暴雨，我们已经用尽办法来躲避。我们请愿，我们抗议，我们也乞求了无数次！在那高贵的王座之下，我们跪倒在地，请求他阻止国会和内阁的专制。但是，没有人注意到我们的请求，这种哀求换来的只有更多的羞辱。他不仅对我们选择无视，还冷漠地一脚将我们从王座前踢开。看一看我们所经历的这些事情，到了现在，如果还有人对于和解抱有愚蠢的幻想，他应该明白我们已经没有任何希望的余地了。如果我们想获得自由，如果我们想让自己为之奋斗的高贵权利不受侮辱，如果我们不想因为放弃斗争而变得低贱，如果我们发誓不达目的决不罢休，那么，摆在我们面前的道路就只有一条——战斗！绅士们，请允许我再说一次，除了战斗，我们别无选择。求助于武力和战争是我们唯一的出路！

主席先生，有人说，我们很弱小。因为在那么可怕的对手面前，我们微不足道。但是，我们何时才能变得强大？下个礼拜？还是下一年？还是等到我们被卸去武器，我们的房屋周围都已经站满英国士兵？这样优柔寡断并且没有作为的举动，不会让我们的力量得到提升。难道我们要躺在地上，依靠那些自欺欺人的希望，一直等到敌人将我们捆绑起来，才能找到有用的办法吗？绅士们，自然的神赋予我们力量，如果可以运用这种力量，我们就会变得强大起来。我们有三百万人民，他们已经用自由而神圣的思想将自己武装起来，当我们手挽手站在这片属于我们的土地上时，不管什么样的军队都无法将我们征服。另外，我们不会独自作战。上帝掌握着每一个国家的命运，他是公正的，他会让所有人都挺身而出，和我们并肩战斗。绅士们，并不是只有强大的一方才可以获得战争的胜利，有时候，胜利也青睐那些警惕的、积极的、勇敢的人。除此之外，我们别无选择。绅士们，如果你们想用卑贱的姿态从这场战争中退出，现在已经失去了良好的时机。除非你愿意俯首称臣，并且甘愿接受他们的奴役，否则我们已经没有任何的退路。那些为了我们而打造的锁链已经完成了，我已经可以听到它从波士顿的平原传来的叮当声。既然战争已经无法避免，那就让它更猛烈地到来吧！绅士们，请让我再说一遍——让战争到来吧！

绅士们，为了这样一件事苦心地寻找借口已经没有任何作用。可能你们还会喊着："和平！我要和平！"但和平已经不可能来到我们的身边，因为战争已经开始了！接下来从北方吹来的狂风将会为我们带来武器碰撞的声音，我们的兄弟们已经在战场上开始浴血奋战了。我们却还若无其事地站在这里讨论着，你们到底想要做什么？他们将会得到什么？是不是生命实在太宝贵，而和平也实在太甜蜜，以至于我们甘心给自己套上锁链，付出被奴役的代价来换取它们？万能的上帝，请你阻止这些行为吧！虽然我还不敢肯定你们的选择，但对我来说唯一的出路就是战争！不自由，毋宁死！

知识拓展

★ 帕特里克·亨利（1736—1799）

帕特里克·亨利出生于弗吉尼亚州，以机敏和演讲技巧而闻名。亨利可以说是美国的开创者之一，其对美国独立革命有着不可替代的功绩。当初，华盛顿总统邀请他担任国务卿，他拒绝了。他有自己的信念，不追逐名利，所以得到了人们的爱戴。

被我们口口传诵的"不自由，毋宁死"就是出自他的演讲。这篇演讲在历史上占有特殊的地位，成为北美人为了自由而战的呼声和口号。当时，北美殖民地正面临艰难的抉择——要么拿起武器，争取独立；要么妥协退让，甘受奴役。亨利则以敏锐的眼光为大家指出了可行的道路，指出了战争的必要性。由此激励了千百万北美人为自由而战。

阅读思考

1.在一个关系到全民族生死存亡的时刻，亨利发表这样一篇演说可以起到什么样的作用？

2.亨利在演讲中表明了自己判断未来的方法，请指出来。

3.有人认为殖民地的人民还没有作好战斗的准备，对此亨利是如何回答的？

4.在亨利的眼中，他将殖民地人民的处境比喻成什么？

第4课
易洛魁宪章

易洛魁族

亚瑟·C.帕克 翻译整理

德卡纳维达与五族同盟的首领一起将这棵和平之树种在这里，在这棵和平之树的荫蔽下，我们用白色的绒毛铺在座位上，献给阿多达霍和您的兄弟首领们。

我们将您安置在这高贵的座位上，在和平之树伸展的枝叶所带来的阴凉中，羽毛铺就的座位显得那么柔软舒适。请您坐在这里，注视五族联盟燃起的火焰，让五族中所有的事情都在这火焰和您面前得到妥当的处理。

和平之树将自己的根朝着东西南北四个方向伸展出去，它们叫做大白根，这四根大白根的本质就是和平与力量。

在五族之外，如果有任何人或者部族愿意遵守这个法令，并且将他们的意愿呈交给联盟的首领，他们就能够顺着这些大白根找到和平之树。如果他们愿意奉献自己圣洁的思想，并且遵从法令，保证愿意服从联盟会议，我们就会欢迎他们在这和平之树下受到它的庇护。

一直可以瞭望到远方的雄鹰被安放在和平之树的顶端，这只鹰可以看见远方是否有邪恶企图靠近我们，也可以发现是否有危险正在威胁我们。一旦发现了任何的异动，它都会向联盟中的人们发出警告信号。

联盟集会的火焰一直遥遥地升入天空中，召唤着远方那些可能成为我们部族同盟的部落。

在任何一次集会中，当联盟首领们聚集在一起，奥内达加族的首领首先要问候兄弟首领并对他们表示感谢。然后，首领们应该作一个演讲，感谢族人居住的大地和上面的江河湖泊；感谢玉米和果实，感谢药草和树木；还要感谢大森林，因为所有这些都是生活中很重要的部分。首领们还要感谢作为食物的动物，感谢作为衣服的皮毛，感谢天空之上的风雨雷电。感谢日月，感谢造物主的信使，感

谢住在天上的造物主，他给了人们生命和健康，统领着整个世界。

然后，会议由奥内达加族的首领来宣布开始。

在议事的时候，五族联盟的首领应该遵从诚实的原则。如果有人用烦琐的事情来拖累首领，那他就犯了错。首领这个位置是这么崇高，所有人都应该保持尊敬，并且用最好的语言来赞美他们。

首领候选人在就职的时候需要提供四串贝壳，将它们的两端系在一起，形成一个圆。这些贝壳串所代表的是候选人对联盟首领所发的誓言，他应该发誓遵守和平宪章，不管任何事情都要做到公平公正地判断。

当候选人将自己的信物交出，会议的发言人会接过这些贝壳串，对集合在火焰对面的人讲话。他会这样说："请大家都来审视，他是多么强壮有力，他将成为我们部落联盟的首领！"然后，他可以继续为大家作介绍，在仪式结束之后，这些贝壳串应该被送到对面去。对面的首领将这些贝壳串作为发誓的证物，他应该说："现在，神圣的鹿角冠就要授予你了，它象征着你成为首领。作为五族人民的良师益友，你应该有承受批评、抵御羞辱和愤怒的外壳，应该拥有向往和平与美好未来的心灵，应该拥有对联盟中人民幸福生活的渴望，还应该用无穷无尽的耐心来履行你作为首领的职责！作为首领，你的强硬中应该有对人们的温和态度，你的思想中不能再有愤怒的位置，你的所有言行都要经过理智的思考。在首领考虑联盟会议的内容时，在制定法律的过程中，以及所有的其他行为中，你的个人利益都应该被忘记。当你的后辈或部下对你的作为质疑的时候，你不能对这种指责视而不见，而应该用一颗公正的心去审视、判断。为了整个部落人民的幸福，首领应该多听、多看。其中不仅包括现在的情形，还有将来的情形，和那些未来的民族的情形。"

知识拓展

★ 易洛魁族

住在现今美国东北部地区的易洛魁族曾经非常强大，在14世纪，一个叫做德卡纳维达的传教士在他们的部落里游走，号召讲易洛魁语的族人停止互相争斗。他的努力最终促成了摩霍克、奥奈达、塞讷卡、卡尤加和奥内达加所组成的五族易洛魁联盟的出现。

阅读思考

1.根据易洛魁宪章，作为大会首领应该具有哪些品质和行为？

2.在宪章中用一棵大树来作为和平的代表，你认为合适吗？请说明理由。

3.易洛魁宪章中，是怎样使用自然界中的各种形象的？看到这些信息，你对易洛魁族有什么样的印象？

4.在你的生活中，有需要感谢的人或物吗？如果有，请说明一下感谢他们的原因。

第5课
在立宪大会上的演讲

本杰明·富兰克林

尊敬的总统先生：

我首先要承认，自己对于这部《宪法》并不完全满意。不过，我也不能肯定我会永远这样。在我所经历的漫长的人生道路上，有过很多次这样的情况：当我有了更充分的了解，或者更加谨慎的考虑之后，我会改变自己原来的想法。在一些比较重要的问题上，当我发现自己原本以为正确的想法并非如此的时候，我也同样会改变自己的看法。因为这些原因，随着我的年纪不断增长，我越来越怀疑自己对别人所作出的判断是否正确。事实上，很多人或者很多宗教，都认为自己掌握了所有的真理，所以一旦别人对于某些方面的看法和自己相左，便认定别人必然是错误的。在很多人的意识中，他们觉得自己和自己所信仰的宗教一样正确。但其中，有一位法国夫人对此表现得更胜于常人，当这位夫人和自己的姐妹发生了一些争执的时候，她声称："我知道，在所有人中，只有我是唯一永远保持正确的人。"

虽然截至目前我还有一些反对情绪，但是，先生，对于这部《宪法》我还是要表示同意，包括同意它所存在的种种不足——假如这些不足确实存在的话。在我的认识中，我们极其需要一个政府，当然，只有在管理完善的条件下，能够为人民带来福祉的政府，才是真正合格的。不过，我也相信在未来的若干年中，这个政府会不断完善自己，就好像其他形式的政府曾经经历过的发展路途一样。这个政府的完结必然是因为专制暴政，当人民已经开始堕落，以至于不能接受其他形式的管理，只能通过专制来管辖的时候。同样的道理，我也很担心我们是否能够建立一个"立宪大会"，并且通过大会来制定一部更完美的《宪法》。因为，当你将一群人聚集在一起，企图收集他们集体的智慧时，你也不可避免地将他们的成见、情绪、错误的观点、个人利益和自私的观点都聚集在了一起。这样的一个集会，又怎么会产生出完美的成果呢？

总统先生，一个宪法系统竟然可以如此接近完美，这让我不能不感到震惊。我认为它一定也会让我们的敌人感到震惊，因为他们正在等待着我们的会议变得混乱不堪，就好像巴别城里的那些建筑者召开的会议一样。他们期待看到构成美国的各州四分五裂，彼此只能在战场上再次见面。经过了这样的思考，我决定对这部《宪法》表示支持，我虽然不能期望更好的，但我也同样不能否定这就是最好的。为了全体民众的利益，我决定放弃自己对于这部《宪法》中谬误观点的坚持。对于这些观点，我从未对外透露过。它们产生于这个屋子，也会在这个屋子里消失。假如我们中任何一个人在回到立宪会议之后，到处宣扬自己对于这部《宪法》的诟病，并且还四处游说别人支持自己，我们要站起来阻止公众接受他的意见。这样的行为会让我们失去所有来自国外以及我们自己的有益结果和巨大的优势，而这些结果和优势原本会自然地从我们真正的或表面的一致意见中产生出来。不管什么样的政府，它追求和保证人民的幸福，它获得力量和效率的源泉都是大家的意见。而要想对这样的一个政府发表自己的意见，就必须要求它的管理者具备一定的智慧，同时也保持意见的一致性。所以，作为一个公民，我希望大家从自身出发，不仅为了自己，也为了我们的后代，全心全意地团结起来。在我们力所能及的范围内，应该大力地推进这个宪法体制，并且在今后，将我们的思想和努力都集中起来，让这个体制得到更好的管理。

总而言之，总统先生，我迫不及待地想要说出这个心愿：我希望大家都能看清眼前的形势，对那些持有反对意见的成员，我希望他能和我一起反思一下自己是否真的正确。经过了这样的一番思考之后，为了让我们的意见可以达到一致的表达，请大家和我一起在这份文件上写下自己的名字。

知识拓展

★ 本杰明·富兰克林（1706—1790）

富兰克林是美国18世纪最伟大的科学家、发明家，然而他一生的成就不仅限于此，在政治、哲学、外交、文学、航海等方面他都取得了巨大的成就，为美国作出了突出的贡献。

在美国独立战争期间，他加入了战争的大军，成为美国独立战争的一位伟大的领袖。因为当时他身边有很多人是英帝国的追随者，所以在美国独立战争中，他和很多朋友甚至家人都断绝了联系。

阅读思考

1.富兰克林说自己从来没对外说过一个字的是什么事？

2.请分析富兰克林为了公共利益而将自己的想法压抑的原因。

3.富兰克林在开篇就说出了自己的想法，这样做有什么好处？

4.从文中我们可以看出，富兰克林是同意宪法通过的，请指出原因。

第6课
罪人在愤怒的上帝手中

乔纳森·爱德华兹

每一个人得不到上帝庇护的时候，都会掉落在这样的处境之中：你会看到身下是一望无际的悲惨世界，湖里燃烧着硫黄。从深渊里喷出来的火苗是上帝愤怒的焰火，此时地狱也会向你张开血盆大嘴，让你无依无靠，无处容身。在你和地狱之间只有一线之隔，只有上帝的力量和意愿可以让你不坠落其间。

或许，你还没有意识到这一点，你只是明白你还在地狱之外，看不到上帝扶持着你的那双手。你看到的都是其他的事情，譬如你强健的体格，你对自己生活的关心，以及那些为了生存而采取的手段。但是，你并不知道，这些事情没有任何意义可言，假如上帝收回了扶持你的手，这些事情也无法阻止你下坠，就好像空气无法将一个悬在空中的人接住一样。

罪恶会像铅块一样增加你身体的重量，然后把你压向地狱之中。此时，如果没有上帝的支援，你会被无情地抛向地狱的深处，跌落到无尽的深渊。而你所自豪的强壮身体，你的谨慎和智慧，以及你的能力，对于挽救你起不到丝毫作用，它们对于你，就好像是一张蜘蛛网无法拦住一块儿石头一样。如果不是因为上帝至高无上的恩赐，就连你脚下的土地都无法承受你的重量，一刻都无法承受。

如果不是上帝那双至高无上的手给这个世界带来希望，所有的人早就被遗弃了。现在，请你抬头看，那笼罩在你头顶的黑云，便是上帝的怒火所形成的，这里面夹杂着可怕的暴风和闪电。如果不是仁慈的上帝抑制住自己的怒火，这些黑云在你头顶上会立刻爆发。此刻，上帝用自己无上的意愿控制着这黑云，否则怒火就会降临到人世间，你会像旋风一样被毁灭，会像夏天的谷壳一样被摔打在地上。

上帝的愤怒好像洪水，它本被堤坝拦住了，但是随着洪水的积蓄，水位也越来越高，洪水在寻找自己的出口。这水流被积蓄得越久，它倾泻时的威力也就越大。截至现在，如果你对自己的罪恶还没有进行反省，还没有将审判的面纱揭开，那么你罪恶的洪水就会不断积蓄，在你身上，上帝的怒火也越积越多。洪水在涨，怒火在燃，能量在积聚，只有上帝的意愿才可以让这洪水和怒火停止。上帝的手已经放在水坝的闸门上，他一旦按下这闸门的开关，那凶猛的洪流就会带着无法想象的怒火扑向每个人。即使将你的力量放大一万倍，即使你的力量比地狱中最强的魔鬼还要强大一万倍，在上帝的怒火面前也不值一提。

上帝的愤怒就好像一支箭，它现在已经被搭在弦上。正义的审判中，那箭直指你的心扉，弓弦也绷得紧紧的，随时会发射。这就是上帝，这就是愤怒的上帝，这就是对你没有任何承诺和义务的上帝，只有他才能决定这支箭何时喝你的血！如果，你们之中有人曾经没有感受过上帝的精神力量所带来的震撼，没有因为上帝而在内心中产生巨大的改变，没有在上帝的感召之下获得重生，没有借助上帝的力量从罪恶的死亡中重新站立，没有依靠上帝达到全新的境界从而获得前所未有的光明，那么他就在愤怒的上帝手中颤栗吧！上帝给了你很多的机会，让你在很多方面可以重新建造自己的生活，可以将自己的爱倾注在宗教中，可以在你家庭和生活中保持自己的信仰。因为在上帝的领域中，只有他的意愿才可以让你远离被毁灭的那一瞬。也许现在，你还不相信你所听到的真理，但随着时间的推移，你必然会对它深信不疑。

有很多人曾经和你处在同样的境况之中，他们或许已经离去，但这些真理却在他们身上得以验证。当毁灭突然降临到他们身上，他们不会有任何预感，也许还在念叨着和平与安全的愿望。但是，那一个瞬间，他们终于明白，自己所追求的和平与安全的生活，不过是空气中那淡淡的影子而已。

你被悬在地狱深渊的上方，就好像一只被人捉住的蜘蛛，或者被放在火焰上的一只虫子。上帝这么做，是因为你让他厌恶，你激怒了他。那些燃烧的火焰，就是他对你的怒气。他纯净的眼眸不会容忍你片刻的停留，你是如此不值一提，远比那些最可恨的毒蛇还要让人厌恶……

哦，你这个罪人！想一想你现在所处的境况有多么可怕吧，你在上帝的手中，被悬在他充满怒火的火炉之上，下面是深不可测的地狱之洞，而你能感到上帝对你的怒火，如同他在看待地狱中的罪人。你被吊在细细的丝线上，火舌不断舔着它，随时会把它烧焦。而任何人都不可能给你提供帮助，也没有任何力量可以拯救你，更没有谁敢隔开那些火焰对你的吞噬，你什么都没有，两手空空，找不到任何理由让上帝宽恕你哪怕一秒……

上帝一直在注视着你，他看到你的罪恶不断积累，发展到不可言喻的极端；他看到你的痛苦无边无际，已经快要超出你的承受力；他看到你可怜的灵魂被碾碎，向着无边的黑暗下沉。但是，他对你没有丝毫的怜悯，他不会让自己的怒火收敛，也不会让自己施加的力度减弱。你得不到任何仁慈，上帝也不会延缓自己的狂暴，他根本不会顾及你的感受，也不会因为怕你受折磨而变得小心。在上帝的眼中，他唯一需要注意的便是审判所带来的痛苦不要超出严格的要求……

如果，上帝愿意将自己的怜悯赐予你，那这必定是无比仁慈的一天。这种宽恕的鼓励，一定会让你痛哭悔悟。而当这样的一天过去，就算你最可怜的哭泣都无济于事。你完全地迷失了，无法得到上帝的庇护，他也不会再挂念你的幸福。除了不断让你承受痛苦，上帝对你无法做出任何其他的安排，你也没有别的结局。你不过是一个盛满上帝怒火而且即将毁灭的容器，除此之外，对于上帝你再没有任何的用途……

如果，你还继续不知悔改，那么你就会一直停留在罪恶的状态下。并且，上帝的无限的力量、权威以及怒火，也会在你身上不断放大，让你受到无法形容的痛苦。在你遭受折磨的时候，天使和基督将站在你的面前，天堂里其他的居民也都会来到你的面前，目睹这一可怕的场面，让他们可以见识到上帝的威力。在大家看到眼前的情形之后，他们会匍匐在地上，对上帝那伟大的力量和权威顶礼膜拜……

这样狂暴的怒火，就算只经历一次，也会非常可怕。但万能的上帝却让你不断接受它的折磨，无休无止。在遥远的未来，你将要接受无止境的忍耐，因为这种痛苦会吞噬你的思想，让你的灵魂变得麻木。你将会对一切失去希望，再也没有对释放、结束、缓和甚至休息的奢望……

那些每时每刻都处于承受上帝怒火边缘的人，他们的处境是多么可怕！但是，这种可怕的处境却是每一个未经过重生的会众所面临的，不管他们在其他方面多么遵守道德，对自己多么严格，做事多么认真审慎，都于事无补。也许你已经意识到，不管你处于哪个年龄阶段，这些情况丝毫也不会改变……

在你们之中，有一些人会保持自然的状态直到生命终止，虽然这样也可以让你们在一段时间内离开地狱，但你最终却难逃它的管控。因为你被诅咒下地狱的

时间不会停止，它在不断飞速地前进，以各种形态突然降临在人们身上。也许，你在奇怪为什么现在自己还没下地狱，但回想一下你身边的某些人，他们也许更不应该下地狱，而且也一度看来可以好好地活下去。可是，他们失去了希望，在极度痛苦和绝望之中哭泣。在这里，在这个人世，在这座属于上帝的房子里，一个得到拯救的机会出现了！那些可怜的、受到诅咒的灵魂，会怎样不惜一切地来换取你今天所拥有的机会啊！

现在，你手中就握着一个改变现状的机会。现在，基督正打开仁慈之门，召唤着那些可怜的罪人。这时，会有很多人聚集到他身边，涌入上帝的国度。每一天，很多和你一样处于悲惨境况的人，从四面八方来到这里，他们用自己的鲜血洗去了身上的罪恶，获得了幸福，心里充满了对别人的热爱，他们正在为自己获得了上帝的庇护而欢呼雀跃。这样的一天，如果你落在了队伍的后面，那将是多么遗憾和可怕的事！那么多的人在纵情歌舞，而你却只能不断憔悴，直到死去。那么多人为了心灵的安宁而庆贺，而你的心却一直在哀悼，为了自己的烦恼而发出悲鸣。

让那些不受上帝庇护的人都快快醒来吧！让他们远离上帝的愤怒，加入到我们中来！现在，上帝的怒火正笼罩着大部分的会众，让每一个人都快点逃离这萨德姆城，正如那故事中所说的一样："快点逃命吧，不要回头看，一直向着山顶逃跑，否则你将被毁灭！"

知识拓展

★ 乔纳森·爱德华兹（1703—1758）

爱德华兹出生在一个虔诚的清教徒家庭，所以，他从小就受到了宗教的极大影响，这为他日后成为神学家奠定了坚实的基础。他至今仍被认为是美国最出色的神学家。

人们听到乔纳森·爱德华兹这个名字，就像听到"火与硫黄"一样，这导致18世纪的那些清教徒非常怕他，哪怕听到他的名字都会瑟瑟发抖。

这是一位美国神学家，同时他也是一位强有力的清教主义传道士。他出生于康涅狄格州的温莎镇，他所成长的地方氤氲着一种虔诚的氛围。

据说，爱德华兹从小就喜欢玩布道，他在他家的后院曾经建立过一个简单的布道坛。他精通拉丁文、希腊文和希伯来文，并且以优异的成绩于13岁时进入耶鲁大学。四年之后，17岁的爱德华兹作为班级代表发表了毕业致辞，然后他又在这里继续进修神学专业硕士学位。

阅读思考

1.请说出这篇文章的语言特色。

2.在这篇布道中，作者善用比喻句，使所表达的意思更形象地说了出来，请你在文中找一两处，写下来。

3.阅读完本文后，请说明人在犯罪之后，怎样做可以不进入地狱？

4.爱德华兹在文中不断重复着上帝的愤怒，这样重复有什么作用？会达到什么样的效果？

5.文中作者的演讲主要是针对信奉上帝的教徒而言的，那么在我们这些没有宗教信仰的人看来，其思想有哪些值得借鉴之处？文中所表述的罪恶的结局是真的吗？

第6部分
美国的危机

AMERICAN
LITERATURE

第1课
美国的危机

托马斯·潘恩

　　这个时代正在考验着人们的灵魂，在面临危机的时候，强壮的战士和乐观的爱国者肩负着服务国家的责任，可是他们却畏首畏尾，不敢前进。那些坚持战斗的人，理应得到所有人的爱戴与感激。地狱一样的专制社会，不会轻易就被打破，但我们还是有一点值得欣慰的地方——越是艰难的战斗，越能赢得辉煌的胜利。那些轻易获取的成功，从来不会被珍惜。事物之所以有价值，是因为它得来不易。上帝最精通为自己所创造的事物定价，自由如此神圣，如果它的价值不高昂，那岂不是一件怪事？依靠着军队，不列颠推行着自己的专制制度，她公开宣布其不只征税的权力，而且有权力"在任何时候全面掌握我们"，如果这样的掌控还不是奴役的话，世上又有什么可以被称为奴役呢？这样的说法已经亵渎了神明，因为无限掌控我们的权力只能属于上帝……

　　就像大家一样，我并不迷信。但自始至终，我都认为上帝不会让一个曾经呕心沥血寻求妥善的办法、真诚地希望避免战争的民族遭受战争的洗礼。我心里并没有那么多异教徒的思想，我认为上帝不会把我们交给魔鬼而置之不理的，更不会放弃对整个世界的主宰。既然如此，我也实在想不通不列颠国王有什么理由无视上天对我们的眷顾，不断残害我们。他就像声名狼藉的凶手，就像抢劫的匪盗，就像破门而入的窃贼一样，为自己寻找着堂而皇之的借口……

　　我的呼吁并不只对少数人，我希望全体人民都知道；并不限于某一些州，而是希望所有的州都站到一起。我希望大家奋起反抗，希望大家互相帮助，全力以赴完成我们共同的理想。生死存亡，在此一举，兵力当然多多益善。在这个只有靠着希望和美德才可以活下去的寒冬，让我们一起昭告天下，我们承受着共同的苦难，大家携起手来击退敌人。如果有几千人已经为此丧生，那就让我们后来者冲上去几万人，我们不能将希望寄托在上帝身上，只有我们自己不断努力，才能获得上帝的帮助。

不管东西南北，不管贫富贵贱，灾难和幸福会在每个人身上降临；不管是远是近，不管内陆还是边疆，不管是草民还是贵族，我们都有相同的喜悦和忧愁。此时此刻，麻木的心是死的，他的后代将付出血泪的代价来诅咒他的懦弱。因为他在只需要一点付出就可以拯救万民获得幸福的时刻，却畏缩不前。

我爱那些在苦难中保持微笑的人，我爱那些在痛苦中积攒力量的人，我爱那些通过深思熟虑变得勇敢无比的人。在危难面前逃跑，是小人的行径。而一个坚毅的、秉持自己良心的人，会坚持到底，至死不渝。在我看来，这条道路是一条光明大道，就算把全世界的财富都拿来贿赂我，也无法诱使我改变初衷。因为一场侵略战争，就是一次屠杀。如果一个盗贼闯进我的家里，将我的财物掠夺，以我或者亲人的生命来威胁我，并让我在"不管任何时候都要接受他的掌控"，难道我就要甘愿服从他的意志吗？不管这个人是国王还是平民，不管他是我的同胞还是外国人，也不管那是一个暴徒还是一支军队，对受到迫害的我来说又有什么区别呢？归根结底，这都是一样的！对于犯下这样罪行的人，我们没有办法原谅他，自然也就必须要惩罚他！否则，那将是不公正的判断！

知识拓展

★ 托马斯·潘恩（1737—1809）

托马斯·潘恩与本杰明·富兰克林的伦敦一遇，让他的人生发生了巨变并因此改写了美国的历史。1774年，托马斯·潘恩从英国移民，来到了美洲的殖民地，他随身带着一封富兰克林的介绍信，在这里做起了记者。1776年，他发表了著作《常识》。在这本著作中，托马斯·潘恩表明：美国独立是很必要的，这样的战争不可避免。正是这本小小的册子，揭开了美国革命浪潮的序幕。

1776年底，潘恩参军了。当时的美国军队在新泽西被英军给予了致命的打击，刚刚撤退到攀索维尼亚。他们不仅要遭受寒冷的天气，还要忍受供给的短缺，士气低落更是对军队的重击。当时，潘恩的散文集《美国的危机》正在撰写之中，而华盛顿则下令，军中的每个人都要阅读这部著作。在它的鼓舞之下，美军越过了达拉威尔，在特兰顿战役中一举击败了

英国人的军队。

潘恩在他后来的作品中表达了对于法国大革命的支持，如1792年发表的《人的权利》。但他同时也撰写了《理性的时代》，对宗教组织进行攻击，导致美国公众开始反对他。1809年，当潘恩逝世的时候，他已经心力交瘁了。即便是这样，在多年之后的今天，他依然被认为是一个革命时代的英雄。

阅读思考

1.这篇文章的主旨是什么？

2.你认为托马斯·潘恩的呼吁具有感召力吗？你会相信他的说法吗？

3.在课文第四段中，潘恩对于什么充满了信心？

第2课
从新白宫里写给女儿的信

阿尔盖比·亚当斯

1800年11月21日，华盛顿

我亲爱的孩子：

虽然上个周日我就到达这里了，不过却没有看到什么值得关注的事。我们离开巴尔的摩的时候，又迷路了。当时我们顺着弗莱德里克路走了有八九英里，然后发现自己进入了一个树林，只好又走了八英里。在这个树林中，我们走了足足有两小时，也没能找到一个可以指路的人，或者是一条小路。不过最后还是幸运地遇到了一个独自游荡的黑人，我们雇用他做向导，终于从这个困境中挣脱出来。

在巴尔的摩，除非你进入市区，否则你能看到的只有森林。这里虽然名义上叫做城市，但其实也不过是一些没有玻璃橱窗的小屋散布在树林各个角落而已。就算你在树林里跋涉几英里，都不会看到一个人影。这座城市的建筑一般都是非常紧凑而又完整的，因为必须满足国会或者相关人员的居住需求。不过根据目前这里的完工情况以及分散的状况，我觉得它们不会带来什么大的惊喜。

从我的窗口望出去，可以看到流向亚历山大的河流，也可以看到河上来来往往的船只。这所房子的面积非常宏大，以至于需三十个用人才能完成打扫和整理的工作，将房子里和马厩里的活儿都完成。从这一点来看，它和总统的身份还真是很相配呀！整栋房子从客厅到厨房、寝室的照明，确实是一个沉重的负担。每天，为了不让自己冻得发抖，我们不得不生火取暖，这也算是一个令人感到振奋的安慰了。

在这座大城堡里，摇铃能给我们很大的帮助，让我们免于各处奔走的痛苦。但是，这里的摇铃非常缺乏，在整栋房子里，你找不到一个摇铃的影子，因为它们只存在于承诺之中。在这里生活实在太不方便了，导致我失去了做任何事情的兴趣。在乔治镇和城里居住的很多夫人都来拜访过我，其中有十五位我已经回访过了。乔治镇是一个什么样的地方呢？老天呀，和它相比我们的莱尔顿简直就像美丽的花园。

不过，现在就让我们不要再作比较了。我只希望能安装好摇铃，给我提供一些足够生火用的木柴，我就已经非常知足了。不管是在什么样的环境中，只要生活三个月，我就可以让自己感到满足。但是，我们被森林包围着，却找不到可以燃烧的木柴，你能理解其中的缘由吗？只是因为我们找不到人来砍伐和运输木柴吗？布里斯勒和一个人签订了协议，请他来提供木头，可是他也只弄到了几捆而已。这几捆中的大部分，还都被用来在我们搬进去之前烘干房子的墙壁了。昨天，那个人告诉我说：他已经没办法找到人来砍伐和运输木柴了。他也尝试过使用煤炭，可是我们又找不到人来为我们制造和安装炉子。所以，你可以感受到我们所到达的是一个多么"新"的国家。

我在这封信中所写的内容，你千万要保密。而且，一旦有人向你打听我对这里的看法，你就告诉他们我写信说这里的情况非常好，而且事实也正是如此。虽然房子已经可以居住了，但是却找不到一套完成的。这里除了抹干墙壁之外的一切装修，都是在布里斯勒到来之后才完成的。我们不仅没有篱笆，也没有院子，更没有其他房子外面的设施。那个很大的会见室，因为它还没有完全装好，所以被我用来晾晒衣服。房子的主楼梯现在还没有完全建好，我想今年冬天是不可能完成了。

目前，有六个房间已经可以舒适地入住了，其中两间分别居住着总统和肖先生。楼下的两个房间，一个是普通起居室，另一个则招待客人用。楼上还有一个椭圆形的房间，里面的家具都是深红色的，计划要作为绘画室。现在，这里有一个很不错的房间，等到它完全装修完毕，应该会是一个非常漂亮的屋子。在过去的十二年之中，如果人们早就按照未来政府所在地的规划来修建和改进这里的话，那么现在我们所面临的种种不便都不复存在。在新英格兰，他们一定会这么做的。这个地方因为有各种可以改善的潜力，所以也开始显得美丽起来，我看它看得越多，对它的喜欢也就越多。

当我坐在这里给你写信的时候，有一个从蒙特弗农来的用人拜访了我。他还携带着一封古斯提斯市长的信，刘易斯夫人还送来了一条鹿腿，并且写了一封亲切的祝贺信作为我到达这个城市的贺礼。这个用人还带来了华盛顿夫人的问候与邀请，她希望我去蒙特弗农看看。如果健康状况允许的话，我打算在离开这里之前去拜访他们。

爱你的妈妈　阿尔盖比·亚当斯

1800年11月21日于华盛顿

知识拓展

★ 阿尔盖比·亚当斯（1744—1818）

阿尔盖比·亚当斯身兼多重身份：丈夫的妻子，孩子的母亲，文学界的作家，美国第一夫人，坚定的革命家，女权运动的先驱。但她实际所拥有的身份远不止于此。她作为美国第二任总统约翰·亚当斯坦率的妻子，美国第六任总统约翰·昆西·亚当斯聪明的母亲。毫无疑问，她是美国历史上最有影响力的女性之一。

在美国革命过程中和革命之后，阿尔盖比·亚当斯都担负着重大的政治职责，她的丈夫约翰·亚当斯在那十年之中大多数时间都不在家中陪她，而阿尔盖比·亚当斯也因此成为了一名热心的通信者。她曾经给自己的丈夫写信，也给她的亲戚们写信，她和大家讨论各种问题，包括妇女权益，以及她对于奴隶制度的反对态度。在战争期间，阿尔盖比·亚当斯还通过这种方式随时向自己的丈夫汇报英国军队行动的最新消息。

约翰·亚当斯成为美国总统之后，他和阿尔盖比成为美国白宫第一对入主的夫妇。课文所节选的信中，阿尔盖比正是描写这一时期他们的家，而她的描述也紧紧抓住了这个全新国家的生活本质。

在阿尔盖比·亚当斯去世22年之后，她的信件才被人们发现。直到今天，她依然被认为是美国妇女运动的先驱人物。

阅读思考

1.对于华盛顿的市区和周围环境，亚当斯在信中是怎样描述的？

2.为什么亚当斯在信中要求自己的女儿不要将她的抱怨说出去？

3.亚当斯对她的新家满意吗？为什么？

4.在美国的第一批领导人努力建立一个集中的国家政府时，他们面临着很多的困难，从亚当斯的信件中我们可以一览无余。请发挥你的想象，指出当时的美国困难重重，发展缓慢的原因是什么？

第3课
一封美国农民的信

米歇尔·吉绕姆·让·德·克雷夫克尔

在这个伟大的美国庇护所里，欧洲的穷人们由于不同的原因，采取各自的方式聚集在一起。他们没有任何理由去询问彼此来自于哪个国家，因为他们之中有三分之二的人没有自己的祖国。对于一个不断流浪，不断忍受饥饿，还要坚持辛苦工作的可怜人来说，他的生活就是不断悲伤，就是不断忍受折磨，就是忍受让人痛苦不堪的贫穷。他能说英国或者任何其他的国家是自己的祖国吗？一个不给他面包吃的国家，一片让他没有任何收获的土地，一个他只能遭遇富人白眼和严厉法律管束、监狱和惩罚的地方，在这个星球广阔的地表之上，他没有立足之地。因此，他们受到各种动机的驱使，相聚在这里。这里的一切都可以让他们重新燃起生命的热情，不仅有新的法律，还有新的生活，还有新的社会。在这儿，他们都重新成为一个人，相较于欧洲那植物一样的生活。他们在贫瘠而干渴的土地上变得枯萎，变得贫困不堪，被饥饿和战争不断摧残。但是，当他们被移植到这里，便获得了新的力量，和所有其他的植物一样，他们开始生根，开始发出新芽，开始蓬勃地生长！

他们在以前所生活的国家里，根本不被当做公民看待，更别说有自己的立足之地了，他们那时只不过是生活得困苦不堪的一群穷人而已。但在这里，他们被认定是正式的公民，正是因为他们的勤劳受到法律的保护，他们才发生了如此大的变化。这里的法律是如此宽容，当他们刚刚踏上这里的土地，便获得了它的保护，他们的身上有了法律的标记。靠着自己辛勤的劳动，他们获得了非常充足的报酬，当他们将这些报酬积攒起来，土地也可以被他们拥有。占有土地可以让一个人成为自由的人，当人们有了这样的资格，他便也可以拥有所有的利益。这就是法律每天都在发挥的神奇力量。如果你要问这些法律从何而来，我会告诉你：

它从明智的政府中而来。而这样的政府又从何而来？我要告诉你：它从王权批准认可的那些人最初的精神和强烈的愿望中来。

一个欧洲移民对他的国家有没有留恋？那里让他一贫如洗，他又有什么理由去怀念？留在欧洲唯一让他挂念的，就是来自于母语的依恋，以及那些和他一样穷苦生活的亲人们。能够给他面包、土地、保护和尊严的国家，才可以成为他的祖国，在所有移民的意识里已经形成了这样的看法："哪里有面包，哪里就是我的祖国"。

美国人，这是一个崭新的民族，他们到底是一个怎样的民族呢？他们不是欧洲人，也不是欧洲人的后裔，而是多种民族的混合，这样的情形在其他国家是见不到的。在此，我向你列举一个由多民族组合而成的新家庭：在这里祖父是英国人，祖母是荷兰人，妈妈是法国人，而四个兄弟又分别娶了四个不同国籍的妻子。一个美国人的含义就是，抛弃自己之前所有的成见与态度，接受一种全新的生活。他们开始服从新的政府，开始拥有新的身份，便也同时开始获得新的态度和思想。在伟大的"养母"的呵护下，他就成长为一个真正的美国人了。

在这里，来自不同国家的人组建起一个新的民族，他们辛勤地劳动着，他们的后代必然会在未来的某一天给这个世界带来巨大的改变。美国人，是西方的朝圣者，他们带来了大量的东方艺术、科学以及活力和勤奋，现在他们就要完成这一次重生。曾经一度，他们散居在世界各个角落，但是当他们聚集到一起，便被纳入一个历史上最有序的社会系统。从这一刻开始，由于和从前截然不同的风气，这个社会系统也会产生出全新的面貌。所以，美国人对于这个国家的爱，远胜于对他或者他的祖先出生的那个国家的爱。

在这里，每一个辛勤劳动的人所得到的和他的付出是同等的，人们都是从自然和自利的基础出发，难道还需要更大的吸引力吗？他的妻子和孩子曾经凄楚地向他索要一小块儿面包，但现在他们生活得欢畅快乐，帮助他们的父亲整理田地，在那里培育出茂盛的庄稼，让所有的人都可以得到食物与衣服。

这里没有飞扬跋扈的主人，也没有富得流油的修道院院长，更没有依靠着权势来掠夺收成的统治者。在这里，人们只会因为宗教的倡导而拿出自己的一小部分收入，自愿地付给牧师，或者贡献给上帝。这又怎么能拒绝呢？美国人虽然是一个新生儿，但他依照新的原则，也可以接受新的观点，自然也就获得了新的思想。他从前是懒散而不自觉的，他也曾经卑微地依靠别人，付出无用的劳动，过着贫困的生活。但现在，他已经变得勤劳，并与从前大不相同，他获得了充足的报酬来维持自己的生活。而这，就是美国人！

知识拓展

★ **米歇尔·吉绕姆·让·德·克雷夫克尔（1735—1813）**

　　米歇尔·吉绕姆·让·德·克雷夫克尔是一名法国贵族，他也是历史上第一个将美国比喻成一个融合一切的熔炉的作家。他将自己移居美国后所经历的一切事情用年代的顺序记录了下来。通过他充满了理想的笔触，也让很多人相信美国是一个充满了繁荣希望的国家。

　　克雷夫克尔曾经在殖民地区经历过十年的旅行，后来他在纽约的奥兰治县定居下来，并且在这里结婚，拥有了一座农场。也正是在这个地方，他才开始描绘自己的经历。1780年，克雷夫克尔坐着船来到伦敦。两年之后，他的著作《一封美国农民的信》也在伦敦出版，这部著作被翻译成多种语言，为克雷夫克尔在世界文学史上赢得了声誉。

　　1783年，克雷夫克尔又以法国领事的身份回到了美国。但是他却发现自己的农场已经被烧毁，他的妻子也被杀死了，他的孩子则被送到别人家中寄养。而1789年，法国大革命开始之后，克雷夫克尔又被迫回到了巴黎。后来，他逃到了诺曼底，在这里，他继续描写那个曾经接纳过他，但却再也无法见到的美国。

阅读思考

　　1.在作者笔下，以前的欧洲农夫现在是怎样的状况？

　　2.在克雷夫克尔的意识中，美国人的定义是怎样的？

　　3.这篇文章是对当时美国现实情况的描写吗？为什么？

　　4.如果在那个年代，你是一个欧洲的居民，看到这篇文章后，有想去美国定居的想法吗？请说明原因。

第4课
给儿子的信

罗伯特·E.李

1861年1月23日

你寄给我的那本艾弗莱特的著作《华盛顿的生活》，我已经收到并且仔细阅读了。如果他看到自己曾经致力的伟大事业所遭受到的破坏，一定会非常痛苦！但是除非所有的希望都泯灭了，否则我不会相信他那高尚行为所带来的成就会被破坏，我不会相信他宝贵的忠告和美德这么快就要被他的后代遗忘。

根据文件，我感受到我们现在所处的状态就是无政府和内战之间，希望上帝可以帮助我们远离这两种罪恶！我担心人类将有很多年不能承受这种状态——就像基督徒一样没有制约和武力。我看到四个州已经宣布脱离联邦，很显然，还会有四个州追随他们的脚步。如果边境的那些州也加入到这场革命之中，这个国家就会形成两方对阵之势。我必须要耐心地等待结果，因为我没有办法让它加速，也没有办法阻止它的到来。

就像你所说的那样，我感到南方受到了北方的侵袭。我已经看到了这种侵犯，也希望采取适当的措施进行补救，我的奋斗是有原则性的，而不是个人或一己之私。作为一个美国公民，我不想让任何一个州的利益受到伤害，我想尽我一切的力量去保护它们，我想骄傲地看到国家的繁荣昌盛和制度的完善。但是，我所预感到的，却是这个国家要遭受解体的灾难。这就是我们所抱怨的所有罪恶积累下来的结果，为了保持联邦的完整，我愿意牺牲除了名誉之外的任何东西。因此，我希望可以先从宪法规定的途径入手，迫不得已的时候才诉诸武力。脱离联邦也是一种革命，宪法的筹划者们为了完成它耗尽了自己的智慧、劳动和忍耐，在它的周围设立了那么多的安全措施来保卫它，他们这么做并不是为了让联邦成员随意破坏它。就像宪法引言之中所说，它的出现是为了"永恒的联邦"，是为了建立政府，而不是一个契约。这个政府要想解体，只有通过革命和全体大会成员的一致同意才能达成，所以空谈脱离是无意义的。即将到来的无政府状态，我们将失去政府的领导，不管是华盛顿、汉米尔顿、杰弗逊、麦迪逊，还是其他美国革命时期的爱国者的政府。但是，一个只有靠着剑和刺刀才能维持的联邦，一个用冲突和内战来代替亲兄弟一样的爱和善良的联邦，对我来说没有任何的吸引力。我的国家，还有人类的幸福和进步，我要对它们致以沉痛的哀悼，如果联邦解体、政府分裂，我就要回到我的家乡，和我的人民一起分担苦难。除了自卫，我不会将我的剑指向任何一个人。

知识拓展

★ 罗伯特·E.李（1807—1870）

罗伯特·E.李并不喜欢在内战中指挥南部联邦军队这个工作，因为随着关于奴隶制的争论不断升级，他的精神开始承受巨大的折磨。他对联邦是信任的，对奴隶制是反对的，也不希望从联邦之中脱离。他被认为是美国军史上最优秀的指挥官之一，但是当林肯总统希望他指挥联邦军队的时候，他却拒绝了，因为他不愿意率军去攻打自己的家乡。为此，他从军队中辞职，并且发誓只为保护弗吉尼亚而战。

和其他南部联邦的领导者不同的是，李对于南部的力量不抱幻想。最开始，他担任了北弗吉尼亚的指挥官，后来又成为全部联邦军队的总指挥官，对于那场战争即将引来的大范围流血和牺牲，他早有预料。他是一位卓越的军事将领，当对方的力量有压倒性优势的时候，他依然可以表现出正直的人格，鼓舞了很多士兵与民众。

在辞去美国军队职务的前夕，李在《给儿子的信》里分析了自己的忠诚及面对联邦即将被分裂的感受。

阅读思考

1.在李写给自己儿子的信中，他正在考虑什么样的选择？

2.李对于联邦的脱离是怎么解释的？

3.请你比较一下，李和林肯所具备的共同品质是什么？

4.假如你就是李的儿子，请你写一封回信给他，使用非正式的措辞对其信中的看法作出回应。

第1课
密西西比河上的生活

马克·吐温

★ 男孩的志气

我童年的时候，生活在密西西比河西岸的村庄里，这里有我的一群伙伴，他们都有一个永恒的志向，就是做一名蒸汽船员。我们也曾经有过其他志向，但它们都很短暂，可以说是转瞬即逝。

一个马戏团的出现，会让我们热切地希望成为一个小丑。首次来我们这里表演的黑人游吟诗人，会让我们都渴望尝试那样的生活，并且备受煎熬。有时候我们甚至会想：如果我们可以一直活下去，并且表现得很勇敢，也许上帝会嘉奖我们去做海盗。这些志向都如云烟消散，可是成为蒸汽船员的志向却一直保留了下来。

每天都会有一艘从圣路易斯向上游航行的轮船到我们这里一次，它是如此廉价，色彩也极为艳俗。除它之外，还有一艘从基奥卡克向下游去的船。在它们出现之前，这一天会因为充满期待而变得美好；而当它们都走远，这一天就会变得空虚无聊。其实不只我们这些男孩子，就连整个村庄都有这样的感觉。多年之后，我的脑海之中仍然会浮现那段村庄里的旧时光，一切好像还在眼前：夏日的清晨，整个白色的小镇上没有一丝活力，街上几乎没有人来往；只是在水街的商店门前，坐着一两个职员，他们坐在用薄木板镶底的椅子上，后仰着靠在墙上，将自己的下巴低垂到胸前，把帽子拉下来遮住脸，惬意地睡着觉。在他们的周围堆满了墙板刨花，这说明他们已经非常疲惫。一只母猪带着一群小猪在溜达，它们顺着人行道，在西瓜皮中嬉闹。大堤上零星地堆积着两三堆货物，石头铺成的码头斜坡上有一堆垫木，浑身散发着酒气的醉鬼就在那阴影里熟睡。码头的顶端，有两三艘木头平顶船停靠着，小小的浪在轻轻拍着它们，却没能引起任何人的注意。伟大的密西西比河，壮丽的密西西比河，足有几英里宽的大浪在河中翻滚，在阳光下发出光芒。对岸有茂密的森林朝远方延伸而去，城镇的影子倒映在河流之中，好像这是一片无垠的海洋，而且是一个沉静、绚丽又孤独的海洋。

不一会儿，有一道黑色的烟幕从远方缭缭升起，那个以敏锐视力和嘹亮声音著称的黑人马车夫喊道："蒸汽船来了！"随后整个景象立即发生了改变！醉鬼们动了起来，职员们也睁开了睡眼，一阵货运马车的嘈杂声也随之而来，人流从每一所房子和每一家店铺里涌出，一个原本死气沉沉的小镇，转瞬之间就活了起来。运货车、马车、男人和小孩，都急忙从四面八方向码头方向涌去，人们在那里汇集，然后睁大眼睛望着那开过来的船，仿佛那是他们第一次见到的一个奇迹一般。

那艘船堪称壮观，它长长的、尖尖的，看上去整洁又美观。它的烟囱高耸，显得那么精美，一条镀金的链子在烟囱之间悬挂着。在烟囱后面的甲板上，驾驶室里的玻璃和鲜艳的装饰品让它显得非同寻常。明轮外壳非常华丽，它用图画和船名上的镀金线条装饰着。干净的白色栏杆将气炉甲板、防风甲板和主甲板装饰起来。一面旗子飞扬在漂亮的旗杆上，火炉里熊熊的火焰从敞开的炉门钻出来。乘客站在上层甲板上，黑压压的一片。船长站在大钟旁边，显得镇定又威武，他是所有人羡慕的焦点。烟囱里喷出浓烈的黑烟，它翻卷着，因为在到达城镇之前，水手们使用了少量的多脂松木，才制造出了这么一幅庄严的景象。前甲板上是集合在一起的船员，一块宽阔的木板从左舷弓上方伸出，那个甲板水手就像一幅图画一样站在木板的顶端，手里拿着一卷绳子，这着实让人忌妒。计量塞里传来高压蒸汽的尖叫，船长举手示意之后，铃声大作，轮子停了下来。然后轮子开始向后转，河水被搅出了泡沫，蒸汽机的工作终于停止了。

接下来的景象非常混乱，人们几乎在同一时间开始上船、下船，有人将货物装载到船上，有的将船上的货物卸下来。在乱哄哄的嘈杂声中还夹杂着水手的叫喊、催促和咒骂声。十分钟之后，蒸汽船又起航了，旗杆上没有迎风招展的旗子，烟囱中也没冒出滚滚的浓烟。又过了十分钟，整个小镇又陷入了死寂之中，镇上的醉汉倒在垫木旁又开始睡觉了。

我的父亲是一位治安法官，我原本以为他的权力大到可以决定别人的生死，可以绞死任何罪犯。在我眼中，这个地位虽然足够高，但我却不可遏制地想要成为一名蒸汽船的船员，这个愿望一直啮噬着我的大脑。最初，我希望自己成为船上的一个侍者，围着白色的围裙走来走去，有时会将桌布向一边抖开去，让我曾经的伙伴们都可以看到我。后来，我又希望自己可以成为那个站在木板顶端，拿着一卷绳子的水手，因为他的位置太吸引人的眼球了。可是这一切都是幻想而已，它们是如此神圣，以至于我不敢想象它们会真的实现。

随着时间的推移，我的伙伴之中有一个男孩离开了，很久都没有听到他的任何消息，可当他再次出现的时候，他已经是蒸汽船上的实习机手，或者是一名水手。这件事情让我颠覆了对事物的一切认知，那个男孩的懦弱几乎人人皆知，而我却具有超越他的勇敢。可是，他居然可以得到一个这么显赫的地位，我却依旧身份卑微，心里装满了愁苦。这个家伙虽然让人羡慕，但却一点儿都不大方，当他的船在我们镇上靠岸的时候，他就会故意拿着一枚生锈的螺丝钉坐在护栏上不断地擦拭，以便让我们都看到他。我们心中充满了羡慕，也充满了憎恨。只要他的船进港停留，他就会穿着那最肮脏、油腻的衣服回到家里，在镇上四处炫耀，想要让所有人都时刻铭记他是一名蒸汽船员。他将各种蒸汽船的技术术语夹杂在自己的言语中，假装自己可以熟练地使用这些术语，根本不顾普通人听不懂这些词汇。他会故作轻松地将左舷这个词用在一匹马身上，让人恨不得叫他快点去死。他谈论圣路易斯，就好像他是那里的老居民一样。他会随口提及"顺着第四大道走过去"或者"路过种植园主店"的时候遇到了什么情况。或者，他还会说那一次着火的时候，他还在"老大密苏里"那里停车查看。最后他还会耸人听闻地说看到很多个像我们这么大的镇子都被烧掉了。

我们这群孩子中曾经有几个一直是我们关注的对象，因为他们去过圣路易斯一次，曾经看到过那里美妙的景象，而且还能像大人物一样模模糊糊地说个大概。可是现在，他们再也不是重要人物了，他们被人羡慕的日子也就此结束了。因为这个家伙不但有钱，而且还有发油。他带着一块粗犷的银怀表和一条闪耀的铜表链。他根本不会使用吊裤带，而是使用皮带。如果有哪一个年轻人被自己的伙伴崇拜的同时又充满憎恨，那就一定是他了。他的魅力横扫镇上的姑娘，所有的男孩在他面前都不堪一击。当他的船终于起锚出发，大家仿佛感受到长久以来都没有体会过的宁静重回身边。但是，下个星期他又回来了，他不仅活着回来，而且还因为满身伤痕成了英雄。他身上的绷带让他仿佛在闪光，所有人都凝视着他，让他成为大家惊叹不已的焦点。在我们眼中，命运错误地将荣誉给了一个根本不配得到它的卑鄙小人，这种偏心足以让我们公开地对他发出批评。

这个男孩的经历所能引起的结果可以预料，而且它很快就出现了。镇上的男孩子不断想办法出现在了船上：牧师的儿子成了轮机手，医生和邮政局长的儿子在船上担任清洁工，酒品批发商的儿子在一艘船上开了个酒吧，大商人的四个儿子和郡法官的两个儿子都成了领航员。在所有的这些职业中，领航员的级别是最高的，大家的工资还很微薄的时候，他们就可以得到丰厚的报酬——每个月足足有一百五十到二百五十美元，而且不用支付伙食费。一个领航员两个月的薪水就可以抵上牧师一年的收入，这让我们之中的一些人开始郁郁寡欢，因为我们的父母不允许我们去船上。

因为这个原因，我很快就逃走了。我告诉大家，除非我成为一个领航员，否则我不会回到家乡。可是不知道怎么回事，我一直没能达成这个理想。我登上过几艘圣路易斯码头边上的船，它们像沙丁鱼一样紧紧挨在一起。我怯懦而谦卑地请求和领航员对话，可是却只得到副手和职员们的冷嘲热讽。我不得不对这种冷遇笑脸相对，在让我的心灵得到安慰的白日梦里，我已经成为一个受人尊重的领航员了，不仅富裕，而且可以掌握这些副手和职员的生死，然后我梦想着用钱将他们所有人都摆平。

知识拓展

★ 马克·吐温（1835—1910）

马克·吐温是公认的美国最伟大的作家之一，但是在这位享有世界盛誉的著名作家看来，最幸福的事莫过于做一名密西西比河上的领航员。也许他并不是真的这么认为，不过马克·吐温确实非常热爱密西西比河上的生活。在他年轻的时候，马克·吐温真的做了几年领航员，而且他的童年也是在密西西比河边度过的，这不仅培养了他对于河的热爱，更为他后来的很多作品打下了基础，其中包括1876年发表的《汤姆·索耶历险记》和1884年发表的《哈克贝利·费恩历险记》。

阅读思考

1.马克·吐温和他的小伙伴们都有一个永恒的志向，是什么？

2.当蒸汽船来到这个小镇上的时候，镇上的人们都会来此观看，在船来之前和之后人们的表现有何不同？

3.那个见习轮机手来到这个小镇上的时候，有怎样的表现？你喜欢这样的人吗？

4.如果你是那个见习轮机手，你会像他一样傲气十足吗？为什么？

5.每个人在小的时候都会有自己的梦想，并且总感觉那时的梦想是那么的伟大，你也一样吧。那么就把自己的梦想描述一番吧。

第2课
卡拉韦拉斯县著名的跳蛙

马克·吐温

有一个朋友从东部写信给我，请我去看望好脾气又唠叨的老西蒙·惠勒。我答应了他的请求，也按照他的指示向惠勒打听他的另一个朋友利奥尼达斯·W.斯迈利的状况。在这里，我要将结果汇报给大家，因为我心中一直疑惑利奥尼达斯·W.斯迈利是否真的存在于这个世界，我也不相信我那位朋友是否真的认识这么一个人。也许那位朋友只是推测，如果我向惠勒打听这个人的话，就可以勾起他对声名狼藉的吉姆·斯迈利的回忆，他就会卖力地讲述曾经的那些过往，那回忆冗长而又乏味，对我来说又没有什么实际用处，只能让我感到烦躁不已。如果这一切都如我那位朋友设计，那么我必须要告诉他：你成功了。

当我看到西蒙·惠勒的时候，他正在位于古老的安吉尔矿区的一家破败的小客栈里打盹，身体靠近酒吧的一个炉子。我发现他是一个身材肥胖并且秃顶的老头，可是他的面容却很安详，带着一种让人喜欢的温和淳朴。他被惊醒之后，站起来和我打招呼。我告诉他我是受朋友的委托而来，想要向他打听一个童年好友的情况，这个人叫做利奥尼达斯·W.斯迈利。据说他曾经是一个牧师，是一个年轻的福音传道者，据我的朋友回忆他曾经住在安吉尔矿区。说完之后我又补充：如果能够从惠勒先生的口中获知利奥尼达斯·W.斯迈利的些许情况，我一定会非常感谢他。

我被西蒙·惠勒带到了一个逼仄的角落，他用一把椅子将我困在里面，然后坐下来讲出了这个极尽无聊的故事。他的语气一直都是很平和的，没有一丝改变，也没有任何磕绊，同样地，他的表情也几乎没有大的变化，不笑不恼的，因为他不想让别人怀疑他的热情。在他讲述那个冗长的故事的时候，始终都洋溢着一种让人感动的真挚情感，好像是在告诉我：在他的故事里，绝对没有任何情节是荒谬可笑的。在西蒙·惠勒的眼中，那是一件非常重要的事，并且故事之中的两个主人公具有深谋远虑，是杰出的天才人物，他对他们充满了敬意。而我便任由他用自己的方式一直讲述下去，一次也没有打断他。

"利奥尼达斯·W.斯迈利牧师，是的，这儿曾经有一个叫做吉姆·斯迈利的家伙。我已经记不清是49年底还是50年初了，反正那时大渠还在建设之中，所以不是这一年就一定是下一年。不管怎么说，他都是一个非常爱打赌的人，只要有人愿意和他打赌，他就可以用你所能看到的任何东西和你打赌。如果实在找不到人赌另一边，他就情愿自己换一边继续打赌。只要可以让对方满意，满足他打赌的需要，他就会很开心。即便如此，这个家伙还是非常走运的，他总是可以赢。他似乎随时都作好了准备，等待着机会降临，只要大家说起什么事儿，他就会拿来打赌。就像我刚才对你介绍的一样，他会任由你挑选一边。如果有赛马，当比赛结束之后你就会发现他又赚了，或者也会输得精光。就算是有两条狗打架，他也会赌；猫打架，他也不放过；小鸡打架，自然也逃不过他的眼睛。到最后，就算有两只鸟落在篱笆上，他也会和别人打赌是哪一只先飞走。在矿区的布道会上，他就一定会去和沃克牧师打赌，因为他觉得沃克牧师是这一带最好的劝诫者——事实上，沃克确实是一个好人。如果他看到一只金龟子在地上爬，他就会和别人打赌它需要多久才能爬到目的地。只要有人和他赌，他就会耐心地跟着金龟子，看它到底要去哪儿，在路上又花了多少时间，就算这只金龟子一直爬去墨西哥，他也不会在意。这里的很多人都见过斯迈利，任何人都能说出关于他的故事。不过，这对他来说没有丝毫关系，因为他能将任何事拿来赌，已经让他觉得自己非常了不起了。有一回，沃克牧师的太太生病了，在床上躺了好一阵子，看起来似乎没有人可以挽救她。不过他却在某一天的早晨走进去，问沃克太太怎么样了。沃克说她好多了，感谢上天保佑，感谢上帝无限的仁慈。而斯迈利却说：'哦，她无论如何也好不起来了，我愿意赌两块半。'

斯迈利还拥有一匹母马，大家都叫它十五分钟驽马。你应该能想到这只是开玩笑而已，这匹马的速度当然要比这快。虽然母马速度慢又老气喘吁吁，有时候还得温热、肺结核这样的病，可是斯迈利还是靠它赢了不少钱。这马起步的时候，大家一般都会让它两三百码，然后到了中途再超越它。不过每次快要到终点的时候，这匹马就会充满力量，拼命地又跑又跳。它的腿高高抬起，好像在腾飞一样。有时候它踢起的尘土会飞扬到栅栏外面去，一边闹腾着，一边又咳嗽打喷嚏还打着响鼻——到达终点的时候，它往往可以超过对手一脖子的距离，刚好在人能计算的限度内。

斯迈利还有一条小小的斗牛犬，每一个看到这条狗的人，都觉得它分文不值，只配在街边上鬼祟地游荡，乘机去偷点儿什么东西充饥。可是只要你在这条狗身上压下赌注，它就会忽然变个样子。它的下巴开始朝前伸出，好像轮船的前甲板；牙齿也露了出来，像火炉一样闪着光。那条狗叫做安德鲁·杰克逊，它总是深藏不露，又充满了自信。大家总是不指望它有什么表现，于是将赌注都压在另一条狗身上。它会一直等待，等到别人将口袋里的钱都拿出来时，安德鲁·杰克逊就会忽然发威，猛地咬住对手的后腿关节死不松口——它不是一口一口地咬，而是咬住不放，直到那狗认输为止。你要知道哪怕是一年的时间，它都可以坚持不松口，这让斯迈利赢了不少的钱。不过有一次，这条狗却中了圈套，因为它的对手根本就没有后腿——有人用一把圆锯将它的后腿锯掉了。当比赛进行到一个阶段的时候，大家口袋里的钱全都拿出来了，到了安德鲁·杰克逊开始发威的时候，它才发现自己掉进了一个陷阱。可以说它被打得措手不及，很吃惊，然后变得灰心丧气，失去了赢的勇气。最后，它被狠狠地教训了一顿，简直是剥了一层皮。它看了自己的主人一眼，似乎是在诉说自己的难过，而且这都是主人的错，让它和一条没有后腿可以咬的狗进行比赛。要知道它的绝技就是那个，所以它跌跌撞撞地跑出去，没有跑多远就倒地死掉了。那是一条好狗啊，如果安德鲁·杰克逊还活着的话，它一定可以出名，因为它身上具有那种勇气和天赋。我很清楚，虽然它失去了扬名立万的机会，可是一条没有天赋的狗是绝对不可能在那种情况下打斗的。每当我想起它最后一次的打斗，想到它凄惨的结局，我的心中就会无比悲痛。

斯迈利还养了一些小狗、公鸡和小猫，他用它们来抓老鼠，让周围的邻居不得安宁。不管你用什么东西和他打赌，他都可以拿出相应的东西和你赌。有一次，他抓到一只青蛙，就将它带回家，并扬言要训练它。之后的三个月里，他的工作就成了教后院里的那只青蛙学习跳跃。你可以和他赌这个，而且他也确实教会青蛙怎么跳——每当他在青蛙的身后轻敲一声，你就会看到那只青蛙在空中转着圈儿，好像一个炸面包圈一样。它会翻一个跟斗，如果起跳准备充足，甚至会翻两个。它四脚落地的时候，平稳得就像一只猫。他教会它怎么去抓苍蝇，让它不断练习，到后来没有一只被它看到的苍蝇能逃脱。斯迈利声称青蛙所缺的就是教育，只要用恰当的方法训练，它就能做到任何事。对于这个话，我还真的相信。哎呀，我曾经看到过他将那只青蛙——它的名字叫做丹尼尔·韦伯斯特——放在地板上，然后唱着：'苍蝇！丹尼尔！苍蝇！'你还没来得及眨眼，那青蛙就会跳起来，将柜台上的苍蝇抓住，然后像一团泥一样平稳地落地。它会抬起后腿在脑袋边上挠痒痒，看上去非常淡定，似乎它所做的事非常平常，所有的青蛙都可以做到一样。你从未看到过一只青蛙像它一样谦虚而老实，虽然它那么有天赋。如果从一个高度平跳出去，它所能跳出的距离超过你所见过的任何一种生物。你懂了吗？在一个高度跳远是它的绝技，如果有人胆敢拿这个来赌，斯迈利就会将身上所有的钱都拿来下注。这只青蛙让斯迈利感到很自豪，他也确实应该自豪，因为就算见多识广的人都说它是大家见过的最棒的一只青蛙。

哦，对了，斯迈利将那只青蛙装在一个小小的带有条格的盒子里。有时候，他会带它去集市上和别人打赌。有一天，矿区来了一个陌生人，这家伙看到斯迈利手中的盒子，便扬声问道：'你的盒子里装着什么东西？'

斯迈利用满不在乎的态度说：'也许是一只鹦鹉，也许是一只金丝雀，不过都不是——它是一只青蛙。'

那个陌生人拿过盒子，翻来覆去仔细看了半天，说：'啊，真的是只青蛙！它有什么特别之处？'

斯迈利依旧用轻松的语调说：'它只有一种足够特别的技能——它比卡拉韦拉斯县所有的青蛙跳得都远！'

那个人接过盒子，又仔细地研究了一会儿，然后将它还给斯迈利，用一种慎重的口气说：'我实在看不出这只青蛙与别的青蛙比有什么特别之处。'

'你看不出来？'斯迈利说，'也许你懂青蛙，也许你根本不懂。事实就是如此，无论如何我都不是信口开河。我愿意掏出四十块钱，打赌它比卡拉韦拉斯县所有的青蛙跳得都远。'

那个人又研究了一会儿，面有难色地说：'哎呀，我在这里只是一个陌生人，又没有青蛙。如果我有一只青蛙，那我就可以和你打赌了。'

斯迈利说：'这个好办，这个好办！你帮我看一会儿盒子，我去给你捉一只青蛙来！'于是，盒子被交给这个陌生人，他将四十块钱和斯迈利的钱放在一起，坐在那里等他回来。

陌生人在那里坐了很久，他似乎是在考虑一些事。过了一会儿，他将那只青蛙拿出来，将它的嘴撬开，用一把汤匙把小小的铅弹塞进了青蛙的肚子——塞得满到几乎到青蛙的喉咙了。然后他将青蛙放在地上。斯迈利跑到沼泽地，在泥浆中找了好半天，最后终于逮到了一只青蛙。他将它带回来，交给陌生人，然后告诉他：

'如果你准备好了，就将这只青蛙和我的丹尼尔放在一起，让它们的前爪都在同一条线上，等我发出口令，就让它们开始跳。' '一，二，三，跳！'斯迈利和陌生人都碰了一下青蛙，两只青蛙都开始跳动起来，新来的青蛙轻快地跳了出去，可是丹尼尔却只是鼓动了一下肚皮，像个法国人似的耸动了一下肩膀——它根本就没有办法挪动一分一毫。这只青蛙好像教堂一样牢牢盘踞在地面，好像一条抛锚的船一样纹丝不动。斯迈利大吃一惊，他被气坏了，虽然他搞不懂这一切究竟是怎么回事。

那个陌生人带着钱走了，当他走出门的时候，还朝那只叫做丹尼尔的青蛙竖起大拇指，然后又深沉地说：'我实在看不出这只青蛙比别的青蛙好在哪儿。'

斯迈利站在那里，一边挠头一边研究丹尼尔。很长时间过去了，他才说：'搞不懂这只青蛙究竟是怎么了，它怎么会出这样的问题！好像它看起来就非常沉重，这是怎么回事？'他捏着丹尼尔的脖子，将它抓了起来，掂了掂之后他惊呼：'哎呀，我打赌它足足有五磅重！'他将青蛙头朝下提着，让它吐出了两把铅弹。直到此时，他才明白究竟是怎么回事，他的怒火开始升腾——青蛙被扔在地上，他跑出去追那个陌生人，可是却没能追上。之后……"

（话说到这里，前院里传来召唤西蒙•惠勒的声音，他站起来看看是谁在找他。）当他要走开的时候，还转身告诉我："陌生人，你坐在那儿别动，休息一会儿吧！我马上就会回来的。"

但是，既然他已经离开，我认为那个充满斗志的流浪汉吉姆•斯迈利的故事再继续下去，也不会提供什么和利奥尼达斯•W.斯迈利牧师有关的信息，于是我便准备离开。

在门口，我遇到了好客又热情的惠勒，他拦住我，重新开始讲述：

"对了，斯迈利还有一头黄色的独眼母牛，这只牛没有尾巴，只剩下一根香蕉似的尾巴橛子，而且……"

我既没有时间，也没有兴趣。我不想留在那里继续去听那只可怜的母牛的故事，只好向他告别，选择离开。

知识拓展

⭐ **马克·吐温写作风格**

马克·吐温是美国著名作家，其作品以幽默讽刺著称，他也被称为美国的"幽默大师"。他的作品融幽默与讽刺为一体，既能凸显独特的个人机智与妙语，又不乏深刻的社会洞察与剖析。从本篇文章中我们就可以看出其幽默的风格。

阅读思考

1.为什么西蒙·惠勒会开始讲述吉姆·斯迈利的故事？

2.斯迈利说自己的青蛙特别的原因是什么？

3.在青蛙比赛中，斯迈利胜利了吗？为什么？

4.作者马克·吐温要用西蒙·惠勒的口来讲述这个故事，而不是故事之中的主人公"我"，这样做有什么好处？

5.马克·吐温的语言风趣幽默，你还读过他的其他作品吗？请列举一二。

第3课
富兰克林自传

本杰明 · 富兰克林

就在此时，一个大胆而又艰巨的任务出现在我的脑中，我要让道德臻于完美。在生活中，我希望自己永远不犯错，因此就要克服所有引诱犯错的因素，不管这种诱惑来自于自然规律，习惯，还是别人的影响。据我所知，或者以我知道的那些正确和错误的标准，我搞不懂为什么我不能一直遵循正确原则避免犯错。随着时间的推移，我发现这个任务远比想象的艰难得多。令我感到吃惊的是：在我集中精力去避免一个错误的时候，常常会引来另一个错误。因为此时松懈的习惯会占上风，而且习惯的力量有时更强大。最后，我得出一个结论：道德对于我们有好处，但如果只是在思想上坚守道德，并不足以阻止自己犯错。如果要以始终如一的正直品行作为我们的依靠，就必须先打破反面的习惯，培养好习惯。为了促使自己达到这一目标，我设计了下面的方法。

在阅读的时候，我见到了各种示范的美德，我发现不同的人对于同一种美德的理解有多有少，所以列举出来的美德清单就会各有差异。譬如"节制"，有些人认为只在吃饭和饮酒方面是节制，有些人则将它的含义扩展到对任何享受的节制，其中包含了食欲、欲望、肉体和精神上的享受，甚至还包括我们的贪婪和野心。我想，如果我们用很少的美德去分别赋予他们众多的意义，不如多用一些美德去减少这些意义的负重，这样我们就会看得更加清晰。对于自己有必要拥有以及值得拥有的美德，我列出了十三种，对于每一种美德只附加了一句短短的准则，表达我对它的含义所认定的范畴。

这些美德和它们的含义是：

1.节制：吃饭不要吃太饱，喝酒不要喝过量。

2.沉默：要说对人对己有益的话，不说那些无聊的闲话。

3.秩序：合理地摆放自己的生活物品，合理地安排自己的工作时间。

4.果断：想做的事就下定决心去做，然后一定要做成功。

5.节俭：钱不管是花在自己身上还是别人身上，每一项都要有益，不能浪费。

6.勤劳：珍惜每一秒，不做不必要的事，将时间用在有用的地方。

7.真诚：不害人，不骗人，公正合理地看事情，诚实地说话。

8.公正：履行对人有益且属于自己的义务，不做损人利己的事。

9.适度：不走极端，不怀有报复心理。

10.清洁：要勤洗澡，勤洗衣服，勤打扫房间。

11.平静：不为琐事而烦恼，也不为常见、不可避免的事烦恼。

12.纯洁：要节制欲望，除非为了健康或繁衍后代。不能损害自己或别人的声誉或安宁。

13.谦虚：像耶稣与苏格拉底一样谦虚地对待别人。

我想要将这些美德变成自己的生活习惯，所以不能一次性地尝试所有美德，这样做反而会分散注意力。正确的做法是一次只专注于一种美德，培养好这种习惯之后，再进行下一种。按照这种方法进行的话，培养这十三种美德习惯，先建立的习惯对其他美德的获得会有所帮助。按照这种规划，我将这些美德排序，"节制"可以让人变得冷静，这对我是极其必要的，所以它是第一个。我要通过它来保持警惕，抵抗旧习惯持续不断的吸引以及诱惑。在获得了"节制"的美德之后，再培养"沉默"就会比较容易了。在改善美德的同时，我希望自己的知识也可以提高，考虑到知识是来自于耳朵的聆听而不是舌头的闲聊，所以我打算改掉闲聊、开玩笑的习惯，这个习惯只能让那些没有价值的人接受我。基于这种考虑，我把"沉默"作为自己的第二项美德培养。这项美德将和接下来的"秩序"美德一起，让我有更多的时间专注于工作和学习。而当"果断"的美德成为习惯，我就可以在培养其他美德的过程中更加坚定。"节俭"和"勤劳"这两项美德，可以让我从债务的困扰中解脱，成为一个独立、富裕的人。同时，它们也可以让"真诚"和"公平"等美德变得更加容易实现。我的意识之中，对于毕达哥拉斯在《金色诗歌》中的建议非常赞同，每天对自己进行检查和反省是一件很必要的事。因此，我为自己设计了下面这些方法来进行例行的反省。

我准备了一个小本子，其中每一项美德都有专属的一页。用直尺和红笔，我把每一页都分出七列，用字母标明代表一个星期的七天。我再用十三条红色的横线来分隔这七列，每一行红线都代表一种美德。每天，我都会反省自己在这十三种美德里所犯的错误，并且在红色横线和纵线所构成的方格中，用黑色的小点标出来。

我已经下定决心，每周对一种美德进行一次严格的审查。第一周，我把全部心神都赋予"节制"，不让自己有丝毫的违背，对于其他剩余各项则像平常一样对待。到了晚上，我就会将白天所犯的错误和有疏漏的地方都在本子上标出来。如果，在第一周里，标着"节制"这一行里没有出现代表犯错的小黑点，就说明这一美德习惯得到了加强。与之相反的一些恶习当然会被减弱，我也就可以将自己的注意力分布到其他的美德中去。在下一周里，如果两行里都没有黑点，这样一直延续到最后，我就可以在十三周的时间里进行一轮完整的尝试，在一年的时间里进行四次自我检测。这种做法类似于园丁，他给花园除草的时候不会尝试一次性割除所有的杂草，因为这会让他的工作量过大。园丁每一次都是只除一个地方的草，第一块地除草结束之后才会去下一块地。我希望自己也可以依次让方格里没有小黑点，并且通过这些页面被清除干净而看到我在道德方面的进步。这是值得我欢呼的一件事，经过多次的尝试之后，最终我会在十三周的检查后看到一个干净得如同被除草的花园一样的本子。

在"秩序"这一项中，我要求自己工作事务的每个部分都得到合理的时间分配。在小本子里，我专门用一页来列出一天24个小时里我的时间计划：

早晨：提出问题：我今天有什么计划？

上午5点到8点：起床，洗脸，祷告。为这一天的工作作好计划，并且决定做什么具体的事。在学习方面进行计划，然后开始早餐。

上午8点到12点：工作。

中午12点到下午2点：开始准备读书或者浏览自己所作的记录，然后吃午饭。

下午2点到6点：工作。

晚上6点到10点：将屋子里所有的东西都放回原位，吃晚饭，听音乐，进行娱乐活动或者与朋友交谈。检查当天的行为。

晚上我会向自己提出问题，看我今天是否是按照计划实施的。

晚上10点到凌晨5点：睡眠。

按照这个计划表，我进行自我监督，在执行的时候偶尔会因为突发事件而被迫中断。过了一段时间之后，我非常诧异，因为我发现自己所犯的错误远比自己想象的要多，但也看到它们正在不断减少。对此，我感到非常满意。纸片上旧的错误标志不停地被我擦掉，为新一轮检测之中所发现的错误留下地方，多次的擦拭已经让我的小本子变得千疮百孔。为了让小本子上错误记录的更新更简单一些，我又将美德列表和准则都誊录到一本备忘录的象牙页上，用可以留下永久痕迹的红色墨水标记。在这个页面上，我用黑色的铅笔来标记自己的错误，它们可以轻易地被湿海绵擦掉。一段时间之后，每年我只需要一次这样的自我检测。到后来，因为忙于出国和处理事务，各种各样的事情占据了我的时间，我也就完全放弃了这种自省的方式。不过，这个小本子却一直跟随着我。

关于"秩序"的美德计划，让我沾惹上了很多的麻烦。因为，虽然一个人的工作可以允许他自由安排自己的时间，就像熟练的印刷工人可以掌控自己的工作时间一样，但对于一个独立的经营者来说，要想那么精确地遵守秩序似乎有点不太可能。因为和他打交道的是整个世界，与他有业务往来的人都是按照自己的时间安排见面。在另一个方面，要想养成物品和文件有"秩序"地摆放的好习惯也很难。虽然早前并没有养成这个习惯，但依靠超凡的记忆力，我并没有意识到这不太好。所以，在培养这一条美德的时候，我不得不花费很多的注意力，痛苦地督促自己。我在秩序方面所犯下的错误，让我不得不承受很多烦恼，而当我想要改正的时候，进步的速度却又这么慢，并且还会时常反复，差点让我放弃。这让我想起我的一个邻居，他是一个卖斧子的铁匠，有个客人希望自己的斧子任何位置都像斧刃一样明亮。铁匠就让他帮忙转动磨轮，想要将斧子磨亮。由于斧子宽阔的表面被压在磨刀石上，所以转轮转起来非常累人，这个人不时从轮子那过来看看进行的怎么样，最后无法忍受了，便决定带走斧子。铁匠劝告他说："不要这样，我们继续下去吧，斧子慢慢就会磨亮的，你看它上面现在都是小斑点。"可是那个顾客却说："算了吧！我想要的就是一把有斑点的斧子。"这样的经历也许很多人都有过，他们由于没有尝试我所使用的方法，所以在养成好习惯、摒弃坏习惯的时候非常困难。所以，他们放弃努力，并且得出对自己最有用的结论：一把有斑点的斧子也不错！在我们的意识里有一些东西伪装成理智，对我们提出建议：要求自己达到极端的完美，其实是一件愚蠢的事，假如别人知道了也会认为我很愚蠢。一个完美的人会因为受到忌妒与怨恨而带来不便，一个善良的人应该接受自己身上的缺点，这样他和朋友之间才会更加亲密。

其实，我在"秩序"方面的坏习惯真的很难改变。随着年纪增长，记忆力衰退，我发现没有秩序真的很不方便。我虽然从来没有达到自己期望的完美境界，并且还距离自己的愿望很远，但通过努力我也有了一些改变，我更好了，也更快乐了。如果放弃了那些尝试，我就永远达不到这么好、这么快乐的境界。这就好比那些希望通过临摹字帖来获得完美书法的人一样，虽然他们永远也达不到字帖的卓越程度，但经过一番艰苦的努力，他们的书法会得到改善，字变得漂亮，也会获得周围人的赞美。

　　希望我的后代可以了解，我把自己一生的幸福快乐，直到七十九岁写这篇文章时为止，都归功于上帝所保佑的这些小技巧。至于在其他的时间里，我还会遭受什么样的挫折，那就要听天由命了。而我一旦受到挫折，以前的幸福回忆就能够帮助我平静地面对。我长期保持良好的体格，拥有健康，这要归功于"节制"这项美德。我很早就可以自如地掌控金钱，积累了财富，让我成为一名有用的公民，并且在学者之中获得声誉，这都应该归功于"勤劳"和"节俭"这两项美德。国家因为我的"真诚"和"公正"而赋予我信任与光荣的使命。在所有这些美德的影响下，即使我最后还只是在不完美的境界之中，我也可以拥有安宁的心境以及令人愉悦的谈吐，这就足够使我获得身边所有人的欢迎，就算是年轻人也愿意和我相处。因此，我希望我的子孙后代都可以吸取经验，并且从中收获裨益。

知识拓展

★ 本杰明•富兰克林（1706—1790）

　　最能体现殖民地时期美国发展前途的人，无疑是本杰明•富兰克林了。他凭借勤奋的工作、无私的奉献以及智慧的头脑，从贫穷之中成长起来，成为一个富有、闻名世界并且很有影响力的人。富兰克林并没有接受过任何正规教育，但他在文学、新闻、科学、外交、教育和哲学领域，都作出了重要的贡献。

阅读思考

　　1.在富兰克林的叙述中，我们可以了解到他为自己制订了一些计划，这些计划是什么？他这样做的目的又是什么？

2.富兰克林为自己安排这样的计划有什么好处？你在平时的生活中有过这样的安排吗？你又是怎样履行的？

3.富兰克林在文中提到了一个铁匠磨斧子的故事，这个故事有什么作用？

4.这篇文章是自传体的形式，你知道什么是自传吗？它有什么明显的特点？它的好处又是什么？

5.富兰克林为自己制定的时间表，有些事情是没有完成的，为什么？再尽情发挥你的想象，你认为每个人每天都可以根据自己的计划行事吗？为什么？

第4课
穷理查德的年鉴

本杰明·富兰克林

宴席由傻瓜来准备，享用的却是聪明人。

选择一个朋友的时候要慎重，更换一个朋友的时候更要慎重。

你将商店管理得好，商店也可以管你吃得饱。

睡得早，起得早，使人聪明、富有、身体好。

要想保守住秘密，那么三个人之中的两个都必须死掉。

上帝会帮助那些懂得自助的人。

一个烂苹果，坏了一堆好苹果。

公开的敌人好比祸根，而伪装的朋友则好比炸弹。

明天要做的事情，今天就去做。

真正的朋友，是最好的财富。

一道细小的裂缝就能使大船沉没。

没有付出，何来收获。

警惕自己不要养成坏习惯，这远比改正它们来得轻松。

说得漂亮，不如做得漂亮。

你热爱生命吗？那就请珍惜时间，因为时间是生命的构成。

受到伤害，那就写在尘土上；得到帮助，那就刻在石头上。

走错了路可以很快弥补，说错了话却会造成终身遗憾。

如果你的头是蜡做的，那就别出去晒太阳。

好的榜样是最好的布道。

饥饿是最好的开胃菜。

未受教育的天才，犹如矿中之银。

为了一枚钉子而丢了鞋，为了一只鞋而丢了马，为了一匹马而丢了骑手。

欲速则不达。

智慧的大门永远都是敞开的。

对你的邻居微笑，但不要将你的篱笆拆掉。

依靠着希望过日子，迟早要被饿死。

知识拓展

　　本杰明·富兰克林从十几岁开始从事印刷工作，最初是在一位印刷商哥哥那里当学徒。他在十六岁的时候，不仅成为了一名合格的印刷工，还开始为哥哥的报纸撰写文章。在此期间，富兰克林所使用的笔名是"沉默善行者"，他用自己的笔描写波士顿的日常生活，也讽刺这里的政治现象。在他的印刷生涯中，一部对美国文学产生重大影响同时又历久不衰的著作《穷理查德的年鉴》诞生了。这份年鉴出版于1732年至1758年期间，富兰克林在这里面灌注了很多信息、评论和建议，受到了读者的热烈欢迎。

阅读思考

　　1.为了改掉自身的坏毛病，富兰克林提出了怎样的建议？

　　2.在文中，富兰克林提到了"最好的财富"，是指什么？

　　3.富兰克林的这些好习惯在你的身上有体现吗？有哪些适合你？

　　4.通过阅读和学习富兰克林的生活格言，你可以了解到他具备什么样的生活哲学？

第8部分
航海日志

第1课
第一次美洲航海日志

克里斯托弗·哥伦布

（这篇日志的写作时间是哥伦布登陆圣萨尔瓦多岛后的第九天。）

1492年10月21日，星期日

上午十点，船队抵达了这个岛的一个海角，船只都抛锚，在岸边做短暂的停歇。急忙吃过饭，我就上了岸，却只找到一栋空荡荡的房子。这个岛荒无人烟，但房子里却有各种生活用品，这座房子的主人一定是因为害怕我们这些外来者而逃走了。我不允许船员碰房子里的任何东西，然后带着船长和一些船员去岛上视察了一下环境。

和周围其他的岛屿相比，这座岛显得非常美丽和富饶，到处密布着茂盛的树木，绿树又环绕着一片广阔的湖泊，风景实在是优美迷人。这个岛就好像安达卢西亚四月时候的景象，郁郁葱葱，充满生命力。鸟儿唱着动听的歌儿，好像在挽留远方到来的旅客，鹦鹉成群地飞过，似乎连天空都可以遮蔽。这里的鸟和我家乡的鸟看上去很不一样，还有上千种形色各异并结满香甜果实的树木。这些果树都是我从未见过的，自然也叫不出它们的名字，这让我感到非常遗憾。不过，我保存了它们的树枝标本，因为我认为它们一定非常有价值。

当我们来到湖边的时候，忽然发现一条小蛇，它迅速地逃进水里。但因为水并不深，所以我们一路跟随，最后用长矛将它捉住了。这条蛇有七指长，我想这附近应该还有很多它的同伴。我还看到很多芦荟树，明天我会带十公担（计量单位）上船去，因为据说这些树很珍贵。寻找饮用水的时候，我们在距离船半里格（长度单位）的地方找到了一个当地人的村落。但是那里的居民看到我们，都惊恐地逃走了，连家都顾不上，只带走了一些值钱的家当。我告诉船员们不能动他们的任何东西，哪怕是一根针。过了一会儿，有当地人朝我们走过来，其中还有一个大胆地接近我们。我们送给他一些鹰铃和玻璃珠，这让他非常开心。作为交换，我们向他要了一些水。当我们回到船上之后，当地人都兴高采烈地来到岸边，他们都带着装满水的葫芦。我命令船员再送一些玻璃珠给这些人，让他们第二天再来送水。如果顺利的话，我想用这里的水灌满船上的水桶，在天气变好的时候绕着小岛航行，直到遇到这里的国王。因为我听说他拥有很多黄金，所以想试试看能否得到一些。

之后，我计划向附近更大的那个岛屿进发，船上的印第安人告诉我：那个岛叫做希帕格岛，而印第安人则把它叫做扣巴岛，听说那里有很多大船和船员。还有另外一个岛屿也非常大，当地人叫它波西亚岛。这些位于航线上的岛屿，我会在经过的时候顺便查看一番，根据岛上是否有大量的黄金和香料来决定我下一步的计划。

无论如何，我都一心朝着大陆航行，希望可以登陆传说中的城市，将陛下对大汗的问候送到他的手中，并为陛下带回他的消息。

知识拓展

★ 克里斯托弗·哥伦布（约1451—1506）

克里斯托弗·哥伦布，历史上著名的探险家之一。对于他早期的生活几乎没人知道，但可以肯定的是，他很小便离开了家乡意大利热那亚，开始了自己的航海生活。25岁时，他在葡萄牙经历了沉船，所以回到陆地之后便开始认真学习绘制地图和导航的技术。此外，他还学习过拉丁文，阅读过马可·波罗所描述的富饶亚洲的作品。

1480年至1482年之间，哥伦布驾驶着航船来到了阿佐里斯和位于非洲附近的加那利群岛，这让他开始有了挑战更远航海纪录的雄心。他的一生都在为一个梦想而奋斗，那便是一直向西环游世界，到达传说中神奇的亚洲城市。

最开始，哥伦布想获得葡萄牙国王约翰二世的资助，实现他向西航行的梦想。但他却无法说服约翰二世，最后只好转而求助于欧洲其他国家的统治者。在经历了一次又一次的失败之后，他终于赢得了西班牙女王伊莎贝拉一世的资助。

阅读思考

1.哥伦布来到这个小岛上的时候，看到了很多和他以前所见不一样的情景，具体都有哪些方面？

2.为什么当哥伦布他们来到岛上的时候，这里的居民全都逃走了？

3.哥伦布和当地人第一次相遇时的情景是怎样的？

4.从文中我们可以看出，哥伦布的下一个行动目标是哪里？他为什么要选择那里？

5.如果你是国王，你会给哥伦布的航行提供资助吗？为什么？

6.如果你是哥伦布，会怎样说服国王对你进行资助呢？

7.哥伦布所写的日记是真实的记录吗？请说明原因。

第2课
普利茅斯农场

威廉·布拉德福德

（本文记录了他们的航程，他们怎样穿越大海，以及他们安全到达考德海角的过程。）

在享受了柔和的海风和一段时间的明媚天气之后，水手们也遇到了很多次猛烈的暴风雨。船在风暴的摇撼之下剧烈地晃动着，船体也开始漏水，更要命的是船中部的一根主桅杆被风吹得弯曲断裂，这一切都让水手们非常担忧，他们深怕自己无法完成这次航行。船上的领导者敏锐地感受到水手们担忧这艘船是否可靠，于是他们与船主及船上的其他主管立即展开了严肃的讨论。大家都在思索：在这么恶劣的环境之下，是否有必要回转船头，免得让人们陷入令人绝望而无法挽回的困境中。就算是水手们，对于当前处境的看法也有很多分歧，这条航线几乎已经走了一半了，所以为了获得足额的工钱，他们也愿意竭尽全力地走完全程；可是，另一方面，他们又不愿意拿自己的生命去下赌注。在考虑了所有的意见之后，船主和主管们坚持认为这艘船足够坚实，可以抵抗大浪的袭击。至于那根弯曲的主桅杆，正好乘客之中有人从荷兰带来一颗巨大的铁螺钉，用它就可以将主桅杆复位。船主身兼木匠的职责，他保证可以利用固定在下层甲板的一根柱子支撑主桅杆，然后再利用其他方向的绑绳，让这根桅杆可以安全地使用。甲板和船体上部的漏洞也很快就被堵住了，虽然在船行进的过程之中，没有人能保证漏洞会一直不漏水，但只要船体不用承受过大的压力，就可以保证暂时的安全。就这样，大家决定听从老天的安排，继续这次的航行。

暴风雨开始袭来，携带着猛烈的狂风和高涨的海浪，这艘船连一个小时一海里的航行速度都无法保证，这导致好多天以来大家都只能随风飘流。有一天，船正在暴风雨中漂流着，约翰·豪兰不小心被栅栏绊了一下，正好此时船剧烈地晃了一下，这个年轻人就被无情地抛进了大海。不过令人感到庆幸的是，这个年轻人抓住了从船上伸出去的升降索，就算是沉入水中几英尺深了，约翰·豪兰还是紧紧抓着绳索，直到他被大家从水下面拽了上来。后来，他又借助船上的钩子和其他东西爬到了船上，他得救了！经历这一次冒险后，他生了一场大病，但后来他一直都健康地活着，在有生之年对教会和共和国都作出了很大的贡献。这一次航行中只有一个乘客死去，那是一个叫做威廉·巴顿的年轻人，他是塞缪尔·福勒的仆人，在快要靠近海岸的时候，他离开了我们。

为了让我的讲述更加简洁，就让我省去其他的细枝末节。在海上与风浪进行了漫长的搏斗之后，他们终于到达了那个叫做考德海角的大陆，但是这些人似乎并没有因此而感到高兴。经过了慎重的考虑之后，也是吸取了船主和自己人的意见之后，他们决定按照Z形路线继续向南航行。天公作美，这一段时间风和日丽，正是航海的好时候，他们想要寻找哈得孙河附近更适合居住的地方。但是，航行不过半天的时间，危险又袭来了。他们的船进入到一群暗礁之中，大浪又重新开始咆哮，当大家发现自己已经身处险境的时候，早已找不到退路了。看到风向不对，大家又重新提议回到考德海角去，只有这样才有可能在夜晚来临之前脱离险境。在上帝的保佑之下，他们终于安全地返航了。第二天的时候，他们已经进入了海港，来到了安全地带。

就这样，他们终于到达了一个风平浪静的海湾，并且安全地登陆了。能够安然地渡过那片风暴密布的海域，他们对上帝充满了感恩，纷纷双膝跪地感谢上帝将他们从危险和悲惨之中解救出来。再次站在这片坚实的土地上时，他们发现这里才是他们真正的归属。

★ 饥荒时期

在两三个月的时间里，最可悲的事情发生了，一二月份之间这一群人中几乎有一半都悲惨地死去，这是因为缺乏房屋庇护以及其他生活设施，他们无法抵御这里的严冬。在经历了漫长的航行之后，他们又来到了一个陌生的环境，双方面因素的集合让很多人患上坏血病，其他的传染病也开始肆虐地传播。就这样，在这段时间里几乎每天都有两三个人告别人世，一共有一百多人丢了命，活着的不超过五十个。在最为艰难的时候，这些人中只剩下六七个健康者，这些人实在应该获得高度赞扬。因为他们为了帮助大家渡过难关，总是不分昼夜地忙碌着，他们忍受着痛苦艰难地劳动，即便是冒着自己也可能染病的危险，却依然为大家准备木柴，点燃火炉，还找来可以食用的肉类。就连铺床叠被、洗涤衣物，甚至脱衣穿衣这些事都要去做。总之，几乎所有的家务事都由他们负担了，而对于那些肠胃敏感的人来说连听到都会呕吐的事，他们都做得心甘情愿。从这里可以看出，他们对自己的朋友和教友充满着真诚的爱，是值得人们永远学习的榜样。这七个人中的两个是资深的教士威廉·布鲁斯特先生，以及上尉兼军队指挥官迈尔斯·斯坦迪什。我和其他很多患病的人在情绪低落消沉的时候，都受到了他们无私的帮助和恩惠。也正因为这些善行，这些人受到了上帝的眷顾，在灾难和疾病普遍发生的时候，他们也没有受到疾病的侵袭。这样的赞美也同样适用于其他人，他们也许在灾难之中丧生，也许仍然活着。当他们还保持着健康的时候，哪怕是只有一点点力气的时候，都没有停止帮助其他的人，我期盼看到主赐给他们奖励。

有另外一个重要的事件，我同样不能遗忘。当这些即将在这里耕种生活的人承受灾难的时候，他们被匆忙送上岸，只获得了一点饮用水。因为这样，船员就可以获得更多的啤酒。而当其中有一个病人希望可以喝一口啤酒的时候，他却得到了这样的回答："哪怕是亲生父亲，也休想得到一丁点儿啤酒！"疾病开始降临在这些船员身上，在他们离开之前，几乎有一半的人已经病死了。其中有很多是船员的长官，也有很多是身体健壮的人，包括水手长、炮手、三个军需官和厨师等人。船主看到这悲惨的景象，有点无法接受，他把得病的人都送到了岸上，并且留言给总督说即使他在回家的路上只有水喝，也会给这些人送来啤酒。

当这样悲惨的时刻降临时，我们看到船员的表现和船上的乘客大为不同。当他们健康快乐的时候，彼此之间都是亲密的伙伴；而当灾难来临时，他们就彼此遗弃。他们不愿意为任何人冒生命危险，如果让他们到病人居住的小屋去照看，很可能会被传染。因此，当那些病人被送到岸上的小屋后，他们便束手不管，只是冷漠地说："如果他们要死，就让他们死吧！"然而，那些船员的举动却激发了留在船上的乘客的怜悯之心。在这些人中，有一位水手长，他原本是一个骄傲的年轻人，常常会羞辱嘲笑其他的乘客。可是当他受到疾病困扰、变得虚弱的时候，他们却同情他、帮助他。水手长一直都在忏悔，认为自己不配得到他们的照顾，他回忆起自己曾经虐待他们的言行，惭愧地说："哦，我看到你们像基督徒一样表现出仁爱，但我们却像狗一样任由彼此自生自灭。"另外一个患病的人一直躺在那里诅咒自己的妻子，说正是因为她，自己才参加了这次航行，谁知却遇到这样的事情。紧接着，他又开始诅咒自己的同伴，他说自己以前经常帮助他们，并为他们出了很多钱和力，但是当他自己处于困境中时，那些人却都厌烦他，不帮助他。还有一个人为了得到同伴的帮助，答应在自己死后将自己的东西都交给同伴，所以那同伴拿来一点香料，为他做了一两次饭，其中还有难得一见的肉。但那个人却没有很快死去，所以他的同伴感到愤愤不平，说他是一个骗人的家伙，还说自己想看到那人再吃自己做的饭的时候，被肉噎死。然而，那个可怜的家伙在早晨之前就死去了。

★ 与印第安人的关系

在此期间，印第安人一直都在他们的周围埋伏着，有时候他们会远远地观望，可一旦有人接近，他们就会立刻逃走。有一次，他们在做完工之后去吃饭，印第安人趁机偷走了他们的工具。一直到了3月16日左右，有一个大胆的印第安人却意外地出现在他们面前，令他们惊讶的是，那人竟然可以用英语和他们交谈，即使说得断断续续，但是却可以清楚表达自己的意思。通过交谈，他们得知这个人并不属于这些部落，而是从东部的部落过来的。有一些去那边打鱼的英国船只经过时，他就认识了一些英国人，并且还说出了好几个人的名字。他向这些英国人学习英语，并且为他们提供帮助，向他们介绍东部部落的情况，而这些信息对他们来说非常有用。他也曾经向他们介绍这里的印第安人的情况，他们的姓名、人数和力量，还有他们的生活情况，与此地的距离，以及谁是印第安部落的首领。印第安人说自己叫做萨莫赛特，他还说住在这里的另外一个印第安人斯库安多去过英国，所以英语说得比他好。

他们和这个印第安人聊了一会儿，大家都感到非常开心，于是便送给他一些礼物。过了一会儿，这个印第安人又来了，身后还跟着五个人，被他们偷走的工具也被还了回来，他们为大首领马萨索伊特的到来作好了准备。这位大首领在四五天之后来了，他带着自己友邦的首领和随从，其中包括那个会说英语的斯库安多。经过友好的交谈以及互赠礼物，他们和大首领达成了一个和平协议，这个协议一直持续了二十四年。

协议约定内容如下：

1.大首领和他部落中的印第安人都不能伤害任何一个英国人。

2.如果部落之中有印第安人伤害了英国人，他就应该被送到这里来接受英国人的惩罚。

3.如果英国人的任何东西被盗窃，大首领应该将它们归还；英国人也应该这样对大首领。

4.如果有任何人以不公正的方式和大首领作战，英国人应该帮助他；如果英国人遭受到类似的袭击，大首领也应该前来助战。

5.大首领应该与和他相邻的那些印第安部落之间达成协议，保证不会不公正地对待英国人，而且也应该让他们遵守和平协议。

6.印第安人来到英国人的地盘，不应该携带弓箭和武器。

马萨索伊特居住在一个叫做索瓦姆斯的地方，那里距离这个地方有四十英里，当这些协议被签署之后，他就回到了那里。斯库安多却继续留下来和英国人在一起，担任他们的翻译。他是上帝为了眷顾他们而送来的一个特别的馈赠，他的到来让所有人都喜出望外。他教会他们播种谷物，告诉他们捕鱼的技巧和购买商品的地方，也帮助他们去探索未知的地区。一直到死，斯库安多都没有离开他们。

知识拓展

★ 威廉·布拉德福德（1590—1657）

要想在北美洲的土地上生存下去，耐力、智慧和勇气缺一不可，而威廉·布拉德福德正好具备这三方面的素质。在詹姆士镇建立十三年之后，布拉德福德带领朝圣者出现在现今马萨诸塞州的大地上。

布拉德福德出生的约克郡聚集着很多极端的清教徒，他们认为英国的教会已经受到了腐蚀。而他正是这些人中的一员，他们希望可以脱离教会，因此受到了残酷的迫害。为了生存，布拉德福德和清教徒们逃到了荷兰，并从那里坐船出现在北美洲。

威廉·布拉德福德在殖民地的第一位总督逝世之后接任为领导人，从此之后，他连续三十多次当选。而在他的任期之中，布拉德福德组织大家对经济援助者进行债务偿还，鼓励新的移民，和当地的美洲土著人建立了良好的关系。事实上，如果没有土著人的帮助，殖民地根本就不能在这里

存在下去。

1630年，《普利茅斯农场》这部著作开始写作，布拉德福德通过它来记录朝圣者们生存斗争的状态。在这第一手的记录中，人们可以看到他们是凭着勇气和坚定不移的信仰才在这里坚持下来。这部作品的语言风格被称为"清教徒式的简朴风格"。1865年，它终于发表，与世人见面。

阅读思考

1.在穿越大西洋的过程中，朝圣者遇到了怎样的困难？

2.这些朝圣者一直以为自己会受到上帝的庇护，这些在文中亦有体现，请指出一二。

3.当这些朝圣者面对普利茅斯的第一个冬天时，遇到了很多的困难，他们对这些困难的出现都有着怎样的反应？

第3课
弗吉尼亚通史

约翰•史密斯

（这篇文章所记录的是第一批供给物资到达之前发生的一些事情。）

在十天之内，我们之中具备正常活动能力的人不到十个人，其中甚至包括那些能够好好站立的人。这简直就像是落在命运无情的掌心，疾病随时困扰着我们，大家都处于极度的虚弱之中。如果可以考虑到一个原因，这种情况的出现就不会那么令人惊讶了。这个原因就是当船只停靠在岸边的时候，我们的限量供应得到了一些改善，每个人每天都多了一些饼干。这些饼干来自那些船员，他们用它来换取我们手中的钱或者檫树以及毛皮。但是，当船员们离开之后，这里除了一些公共的食物储备之外，几乎没有任何的饭馆和酒馆，更没有任何可以让人们获得放松的场所。如果我们可以像远离贪食和醉酒一样远离所有的罪孽，我们必然会成为圣人。但毫无疑问，我们的总督是不可能成为圣人的，他把除了公共食物之外的所有东西都据为己有，其中包括燕麦片、干白葡萄酒、油、白兰地、牛肉和蛋。总督允许我们平均分配食物，每个人每天都可以得到半品脱小麦和半品脱大麦。这些食物虽然是煮熟晾干的，但在船上存储了二十六个星期之后，它们之中的虫子几乎可以和粮食一样多了。在大家的眼里，这些食物只能叫做糠而不能叫做谷物了。我们喝着白水，住在空中楼阁里。

在这种居住和饮食条件下，为了生存，我们不得不搬运并安装栅栏，这种极度劳累的工作让每个人都饱受摧残，浑身都是伤痛。在极度炎热的天气下，还要坚持不间断地工作，这让很多人都变得非常虚弱。我们的生活和在本国或者世界上任何其他地方一样悲惨。

从五月到九月之间，有很多人都逃走了，他们以鲟鱼和海蟹作为自己的食物。而在这段时间里，留下来的人中有五十多个死去了，剩下的人虽然没有受到

食物短缺和疾病的折磨，可是看到总督的行为之后，也有一部分人悄悄乘坐小船逃走了。这些事情不断地震动着原本麻木的我们，大家奋起抗争，将总督罢免。瑞特克里夫被选举出来接替总督的位置，成为新的领导人……

所有的供给都已经消耗光了，鲟鱼也已经离开了这一片水域，失去所有的帮助之后大家陷入了绝望的情绪之中。我们还在时时刻刻为土著人的狂暴担惊受怕着。但是出乎我们的意料，土著人居然送来了大量的水果和粮食。这实在是上帝在保护我们所有美好的努力，在大家都绝望的时候神奇地改变了土著人的感情。

现在，已经有人在断言委员会把这些供给不足的人派出来，实在是愚蠢的举动。但他们这样的想法是非常不理智的，我们有无可辩驳的理由来证明：首先，航行之中的错误完全是由我们自己造成的。虽然大家都将自己所能想到的一切都装备了起来，但在这些东西之外，对于我们会找到什么，需要什么，或者我们即将去哪儿，所有人都一片茫然。送我们来的那些人，根本不知道自己所承担的是什么工作，所以他们错误地预计了现实情况。原本大家都以为可以在两个月之内完成航行，这样的话食物储备非常充足，而且还能在春季就开始工作。但事实上，海上航行的时间超过了五个月，食物被耗尽了，耕种的最佳时机和季节也早已错过。

自古以来，这样的行为必然会带来这样的结果。要想实现那些真正有价值的事情，都必须经历艰难困苦。但是所有的困难，都比不上在这么一个荒无人烟并且缺少工具的地方建立一个家园更难。更让人头疼的是，这里的人思想非常顽固，他们既自己做得不好，又无法忍受别人。虽然这一切都很难，但我们还是要继续努力。

新任的总督叫做马丁，因为他在大家处于危险中时不能及时决断，在和平的时候他又不能勤奋地工作，所以他并不是一个受人爱戴的总督，他甚至把栅栏之外的边境之中所发生的一切事情都推给了史密斯船长。而史密斯船长没有气馁，他通过亲力亲为，向大家示范友好的语言和公平的许诺，给大家分配了适合的工作。有些人被派去割草，有一些人则去绑茅草，有一些人建造地基，还有一些人盖房顶。史密斯船长自己也承担着很多的繁重工作。他为我们这里的大多数人带来了安稳的住所，却没有顾及他自己的需要。

在一次出征奇卡赫米尼河流域的战斗中，史密斯船长和他的部下受到了印第安人的袭击，他被俘了。当这个消息传到了詹姆斯镇，大家出于对他的爱戴都感到非常悲伤，而接下来发生的事更超出了人们的预料。

那些土著人将史密斯船长拘禁了六七个星期，在这期间，他们采用很多方法来对付他。但史密斯船长不以为意，他纡尊降贵，与这些人友好相处，不仅让土著人放弃了攻击要塞的想法，还让自己重新获得了自由。当史密斯船长离开的时候，他为自己和队友们赢得了很高的赞美，那些野蛮的人都对他毕恭毕敬。

通过史密斯船长的回忆，我们才得知那些土著人对待他的方式：

土著人最先获得史密斯船长的行踪，是从乔治卡森的嘴里，一支由三百个弓箭手组成的队伍担负起跟踪他的重任。这是一支由帕门吉河的领袖带领的队伍，当他们搜索河流转弯处的时候，发现了鲁滨逊和爱慕里。这两个在火堆边的人，被弓箭手乱箭齐发射死了。随后，他们就发现了船长，正如同我们所了解的那样，船长利用了那些为他做向导的土著人保护了自己（这其中有三个人被杀了，而其他人则身受重伤）。在船长的奋力反击之下，土著人开始退却。摆脱了土著人之后，船长以为这样就能回到自己的船上去，开始时因为担心被土著人埋伏，他不得不绕了很远的路前进。而在绕路的过程中，他和土著人向导一起滑进了一条小溪。土著人发现了船长，但他们不敢靠近，直到他快要被冻死，并且放弃了手中的武器，土著人才敢上前将他抓起来。按照当地人的风俗，船长被救起之后就被拉到了火堆边，这里曾经是他的两个伙伴的葬身之处。土著人用力地摩擦船长的四肢，它们都已经被冻得麻木，只有这样才能复原。

船长要求和土著人的首领见面，他们就把他带到了帕门吉河的首领欧佩坎卡诺面前。船长把一个圆形的象牙双面指南仪送给了首领，这个神奇的东西让他们惊叹不已，虽然那里面的部件都可以被清清楚楚地看到，但因为隔着玻璃所以没有人能碰到它。船长拿着指南仪，告诉土著人地球和天空都是圆形的，太阳、月亮和星星都在宇宙之中运动，太阳不断围绕着地球旋转，地球上有广阔的大陆和海洋。生活在地球上的人有很多不同的种族，大家的肤色也各有差异，我们和他们之间就好像地球的两极。许许多多类似的事情通过船长的表述传达出来，听到这些的土著人一个个震惊得呆若木鸡。

但是，一个小时之后，那些土著人竟又开始变得狂暴，他们把船长绑在一棵树上，周围站满了围观的人，他们准备射死船长。可是，当土著人的首领将手里的指南仪高高举起之后，弓箭手们立刻放下了手中的武器。他们面带笑容地将船长带去奥拉帕克斯，用他们独有的风俗习惯开始款待他……

　　最后，船长被那些人带去见他们的皇帝普哈坦，皇帝住在维罗乌科摩克。刚开始有两百多名不苟言笑的大臣像研究怪物一样盯着他看。一直到最后，普哈坦才和他的随从们鼓起勇气来接他。在火堆前，有一个床架一样的座位，普哈坦就披着一个浣熊皮制成的大袍子坐在上面。浣熊的尾巴垂在他的身体周围，两个年轻的姑娘也坐在他身边。在房子的两侧站着两列男人组成的队伍，他们的身后站着相同数量的女人。这些人的头和肩膀部位都涂满了红色的颜料，脖子上还带着一大串像白色珠子一样的东西作为装饰，除此之外，还有一些人的头上插着白色的羽毛。

　　史密斯船长刚刚走到头领的面前，他周围的那些人便发出雷鸣一般的吼声。在皇帝的命令下，皇后阿泼玛托克端来一盆清水，让史密斯洗手；而另外一位皇后则送来一束用来擦手的羽毛。他们按照当地人最好的风俗款待史密斯船长，这些风俗特别怪异，但可以看出他们的真诚。在仪式结束之后，一次漫长的讨论展开了。令人遗憾的是，讨论的结果并不让人满意，他们搬来两块巨石放在首领普哈坦面前，几个人又捉住史密斯船长，企图将他的头放在石头上，用大棒子将他的脑浆打出来。就在这个时候，普哈坦最疼爱的女儿普卡洪塔斯出现了，她恳求大家放过史密斯，在恳求无效的情况下，普卡洪塔斯抱住史密斯的头，想要用自己的身体来保护他。头领看到自己女儿的行为，显得非常无奈，他只好允许史密斯活下来，而代价则是为首领制造斧头，为首领的女儿制造铃铛、竹子和铜。部落里的人都认为史密斯应该和自己一样擅长于制造这些东西，因为他们中间的任何人，包括首领，都会为自己制作长袍、鞋子和弓箭，此外还要参与耕种、打猎以及其他事情。

　　两天过去了，普哈坦把自己打扮了一番，看起来异常恐怖，部下在他的命令下将史密斯船长带到森林里的一所大房子里，并把他安置在大火旁边的垫子上。过了一会儿，从房子中间的帘子后面，传来了一阵阵悲惨的叫声。普哈坦的样子简直就像魔鬼，他带着自己两百多名手下，穿着恐怖的黑色服装，来到史密斯面前，告诉他从现在开始他们就是朋友了。普哈坦要求史密斯回到詹姆斯镇，从那里带两只大枪和一个砂轮回来，而做这一切的回报则是卡帕好瓦西克的土地。普哈坦答应将这一块土地给史密斯，并且以后会很好的对他，就像对待自己的儿子南塔昆德一样。

　　十二个向导按照普哈坦的指示，将史密斯送回了詹姆斯镇。晚上，他们会在森林里宿营，而史密斯却一直在担心自己会被莫名其妙地杀死，如同他在拘禁期间所担心的那样。见识过了这些人的野蛮，上帝却通过他的天意改变了这些野蛮人顽固的心灵。第二天，他们终于平安地到达了要塞，而史密斯也非常客气地款待了护送自己的野蛮人。他让普哈坦最信任的仆人罗汉特检查了带给普哈坦的两门大炮和一个磨砂轮。这些人觉得这个礼物未免太过沉重了，为了让他们信服，史密斯将石头装进大炮，然后打在一棵挂满冰柱的大树上。大树轰然倒地，发出了巨大的声响，土著人都被它的威力吓得纷纷逃窜。最后，他们终于满意了，带着史密斯送给他们的礼物以及送给普哈坦及他的妻子、孩子们的玩具离去了。

詹姆斯镇的混乱似乎从未停止过，又有一批身强力壮的人打算乘坐小船逃离。史密斯船长不能允许这些事情发生，他冒着生命危险，用小加农炮和滑膛炮再三地命令他们停下来，否则就击沉他们的船只。

有些人不能忍受史密斯船长，企图阴谋和总督一起用"勒维特考法"来处死他。他们丧失了良知，将鲁滨逊和爱慕里丧命的原因归结在史密斯的身上。但智慧的史密斯很快就和律师一起战胜了这些人，其中的一些囚犯还被送回了英国。

每隔四五天，普哈坦的女儿普卡洪塔斯就会和她的随从们带着很多供给物资去送给史密斯，这让很多人的生命获救，不然大批的人都会在饥饿中死去。

史密斯在这里见识到了富饶的土地，尤其是维罗乌科摩克，他也见识到了从未有人了解的普哈坦的慷慨。更重要的是，史密斯改变了这些麻木的心灵，普卡洪塔斯的爱就是最好的证明。从此，所有的人都不再感到恐惧了。

从这样艰难的经历之中，你可以看出所有美好的努力都要经历艰辛的过程，建立丰功伟业的道路经常要承受失败的压力，但是你也可以看到上帝用他神奇的力量将这一切都解决了。

知识拓展

★ 约翰·史密斯（1580—1631）

如果约翰·史密斯今天还活着的话，他很有可能会在科幻电影里扮演著名的动作巨星施瓦辛格的对手，因为在他的眼中自己就是那样的一个人。在约翰·史密斯的人生中，有几个不容抹杀的头衔，他是冒险家，也是诗人，他是地图的描绘者，也是自我中心主义者。他曾经领导英国人在美洲建立了第一个殖民地，如

此卓越的贡献让他成为英国探险家中最负有盛名的一位。约翰·史密斯的探险经历被写成故事之后，一直由他自己润色，不仅为他吸引了当时很多读者，也让历史研究者从中得到了关于早期美洲探险者的细节。

　　约翰·史密斯曾经当过十年兵，后来他带领着一队殖民者来到美洲大陆。1607年，他登陆了弗吉尼亚州，并且在这里建立了詹姆斯镇。在1608到1609年间，约翰·史密斯担任了詹姆斯镇的总督，他帮助人们获得食物，维持着社会秩序，并且摸索着和当地的美洲土著人相处的方式。

　　1609年，约翰·史密斯回到了英国，后来他又进行了两次美洲航行，在新英格兰海岸寻找新大陆，著有《弗吉尼亚、新英格兰的萨摩群岛通史》。

阅读思考

1.殖民者在这里生存的时候得到了什么样的帮助？

2.从文中我们了解到史密斯是个什么样的人？

3.史密斯对当地居民的态度是怎样的？

4.史密斯在文中的叙述和实际一模一样吗？请说明其原因。

第4课

欧拉乌达·艾库维阿诺一生中"有趣的故事"

欧拉乌达·艾库维阿诺

（在前文之中，艾库维阿诺描写了自己和姐姐在西非的家中被奴隶贩子绑架并运送到非洲海岸的过程。在这历时六七个月的艰难旅程之中，艾库维阿诺和姐姐被迫分开，在随后一系列的驿站之中他都处于被监禁的状态。抵达海岸之后，艾库维阿诺和其他黑奴一起，被运往新大陆。下面的故事就描述了这一次可怕的旅行。）

最后，我们的船上已经载满了人，他们发出可怕的声响，那是在做起航前的准备工作。为了不让我们看清他们是怎么驾驶这艘船，所有的黑奴都被关押在船甲板的下面。这看上去非常痛苦，但这在我的经历之中却是微不足道的。船舱里传来令人难以忍受的臭味，在这里停留片刻都可以威胁到人的生命。我们之中有一些幸运的人，他们被获准待在甲板上，呼吸到新鲜的空气。因为船上的所有人都这么挤在一起，很容易引起疾病的传播。拥挤的船舱之中人几乎不能翻身，而狭窄的空间和炎热的空气在这么多人的共享之下，简直让人窒息。人们都在大量地排汗，致使空气的味道难闻得越来越厉害，以致我们都无法再呼吸了。奴隶之中有很多人因为这恶劣的环境而生病死亡，我认为这是因为他们的买主图一时之利而引起的。人群之中，锁链在不断摩擦，更让人们难以支撑下去。小孩子经常会摔倒在马桶里，差一点就被憋死。女人们的尖叫声和垂死之人的呻吟声，让气氛恐怖到难以想象的地步。我的身体很快就变得虚弱了，但这却让我很高兴，因为他们认为我有必要在甲板上待一会儿了。因为我的年纪还太小，所以也没有戴着脚镣。我真希望自己可以将这种幸运和我的同伴们分享，虽然还有很多的同伴因为处于死亡的边缘而被每天带上甲板。我希望可以尽快地结束这苦难，不管是身在甲板下还是甲板上，我的痛苦都在不断地增加，这只能增加我内心的恐惧和

对白人残暴的认识。

有一天，奴隶主抓了很多鱼来吃，他们心满意足地享受着鱼肉。在他们吃剩下之后，我们开始不住地乞求他们施舍给我们一点点残羹冷炙，但我们终究都是白费力气。他们不但没有让我们尝到一丁点儿的好处，反而把那些鱼全都扔进了大海，这让我们这些站在甲板上的人深感意外。有一个同伴实在太饿了，他以为没有人看见，便找机会偷了一点儿，可是却不幸地被发现了。他的这一行为所带来的是一顿严厉的鞭答。

又有一天，海面上风平浪静。当我站在甲板上的时候，我身边离得很近的两个同胞试图自杀。他们显得非常疲惫，只想结束这痛苦的命运。不知道他们是用什么方法，终于挣脱了束缚他们的铁链，跳进了海里。紧随其后，又一个已经绝望的同胞也跳了下去。他因为生病没有戴脚镣，所以效仿起来很容易。船员们立刻警觉起来，他们急忙加以阻止。否则，我相信会有更多的人做出同样的事情来。甲板上那些比较活跃的人立刻被赶回了甲板下面，船上的人也因为被迫停船而发出巨大的嘈杂声，这种状况是我以前从未看到过的。他们放下了一条小艇去寻找跳海的奴隶，但其中两个人已经淹死了，只有一个人被救了上来。获救的这个人并不是幸运的，因为他立刻就被无情地鞭打，这就是他想要自杀所带来的恶果。我们所经历的苦难远远超出了我所能描述的范围，而这些苦难与那邪恶的交易是紧密相连的。因为整日整夜都不能呼吸到新鲜的空气，人们随时都处于窒息的边缘，放在船舱里的马桶发出的恶臭更让人难以忍受，很多人的生命都在这样的气味中渐渐消亡。

在这趟可怕的旅行中，我还是第一次看到了飞鱼，我感到很惊讶。飞鱼频繁地从海面上掠过，有一些还会掉在甲板上。此外，我还第一次看到了四分仪，我惊讶地看着水手们拿出它来观测情况，但我却始终看不懂。水手们注意到我惊讶的表情，也许是为了满足我的好奇心，也许是为了让我更加惊讶，有一个水手把四分仪给我看了一天。在我的意识之中，白云就好像大陆一样，它们随着船的前进逐渐消失在我的视野里。看着白云消失，我的好奇心更重了，也更加相信我现在所处的是另外一个世界，这里的每一个事物都是那么新奇。后来，我们看到了巴巴多斯岛，船上的白人都快乐地大喊大叫，但我们却不知道他们为什么要那么高兴。船逐渐靠近海港，我才看清楚港口的样子，这里停靠着大大小小各种各样的船只。停留在这些船只之间，我才知道这里叫做布里奇顿。当时已经是黄昏了，但还是有很多商人和种植园主到船上来，奴隶主把我们分成小组，对我们一一进行检查。在他们的指挥和要求下，我们又蹦又跳。他们指着大陆告诉我们即将要去的地方，根据他们的手势，我们猜想这些可怕的人是要将我们吃掉。所以当我们很快又被赶回甲板下面时，大家都恐惧万分，不住地颤抖着。一整夜，甲板下都没有其他的声音，只有悲苦的哭泣。可能是发现了这一情况，白人从岸上找了几个黑奴来安慰我们，老黑奴告诉我们不是要被吃掉，而是要被送上岸去参加劳动。我们还获知很快就可以上岸，而且在岸上还能碰到很多同胞。这些话果然让我们放松了，我们也很快就上了岸，并遇到了很多非洲人，虽然大家说着不同的语言，但也都是同胞。

上岸后，我们又被带去贸易市场。在那里，我们就像是圈里的羊一样，不管什么性别、年龄都被关在一起。在商人的看管之下没过几天，我们就按照市场的规则被买卖了。而规则是：当我们听到鼓声之类的信号声，买家就可以冲进关押奴隶的场地里，像挑选货物一样购买他们需要的奴隶……

知识拓展

★ 欧拉乌达·艾库维阿诺（1745—1797）

艾库维阿诺是一个部落长老的儿子，他出生在强大的贝宁王国。如果不是因为被卖做奴隶，他可能会继承父亲的事业，像他父亲一样成为一个部落长老。十一岁的时候，艾库维阿诺和他的姐姐在他们位于西非的故乡被劫持了，他们被转售给英国来的奴隶贩子。被迫和姐姐分开之后，艾库维阿诺曾经被送到西印度群岛，也到过弗吉尼亚州。购买艾库维阿诺的是一个英格兰船长，他的工作是海上劳动。

《有趣的故事》这篇文章让全社会都开始正视残忍的奴隶制度，在美国和英格兰，这篇文章也影响到了奴隶贸易制度的废除。

阅读思考

1.请指出在运奴隶的船上都有什么样的危险？

2.为什么有些人会享受到去甲板呼吸新鲜空气的待遇？

3.当他们的船停靠在布里奇顿的时候，为什么那些上船的奴隶主要让他们又蹦又跳？

4.你读到这篇文章的时候有什么感受？你认为奴隶制度应该废除吗？

5.除本篇之外，你还读过关于讲述黑奴生活的书吗？试着比较一下其中的情节有什么相同之处。

第9部分
文学成就

第1课

龟

约翰·斯坦贝克

在混凝土公路边上，一丛断裂的干草织成团，它们就这样生长着，草丛的顶部被垂下来就能粘在狗的皮毛上的燕麦须死死地缠着，此外草丛顶端还长着能绞在马的毛丛中的狐尾草，以及能逮住羊毛的红花草的刺；生命沉睡着，等待着被传播、被散开，每颗种子都配套地拥有用来散播的工具，有能为风中传播作准备的盘旋飞镖和降落伞，还有布满小刺的小矛和小球，都在等候着动物或是妇女裙边的靠近。它们都很被动，幸好配备了能让其主动的工具，它们都是静止的，但庆幸都拥有活动的基本条件。

阳光在草丛上蔓延，草丛变得温暖，草下面的阴影里，昆虫们忙碌着，昆虫世界里有蚂蚁和为它们设下陷阱的蚁蛉；有跳到空中的蚱蜢，瞬间将它们黄色的翅膀弹开；还有类似小犰狳的播种虫，拖着很多小腿沉重地走着，从不停歇。而在路边的草丛里，一只陆龟正在爬行，它毫无目的地转向一边，拖着它那高高的圆顶一样的壳。它用坚硬的腿和拥有黄色趾甲的脚缓缓地在草丛中拖着步子，当然它好像不是在走路，而是在拉着它沉重的大壳前行。前进的路上，它的壳被大麦须划过，被红花草落下的芒刺打中，又将其反弹到地上。它半张着角质喙，用那双长在像指甲般的眉毛下的凶狠滑稽的眼睛盯着前方；它从草丛走过，留给身后一串踩踏的印迹，之后一座小山赫然出现在它面前，其实那只是公路的路堤。它停下片刻，始终高扬着头。它眨了眨眼，将这小山上下打量一番。然后它开始翻越这路堤。它向前伸出前脚，似乎什么也没碰到。接着它的后脚踩在了野草和碎石上，把它那个壳朝上顶起。路堤越来越陡峭，这只龟也越来越努力地狂乱使劲儿。它脚下打着滑，绷紧了后腿向后用力，把身上的壳推向前去，那角质的头也向前探到了脖子能伸出的最远处。就这样一点一点地挪动，它爬上了路堤，可最后一道墙阻断了它向前挪动的路。这道墙其实只是公路上高出的某个部分，大约四英尺高的混凝土墙。它用后腿推壳靠墙，似乎它们是在独立行动。它昂着头，越墙望去，那边是宽阔平坦的水泥平原。同时它将支撑在墙头的前脚绷紧并往上拉，壳就跟着往前移，一直移到前端放在了墙上。它开始小憩。一只红蚂蚁钻进了它的壳，藏在壳里柔软的皮肤中，它猛然将头和腿缩进壳里，并把长着硬甲的尾巴朝一边紧紧夹着。这只红蚂蚁被它的身体和腿夹碎了。它的一条腿将一支野燕麦穗夹进了壳里。它安详地睡了很长时间，然后把脖子无声无息地伸了出来，用那双皱巴巴的滑稽的老眼瞅来瞅去，最后才让腿和尾巴出来。后腿可以复工了，紧绷着像条大象腿，壳倾斜出了一个角度，这也使得前腿无法碰到水平的混凝土路面。不过后腿的推力使它越来越高，最后竟然达到了中心的平衡，前端朝下倾斜，使前腿得以抓住了混凝土路面，它上来了。不过那支带茎的野燕麦穗还缠在它的前腿上。

这会儿前进就容易多了，每条腿都在运动，壳左右摇摆着朝前推进。不远处一个开着轿车的四十来岁的妇女发现了它，于是向右拐下了公路，轮子吱吱响，扬起一片尘土。两个轮子向上拱了一下，立即贴在地面上。轿车又开回公路，继续向前驶去，不过车速比之前慢多了。这龟刚才被惊得缩进了壳里，而此刻又着急地向前走，因为这公路现在热得像被炙烤着一样。

这时一辆轻型卡车向这边驶来，越来越近，司机发现了龟，拐过来碾它。卡车的前轮轧到了一点龟壳的边，接着像玩挑圆片游戏一样把龟抛上了天，这龟就像个硬币一样在空中翻转，最后滚下了公路。卡车这才回到了原本靠路右边的车道。龟仰着身子，面朝天，严实地躲在壳里很久。然而最后它还是在空中摆动了腿，试图能抓住某个东西帮它翻身。它的前脚抓住了一块石英石，缓缓地一点一点地把壳拉了起来，接着笨重地翻了身。那支野燕麦穗终于抖落在地，三颗长着矛尖的种子钻入土壤。就在龟爬下路堤时，它的壳把土抖落在了这些种子上。它爬上了一条全是土的路，摇摇晃晃地前进，与此同时，它的壳也在土上划出了一条弯弯曲曲的空渠。它又用那双滑稽的老眼张望，并张开了一点角质喙。而它黄色的趾甲也将一小块碎片掉进了土里。

知识拓展

★ **约翰·斯坦贝克（1902—1968）**

作家约翰·斯坦贝克对20世纪30年代的大萧条时期的经历所描写出的感受无人能比。他将自己的成长地——加利福尼亚州北部的农业地区作为大部分的短篇和长篇小说的写作背景。在其作品中，有很多关于美国工人阶级在这段萧条时期中经历的贫穷、绝望和社会不公正待遇的描写。与斯蒂芬·克瑞恩、杰克·伦敦之类的自然主义作家笔下的人物相比，他作品中的人物也同样与超乎人理解或掌控的力量进行殊死搏斗。虽然作品中很多人物的命运都十分悲惨，但在遭遇逆境的时候，这些人物又总能表现出勇气，并且在斗争的过程中，能一如既往地守护自己的尊严。

阅读思考

1.文中的龟在爬行的过程中遇到了什么障碍？
2.在遇到最后一道障碍的时候，龟是怎样做的？
3.为什么龟要永不退缩地朝目标努力？

第2课

一场瓦格纳音乐会

维拉·凯瑟

有一天早晨，我收到了一封信，那是一封用淡墨水写在平滑蓝线信纸上的信，上面的邮戳显示的是内布拉斯加州的一个小村子。这封信是如此破烂，好像被装在一个肮脏的口袋里很多天，它是我的叔叔霍华德写来的。在信中，霍华德叔叔告诉我，他的妻子刚刚得到一个单身亲戚的遗产，所以她要来波士顿处理。他让我去火车站接她，并且帮她办理好相关的手续。看到信上所说的日期，我发现就是明天。按照霍华德叔叔的脾气，他一定是一直拖延着，拖到只要我离家一天就可能错过那个好女人。

我想到了婶婶乔治亚娜有一副可怜又可笑的模样，让我回忆起的不止这些，还有我久远的记忆裂痕。当那封信从我的手中飘落，我忽然觉得自己周围的环境如此陌生，我站在书房里惶恐不安，简直无处立足。我似乎又变回那个难看的农村孩子，就像我婶婶所认识的那样。那时，我长期忍受冻疮和害羞的困扰，手指因为剥玉米皮而不断流血。想到这些，我下意识地摸了摸自己的拇指关节，仿佛它们又开始流血了。恍惚间，我似乎又回到婶婶客厅的风琴前，用我僵硬又红肿的双手摆弄那些音阶，而她则在我身边为剥玉米的人制作帆布手套。

第二天一大早，跟房东太太说了一声，我就出发去车站了。火车到达后，我等了很长时间她才出现，她是火车上最后一位下车的乘客。当我们上了马车，我才发现她就像消防队员从废墟里掏出的焦黑尸体一样。她那亚麻的外罩被烟熏成黑色，而黑色的软帽又因落满尘土变成了灰色。抵达我住的房子之后，我的女房东立刻就安顿她休息，直到第二天早晨我才再次见到她。

不管看到我婶婶之后有多震惊，斯普林格太太都掩饰得很好。就连我自己都深深诧异于婶婶的外貌，我仿佛看到了在弗兰茨·约瑟夫土地的北部失去手指和耳朵的探险家，又好像看到曾经在刚果河上游某地艰难跋涉的远足者。六十年代晚期，乔治亚娜婶婶曾经是波士顿音乐学校的一名教师。有一年夏天，她去格林山脉祖居的小山村去避暑，却点燃了村子里最懒散的小伙子的感情之火。对霍华德·卡朋特，骨瘦如柴、戴着眼镜且已经三十岁的她也怀有一种不可思议的激情。之后，霍华德便随她来到波士顿，两个人一起私奔去了内布拉斯加的边疆。这个让人费解又迷惑的结局，使她遭受了家人的责备和朋友的批评。穷苦的卡朋特申请了一块国家分配的定居地，在离铁路五十英里远的红柳县。他们驾着马车，穿过草原，在车轮上系了一块红手绢，数着它的转数丈量出八十亩土地。在那红色的山崖边，他们挖出一个山洞居住，几乎算是回到了原始的生活状态。水牛河的淡水湖就是他们的水源，那可怜的生活物资全靠来往流动的印第安马队。三十年过去了，婶婶从未离开过那块土地五十英里远。

对于这一切，斯普林格太太一无所知，她只是震惊于我亲戚的外貌。弄脏的亚麻外罩算是最显眼的了，里面是黑色的裙子，裙子的款式说明它来自一个农村裁缝之手。可是，我那婶婶的外表也许会让所有裁缝感到为难，她的皮肤因为暴露在大风和碱水中而变得暗黄，就算是最透明的皮肤，也会在那种环境下变成变形的皮革。她的假牙也不合适，但这都不算什么，最让人诧异的是她不断抽动的嘴和眉毛。那是因为与世隔绝的生活中，身体病痛造成的神经疾病。

在我童年的时候，我震惊于她的这些毛病，并且为此深感惭愧，因为那个时候我所有的好东西都来自她，我对她充满崇敬的热爱。曾有三个冬天我为叔叔放牧，婶婶不仅要给六七个农场工人准备三餐，还要在安顿好六个孩子之后熨衣服到深夜，那个时候我会在她身旁的桌子边背诵拉丁词的变格和动词词形的变化。当我昏昏欲睡，头都沉到桌面时，她就会轻轻摇醒我。在她熨烫或缝补衣服的时候，我将自己学到的第一篇莎士比亚的作品读给她听，而她那本旧神话则是我拥有的第一本课本。在她客厅那架小小的风琴上，我学会了音阶。那风琴是在结婚十五年后她丈夫给她买的，在那之前除了一个挪威工人的手风琴外她没有见过任何乐器。她会数小时待在我身边，一边织补，一边听我艰难地学习《和谐的铁匠》。她很少与我谈论音乐，我知道是为什么，她是一个虔诚的教徒，她认为自己的受难并不是自私的。有一回，我从她的音乐书里找到一份《欧里安特》的旧乐谱，我顽强地敲出了其中的片段后，她蒙住我的眼睛让我的头向后轻轻靠在她肩上，轻柔地说："不要那么爱它，克拉克，不然它就会被夺走。亲爱的孩子，上帝保佑你，不管你牺牲什么也不要是它。"

我婶婶到达之后的第二天清晨，她依旧处于梦游的状态。她还没有意识到自己到了城市，而这里正是她大半辈子渴望回来的地方，是她度过青春岁月的地方。旅途之中，晕车让她难受了一路，除了这个之外她什么都想不起来。而实际上，从红柳县农场到我在纽百里街的书房，只需要忍受几个小时而已。那天下午，我为她准备了一个小小的惊喜，用以回报她曾经给我的欢乐时刻。当我们曾经在茅草牛舍因挤牛奶而疲倦时，或者当她的丈夫对我太严厉时，她就会讲起她年轻的时候在巴黎看过的梅耶贝尔的《勒斯·胡格诺教徒》歌剧表演。而今天两点的时候，波士顿交响弦乐队要上演瓦格纳的剧目，我想带她去看，虽然通过和她的交谈我很怀疑她是否还能从中体会到快乐。其实，为她考虑，我希望她对于这些东西的品位已经死去，让那漫长的斗争仁慈地结束。我曾建议她在午饭前去看看那所音乐学校和公园，但她却表现得非常胆怯。她心不在焉地问起城里的变化，而她主要担心的还是她忘记给某只虚弱的小牛喂半脱脂的牛奶。她解释说："那是老玛吉的小牛，克拉克你是知道的。"很显然，她已经忘记我离开很久了。而她还在烦恼，因为她忘了跟女儿说那套地窖里的工具如果不马上使用就会坏掉。

我问她是否听过瓦格纳的歌剧，发现她没有听说过，不过对于歌剧中每种乐器的位置她依然熟稔。以前，她曾经在歌剧《漂泊的荷兰人》中担任过钢琴演奏。我忽然觉得不要唤醒她，而让她回到红柳县是最好的，并且对于去听音乐会的建议有点后悔了。

我们走进音乐厅以后，她的呆滞开始慢慢减退。我有点儿惊慌，生怕有人注意到她可怕的穿着，或者怕她在踏入那个阔别四分之一世纪的世界时，会感到痛苦和难堪。可是我再一次发现自己的判断非常肤浅，她坐在那里环顾四周，眼睛里没有任何的感情，似乎是博物馆中的花岗岩像一样。石像用这样的眼神看着周围世界的潮起潮落，孤独的世纪已经让他和情感分离了。在丹佛的布朗酒店的老矿工身上，我曾经看到过这样淡漠的眼神，他们的口袋里装满金子，穿着肮脏的亚麻衣服，形容枯槁。在人潮涌动的走廊里，他们站在那里，仿佛站在结冰的金矿中，或者是亚利桑那州沙漠的金色光辉里。他们意识到自己和其他人之间已经有一道鸿沟，而且没有任何的服饰可以掩盖这条鸿沟。

音乐会的听众大部分是女性，她们的面庞和体形看不出轮廓，身体上线条的效果也不复存在。人们只能看到女性服装鲜亮的颜色，或柔和或硬挺或丝质或透明，不甘心的布料仿佛在闪光。而红色、淡紫色、粉红色、蓝色、紫丁香色、紫色、淡褐色、玫瑰色、黄色、奶油色和白色，所有印象派画家能在阳光下找到的颜色，和四处散布的礼服构成黑色的阴影。在乔治亚娜婶婶的眼中，这些丰富的色彩就像调色板一样凌乱。

音乐家上台时，婶婶微微动了一下，饶有兴趣地越过栏杆去看那不变的编组。这也许是她离开老玛吉和虚弱小牛之后见到的第一件熟悉的东西。我能感觉到所有细节回到了她灵魂的深处，因为我依然记得它们是怎样回到我灵魂深处的。那时的我，刚刚从无尽的玉米田犁地的工作中回来，在那玉米田里，一个人可以从清晨走到黄昏却不能感受到环境的变化。我提醒自己回忆当初的印象，音乐家清晰的轮廓，亚麻服装的光彩，沉闷的黑色外衣和可爱形状的乐器，绿色灯罩的舞台灯投射出黄色的光，后面的大提琴琴腹闪着光，永不安静的小提琴仿佛风中摇荡的森林。我第一次听弦乐演出时，悠长的琴弓拉出的声音将我的灵魂抽离出身体，就像是一个变戏法的人从帽子里抽出纸带一样。

第一首是《汤豪舍》序曲。小提琴拉出了朝圣者合唱的第一个旋律，乔治亚娜婶婶忽然抓紧我外衣的袖子。直到此时我才意识到，对她来说，三十年的静寂被男低音的歌声和热烈的高音打破了，随着两个基调不断交错，激烈的维纳斯堡主题和着弦乐的撕裂声，一种让人无力与之对抗的荒凉悲戚感向我袭来。我再一次看到了草原上荒凉的房子，黑暗阴冷，好像一座木头城堡。在那个黑色池塘，我学会了游泳，房子周围光秃秃的土地被雨水冲出沟壑。厨房门前的四棵矮小白蜡树苗，上面总是挂着洗碗布。那里的世界是原始的，东方是一片延伸到黎明的玉米地，西方是一条延伸到黄昏的牲畜栏，在它们之间，是和平肮脏的战利品，比战争所获得的战利品还要残忍。

序曲结束，婶婶放开我外套的袖子，依旧一言不发。她坐在那里，似乎穿透了三十年的呆滞，穿透那每一年的每一天里所积累的薄雾，望着管弦乐队。我很好奇她会从中获得什么？据我所知，她曾经是一个优秀的钢琴演奏家，她受到的音乐教育比以前的音乐家都要宽泛，她时常谈论莫扎特和梅耶贝尔的歌剧，我还记得多年前她唱出过威尔第的某些曲子。当我生病的时候，她就会坐在我的床边，夜风透过窗纱吹进来，我望着玉米地上空的星星，而她则唱着"我们大山之中的故乡，哦，让我们归去吧！"她的歌声让一个想家的佛蒙特男孩心碎。

前奏之后，便是《特里斯坦和伊索尔德》，我仔细观察着她，希望可以发现那些基调之间的战争和音乐的沸腾混乱对她意味着什么。音乐可以告诉她什么？有没有一颗新的行星飞入她的世界？在六十年代的美国，瓦格纳是一本封缄的书，她脑中残余的信息是否能够帮助她理解这个世界的壮丽？我很好奇，但是乔治亚娜婶婶却只是静默地坐在达里恩山巅。《漂泊的荷兰人》整个演奏过程中，她都岿然不动，只有手指在裙子上机械地移动着，仿佛是在回忆它们曾经演奏的乐谱。那双可怜而苍老的手，它们展开、拉伸、扭动，变成了纯粹的触手，手掌肿胀着，手指弯曲着，关节突出着。其中一个手指上还留下了结婚戒指细细的痕迹。我摸索着按住那只手，轻柔地让它平静下来，我忍不住眼睑的抖动，依稀记得这双手曾经为我做过的一切。

男高音演唱的《荣誉之歌》响起，我听到快速的吸气声，转头一看，我的婶婶紧闭双眼，但双颊上闪耀着泪水。再这么下去，我也要流泪了。灵魂从来没有真正死去，它只是枯萎了，就像那奇怪的苔藓，它可以在尘土覆盖下存活半个世纪。只要有水洒落，它就会变成绿色。随着音乐旋律的发展变化，我的婶婶一直在轻声啜泣。

音乐会下半部开始前，有一段休息时间。我问婶婶《荣誉之歌》是否对她并不陌生。在几年前，曾经有一个年轻的德国流浪者来到红柳县的农场，他曾经在拜罗伊特的合唱团唱过歌。周日的清晨，他会在工人卧室里的床上一边擦鞋子一边唱《荣誉之歌》。那个工人的卧室正对着厨房，婶婶就在厨房里工作。她一直在他身边转来转去，直到说服他去乡间教堂的唱诗班。然而在我看来，他唯一适合的就是他稚气的脸和对神圣祈祷的把握。之后不久，他进城时在法罗牌桌输掉所有的钱，为了打赌骑上了一头德克萨斯小公牛的背，之后便带着摔碎的锁骨消失了。

"不管怎么样，我们听到了比《特洛维特》更好的东西，不是吗，婶婶？"我善意地开着玩笑。

她嘴唇颤抖着，迅速用手绢捂住嘴，从手绢后面喃喃地说："你离开我之后，就一直可以听到这些吗，克拉克？"这个问题是最温柔最悲伤的责备。

"可是，婶婶你是否明白它那惊人的结构？"我坚持问。

"谁能明白呢？"她有点心不在焉地说，"为什么要明白呢？"

演出的第二部分中包括《钟声》中的四首歌，之后是《西格弗里德》中的森

林音乐，在西格弗里德的葬礼进行曲中结束了整场演出。婶婶依旧安静地啜泣，从未间断，我对她仅存的音乐理解力开始迷惑，这么多年来，除了那所洗礼教堂礼拜时唱的福音赞美诗，她什么都没有听到过。我不敢确信她的音乐鉴赏力是溶解在肥皂泡沫里，或是被揉进了面包里，还是随着牛奶被挤进了桶里。

音乐如洪水一般汹涌，我不知道她在那激流之中是否有所感悟，我也不知道这洪流带她走了多远，经过了多少快乐的岛屿，或是从什么样的天空下掠过。至少，从她颤抖的面部我可以相信西格弗里德的葬礼进行曲将她带到了一个坟地之中，那是在海边的灰暗坟地，也是一个更为广阔的死亡世界。在那里，世界从一开始，希望、梦想都叠加在一起，或放弃，或沉睡。

音乐会结束了，伴随着人们的谈笑声，大家走出了音乐厅，愉悦地体验着美好的生活。但是我的婶婶却并不想站起来，我温柔地呼唤她，却换来她嚎啕大哭的恳求："我不想走！克拉克，我不想走！"

我理解她，因为音乐厅的门外就是她那被牧群踩踏的黑色池塘，是没有油漆的房子和因风雨侵袭而变形的木板，是挂在白蜡树上晾晒的洗碗布，还有憔悴脱毛、在厨房门口等待食物的火鸡。

知识拓展

★ 维拉·凯瑟（1873—1947）

虽然一生之中的大部分时间都居住在纽约，但维拉·凯瑟不断地回到她年轻时代生活过的内布拉斯加草原，那里是美国拓荒者的新定居地，她在那里找到了写作的灵感和素材。她通过丝毫不惧的诚实表现出不断扩展的边疆地区人们辛苦的生活。

阅读思考

1.在文中有这样一句话，乔治亚娜婶婶对克拉克说："不要那么爱它，克拉克，不然它就会被夺走"，这是什么意思？

2.你觉得乔治亚娜婶婶是个什么样的人？

3.在音乐会结束的时候，乔治亚娜婶婶为什么会有那样的反应？

4.从对乔治亚娜婶婶的外形描写中，可以看出她哪些方面的特点？

5.从对乔治亚娜婶婶听到歌剧时的反应中，我们可以发现她什么样的个性？

6.克拉克对自己的婶婶所具有的想法和感情，揭露出他什么样的个性？

7.我们所了解的关于乔治亚娜婶婶的情况，大多来自于克拉克对她的看法，这是否有利于我们对她形成印象？

第3课

魔鬼和汤姆·沃克

华盛顿·欧文

在离马萨诸塞州的波士顿几英里以外的地方，有一个深水湾，它源于查尔斯海湾，流经了几英里的内陆，最终进入到一片被浓密树荫覆盖着的沼泽之中。在这条水湾的两侧，一边是美丽幽静的小树林，一边是高耸于河岸边上的悬崖，在悬崖上有几棵老橡树张开着巨大的伞形树冠。据说，在其中一棵树的下面，埋藏着海盗基德遗留下来的一大笔财宝。因为这条水湾的地理优势，人们可以很轻易地用一条小船把钱送去山脚下，再加上夜色掩盖，实在是一个秘密的行径。站在那里较高的地势上，人们可以清楚地看到四周的动静，确保周围没有人跟踪。而那几棵极易辨认的树，又能够成为一个明显的地标，想要再次找到这里便非常容易。此外，在那个老故事里还提及过魔鬼也在这里出没，并且它还监控着这个地方。不过，人们也知道这些魔鬼只是和埋藏在这里的财宝打交道而已，尤其是那些来历不明的财宝。

不管这个传说是不是真的，谁也没有见过海盗基德再回这里挖出他的财宝。他在波士顿被抓之后不久，就被遣送到英国，并且因为海盗的罪名而被处死在那里。

1727年前后，有一次大地震席卷了新英格兰，很多高大的罪人都倒在了废墟之中，而居住在这个地方的一个瘦削又贪婪的家伙却幸存了下来，他就是汤姆·沃克。他的妻子和他一样贪婪，在贪婪的指引之下他们夫妻二人甚至会互相欺骗。不管什么样的东西，只要到了他的妻子手中，就会被她悄悄藏起来。只要家里的母鸡发出咕咕的叫声，她就会立刻跑去将新下的蛋收走。而她的丈夫就一直在四处窥视，企图找出她藏起这些东西的秘密宝库。他们经常会发生激烈的争吵，只是为了辩驳哪些东西可以成为共有的财产。他们的房子离邻居的房子很远，看起来很是凄凉，整座房子都被饥饿的气氛笼罩着，在房子的附近，几棵萨尔树散乱地长在那里，就好像是这贫瘠土地的象征。这座房子的烟囱里，从来没有冒出过炊烟，也从来没有旅行者会在这座房子前稍作停留。一匹肋骨像烤炉上的铁条一样清晰的瘦马正在荒地里漫步，地面上冒出了一层薄薄的苔藓，那满是石头的坎坷路面几乎都不能被它掩盖，这让这匹瘦马更加饥饿。有时候，它会将自己的脑袋伸出篱笆外面去，用可怜的眼神看着过往的行人，似乎是在请求别人将自己从这片贫瘠的土地上解救出去。

这座房子和居住在它里面的主人一样，不受人欢迎。汤姆的妻子高高壮壮，是一个远近闻名的悍妇，她那暴躁的脾气和响亮的声音一样闻名遐迩。人们时常都会听到她和丈夫吵架的声音，而从汤姆的脸上也可以看出，他们夫妻的矛盾并不只是口头的交锋。然而，没有任何人敢介入他们的战争。有时候会有旅行者路过，但看到这种可怕的喧闹和厮打的场面，他们只会悄悄退回自己的位置，然后远远地看一眼这不幸的一家人，匆忙地离开。假如这位旅行者是一个单身汉，那他一定会为自己还没有结婚而感到庆幸。

有一天，汤姆·沃克从一个很远的地方回家。为了抄近路，他不得不穿越那片沼泽。一般的近路都是没有分明的路线的，而这里也不例外。那片沼泽处于巨大的松树和铁杉所制造的浓密阴暗之中，这其中有的树高达90英尺，所以即便是中午的时候，沼泽地中也是一片漆黑，因此这里成为猫头鹰的最佳栖息地。沼泽之中密布着深坑和泥沼，有一部分被杂草和苔藓所掩盖，所以旅行者从表面是看不出来的，一不小心就有可能掉入泥潭，从而窒息。那里的池塘也是黑色的，它停滞不动，是蝌蚪、牛蛙与水蛇的最佳住所。松树和铁杉的树干有一半都被沼泽淹没，它们腐朽之后就像是在泥泞中睡着了的短吻鳄一样。

在这片危险的森林之中，汤姆小心翼翼地摸索前行。已经走了很长时间了，他的脚下全都是一簇簇的灯芯草以及各种草根，只有它们才能成为这沼泽里不稳定的立足点。有时候，他不得不像一只猫一样顺着倒下来的树干前行。森林里水鸟突然的尖叫声或者池塘里发出的野鸭叫声，都会让汤姆吓得跳起来。最后，他到达了一块坚实的土地。这块地好像半岛一样，向着沼泽深处延伸。这里曾经是印第安人最早和殖民者交战的堡垒。他们在这里建造起自认为固若金汤的据点，作为女人和孩子的避难所。现在，那些印第安人的古堡已经只有几条堤防，而且下沉到和周围土地一样的高度，剩余的部分早已被森林里的橡树以及其他的树木淹没了。这些树所制造的绿荫和沼泽地里黑沉沉的松树和铁杉形成了鲜明的对比。

在天色逐渐变暗的时候，汤姆·沃克终于到达了这个古堡。他在那里稍微休息了一下，但除了他之外，几乎没有人会愿意在这样一个阴森的地方停留片刻，因为按照印第安战争时期流传下来的传说，很多人对于这个地方都有一种莫名的恐惧，他们认为野蛮人在这里下了咒语，为魔鬼奉献祭品。

然而，汤姆·沃克却不是这种心怀恐惧的人，他坐在一棵倒在地上的铁杉树干上休息，一边听着树蛙充满了预示性的鸣叫，一边用自己的手杖无意识地戳着脚边的黑土。忽然，他感觉手杖似乎戳到了一个坚硬的东西。他立刻起身，将这个东西挖了出来。啊！居然是一个被劈开的头盖骨！这个头盖骨摆在他的面前时，上面还有一把印第安战斧，它深深地夹在骨头中间，斧头上斑斑的锈迹表明它距离现在已经非常久远了。这里应该是一个印第安战士最后战斗的地方，一场激烈的战斗就发生在这里，而这个可怕的纪念品正来自于那场战争。

"哼！"汤姆·沃克一边抱怨，一边踢了这玩意儿一脚，他想把上面沾着的泥土弄掉。

"不许碰那块儿骨头！"一个粗鲁的声音忽然说。汤姆诧异地抬起头，看到一个高大的黑男人正坐在他对面的一棵树上。他不禁吓了一跳，因为他一点都没有察觉到有人靠近自己。但是让他更加不能相信的是：仅凭着这一点点的光亮，他就分辨出这个陌生人既不是黑人，也不是印第安人。虽然，这个人身上的服装式样简单，和印第安人服装很相近，还缠绕着一条红色的腰带或肩带，但他的脸既不是黑色也不是古铜色，而是呈现出一种黯淡的黝黑。他的皮肤上面似乎蒙着一层黑灰，就好像他经常在铁匠铺里干活一样。他的头发又黑又粗，又乱蓬蓬地顶在头上，向着脑袋四周伸出去。他的肩膀上还扛着一把大斧子。

而此时，这个人正瞪大了自己红色的眼睛，充满怒气地看着汤姆。

"你想在我的地盘做什么？"这个黑男人用粗鲁的声音吼叫着。

"你的地盘！"汤姆不禁冷笑了一声，"这片土地既不属于你，也不属于我，它的主人是迪肯·皮博迪。"

"让这个迪肯·皮博迪去死吧！"这个陌生人说，"如果他再不反省自己的罪行，而总是去关注周围的人所犯下的罪行，他就离死不远了。你看看那边，就知道迪肯·皮博迪过得怎么样了。"

顺着这个陌生人的手指，汤姆朝着远处看过去。他看到了一棵近似枯萎的大树，树干部分已经被虫子蛀烂了，这棵大树几乎被人完全劈开了，甚至都经不起一阵大风的袭击。在这棵树的树皮上，赫然刻着迪肯·皮博迪的名字。这个人声名显赫，曾经通过与印第安人进行精明的生意而发家致富。汤姆顺势看了看四周，看到大多数的树上都刻着人名，他们都是在殖民地声名显赫的人，而且那些名字都是用斧子刻上去的。一直被汤姆坐着的这棵树，很显然是被刚刚砍倒的，上面刻着的名字是克朗宁·希尔德。他知道这是一个有权有势的富人，那个人最喜欢炫耀自己的财富，可是大家都说他的财富是做海盗抢来的。

"这个人就要被烧掉了！"那个黑男人似乎有点得意地咆哮道，"你看看，我很可能有一大堆冬天用的柴火了。"

"可是，你怎么有这个权利砍倒迪肯·皮博迪的木材呢？"汤姆问。

"我有这个权利已经很久了。"那个人不屑地说，"在你们这些白种人踏上这片土地之前很久，这块儿树林就已经属于我了。"

"那么，请允许我冒昧地问一句，你是谁？"汤姆说。

"哦，我的名字有很多。有些国家的人称我为荒野中的猎人。有些国家的人则称我为黑色掘矿人。在这里，人们都叫我黑色伐木工，这片土地是那些红色人送给我的，他们为了让我满意，以前会经常送上一个烤熟的白种人，作为味道鲜美的祭品给我。可是现在，那些红色人被你们这些野蛮的白种人消灭了，我就只好去参与对教友会教徒和再浸礼教徒的迫害活动，并从中寻找乐趣。我就是奴隶贸易者伟大的保护神，也是发起人，我也是萨姆勒女巫们的主人。"

"这么说来，如果我没有理解错的话，你所说的就是……"汤姆坚定地说，"你就是大家经常会提到的那个传说中的老魔鬼吧！"

"没错，正是在下。"这个黑男人一边回答，一边故意做出一副很有礼貌的样子，朝汤姆点点头。

按照人们流传下来的说法，这就是这一次神秘会谈的开始。但是这样的气氛似乎显得又过于平静了，所以人们很难相信这一切都是真的。人们觉得，在一个如此荒凉破败的地方遇到一个这样不同寻常的人物，不管什么人都会被吓破胆。可是汤姆却是一个坚定得超乎寻常的家伙，他可不是那么容易就会被吓到的。他和他那位悍妇老婆在一起生活了那么久，早就已经锻炼得连魔鬼都不会放在眼里了。

根据传说，在这个开端之后，汤姆就踏上了回家的路。他和那个黑色的魔鬼进行了一场看上去非常亲切的会谈。那个黑魔鬼告诉汤姆：在沼泽地不远的山坡上，种着几棵橡树，海盗基德曾经在那橡树下面埋了很多的珠宝。不过这些财富现在在他的控制之中，受到他的保护。所以除非能够获得魔鬼的许可，否则没有任何人可以拿到那些财富。不过，这个魔鬼现在对汤姆产生了一种特别的好感，所以他大方地提出要将财宝都送给汤姆。他要求汤姆答应自己一些条件，才能拿走这些财富。汤姆从来都没有公开地将魔鬼所提出的条件内容透露出来，但是人们轻易地就猜到了那些条件估计非常困难。像汤姆这么贪婪的人，都要向魔鬼提出考虑一段时间，足以说明那是一般人难以承受的条件，否则汤姆也不会在宝藏近在咫尺的时候还在犹豫。魔鬼将汤姆送到了沼泽地的边界，他停下了脚步，不打算继续陪汤姆往前走了。汤姆问他："你凭什么让我相信刚才你所说的一切是真的呢？"魔鬼将自己的一只手指放在汤姆的额头上按了一下，对他说："这就是我给你的标志。"说完，他就转身向着沼泽地里的草丛中走去。根据汤姆的回忆，这个魔鬼离开的方式非常奇特，他是一路向下走，随着脚步似乎一步一步走向地下。到最后，他只看到魔鬼露出头和肩膀在地面上，而他还是一直向下走着，直到整个身体都完全消失在沼泽深处。

汤姆回到家，发现自己的额头上有一个像被烙上去的黑色手指印记，想尽办法也没有将它去除。

汤姆的妻子告诉他的第一条新闻就是阿布萨罗姆·克朗宁·希尔德，就是那个非常有钱的海盗，突然死了。报纸上面用常见的讣闻发布了这条死讯，所使用的辞藻也一如既往的华丽："一个伟大的人，永远地坠入了以色列。"

汤姆忽然想起他的那个黑朋友砍倒的那棵树，那棵准备被烧掉的树难道就是这个人吗？他一边说"让那个海盗被烧死吧，谁也不会在意他的生死存亡"，一边在内心深处开始相信自己今天所看到的一切都不是幻觉。

汤姆原本是打算自己独享这个秘密的，根本没有想到要告诉自己的妻子。但是这样的秘密让人心里实在发慌，折磨得人无法安宁，所以他还是决定将自己的心事给妻子讲出来。于是，他将事情的原委都告诉了妻子，并且说了海盗基德埋藏财宝的橡树的位置。听到这个消息，汤姆妻子内心之中所有的贪婪似乎都觉醒了，她急忙催促丈夫答应黑色魔鬼的条件，因为这样就可以得到那笔钱让他们夫妻二人从此过上富足的生活。可是，就算是汤姆很愿意将自己出卖给魔鬼来达成这笔交易，他也不愿意让自己的妻子从中得到任何的好处。因此，妻子越是劝告，汤姆反而因为内心之中这种反抗精神而越是不愿意去。他拒绝了妻子的要求，以至于妻子和他进行了多次激烈的争吵。在这个问题上，妻子表现得越是希望汤姆去，汤姆就越是不想让她高兴，所以反而下定决心不去找魔鬼。

最后汤姆的妻子决定自己去和魔鬼做交易，然后独享那笔财富。她和她的丈夫一样有着无所畏惧的精神和勇气，于是在一个夏日的傍晚，她向着沼泽地里那个旧印第安堡垒出发了。她在那个鬼地方待了很久，等回来的时候，却闷闷不乐地不愿意回答汤姆的任何问题。不过她还是告诉汤姆，自己在黄昏的时候遇到了一个黑男人，他正在砍伐一棵树的树根。但是令她意外的是，黑男人似乎有点不高兴，不愿意和她进行任何形式的交易。所以，她打算带着礼物再去见他一次，请求获得这个黑男人的原谅。可是她没有告诉汤姆自己要带什么礼物。

第二天晚上，汤姆的妻子又朝着沼泽地出发了，她的围裙里装满了沉甸甸的礼物。汤姆在家里焦急地等待着，可是等了很久都没有见到她的踪迹。已经半夜了，她还是没有回来。到了第二天的清晨、中午、夜晚再次降临的时候，汤姆的妻子依旧不见踪影。这一次，汤姆开始为自己的妻子担心了，尤其是当他想到妻子带走了那么多银茶壶、银汤匙以及家里所有值钱的东西之后，就更加坐立不安。又是一个夜晚匆匆而过，又是一个清晨来到人间，但是汤姆还是没能见到自己的妻子。看来，她已经一去不复返了。

虽然后来有很多人猜测汤姆妻子最后的下落，但这都是自作聪明而已，没有一个人知道她最终遇到了什么事情，去了哪里。这也是很多历史学家眼中的巨大谜团之一。有的人说，她也许是在沼泽地那绕来绕去的迷宫里迷路了，所以不小心陷进了某个深坑或泥沼中再也没能爬上来。而有些无情的人更是推测说，她带着家里那么多的财物，肯定是自己一个人跑掉了。还有的人猜测她的脾气实在暴躁，所以可能在急着赶路的时候不辨东西，掉进了一片阴沉的泥塘。而后来确实有人在泥塘上发现过她的帽子。为了让这个说法更加真实可信，还有人说看见过一个身材高大的巨型黑人，肩上背着一把斧子，就在汤姆的妻子失踪的那天夜里从沼泽里走出来。他的手上提着一捆用方格子围裙包扎好的东西，脸上挂着胜利者的笑容。

然而，最近的也是最可信的消息说汤姆·沃克非常担心自己的妻子，也很担心自己家的财物，所以他在忍受了长时间的焦虑等待之后，终于出发向着那个印第安堡垒去寻找了。在那个夏天的下午，他在那个阴森恐怖的地方四处寻找着，却没有找到任何与他妻子有关的讯息。他不停地喊着妻子的名字，可是却没有任何人回应。当他从沼泽边飞奔而过的时候，只有沼泽中的水鸟和池塘中的牛蛙会发出声音来回应他。根据传说，当黄昏开始降临在这片沼泽地的时候，猫头鹰已经开始叫嚣，蝙蝠也开始四处飞来飞去，汤姆忽然注意到有一群吃腐肉的乌鸦在围着一棵柏树发出沸腾一般的喧闹声。他抬起头朝树顶望去，看到一个方格子围裙捆绑着的包裹挂在树枝上，一只秃鹫就停在它的边上，就好像是这个包裹的守护者一样。汤姆开心得简直要跳起来了，因为他认出那个围裙就是妻子的，他以为那里面一定装着被妻子带走的自己家的财物。

"让我拿到这些财物，"汤姆安慰自己说，"就算没有那个女人，我也可以生活下去。"

他顺着那棵树一直爬了上去，秃鹫发现了他，尖叫了一声便张开宽阔的翅膀朝着黑漆漆的森林滑翔而去。汤姆一把抓住那个围裙，急忙打开来看，却不禁被围裙里可怕又凄惨的景象吓了一大跳：里面除了一副心肝之外，居然什么都没有！

根据可靠的传说，这包袱里的东西就是汤姆的妻子所遗留下来的唯一遗产了。很有可能是因为她企图使用曾经对付汤姆的方式来对付黑男人，虽然在人们的认识之中一个悍妇和一个魔鬼是一样的，可她毕竟不是魔鬼的对手，从这个结果来看她得到了最坏的结局。不过，她肯定死得非常英勇，因为根据汤姆所说，在这棵树的周围深深地印着很多脚掌裂开的脚印。此外还有一把又一把的头发，看起来就好像是从那个伐木人又黑又粗的头发上拔下来的一样。根据汤姆和妻子相处的经验，他对于她的英勇也非常了解，当他看到这些迹象的时候便能够想到当时那场激烈的战斗。汤姆耸了耸肩，自言自语地说："哎呀，那个黑色的魔鬼肯定赢得很辛苦！"

虽然家里的财产损失了不少，但妻子的死却给了汤姆一丝安慰，这足以说明他是一个坚强的人。对那个黑色伐木人，他甚至有一点感激，因为他认为这是伐木人为他所做的一件好事。因此他希望可以和老魔鬼进一步熟悉起来，可是这个愿望在一段时间之内却没有达成。那个黑色老魔鬼表现得非常矜持，不管人们怎么看他，他都不是随叫随到的。他明白这场游戏的规则，只有在对牌局很有把握的时候才会出牌。

　　根据传说，经过了长久的拖延之后，汤姆焦急的心情已经达到顶点，只要能够获得魔鬼所许诺的那些财富，他已经可以答应任何的条件。有一天晚上，他遇到了那个黑男人。这一次他穿着平常的伐木工人一样的衣服，肩上扛着一把斧子，沿着沼泽地悠闲地散步，嘴里还哼着优美的歌声。当汤姆和他套近乎的时候，这个黑色男人表现得很冷漠，只是简单地回应了一两句，就又开始哼唱他的小曲儿了。

　　然而，汤姆还是逐渐地将谈话引入了正题，于是他们开始讨价还价，关于汤姆可以获得海盗财宝的条件两个人展开了一番讨论。大家一般都会想到，在魔鬼给人们好处的时候总会提出一个让人难以接受的条件，这好像也成为一种惯例了。但是在这个条件之外，他还提出了一些别的条件，虽然这并不是最重要的，可他居然丝毫不肯让步。黑男人坚持认为这笔钱是他发现而且送给汤姆的，所以汤姆理应为他做事。所以他强烈建议汤姆将这笔钱用于黑色交通。也就是说，他要求汤姆用这些钱来装备一艘运送黑奴的船。但是对于这个条件，汤姆却坚决地拒绝了。虽然他这个人已经基本上没有什么良心可言，但即便是魔鬼开出这么诱人的条件都无法让他成为一个万恶不赦的奴隶贩子。

　　魔鬼发现汤姆在这个问题上显得异乎寻常地坚定，所以他也就不再坚持，反而建议汤姆朝着高利贷者的方向去努力。在魔鬼眼中，高利贷者是他的特别臣民，所以他非常希望高利贷者的队伍可以增加更多的人。

　　对于这个建议，汤姆表示接受，因为这实在很符合他的胃口。

　　黑男人说："那么下个月你就去波士顿，在那里开办一个经纪所吧。"

　　汤姆·沃克说："如果你希望我这么做的话，我明天就可以出发。"

　　黑男人说："你借钱给别人的利息必须是每个月两厘。"

　　汤姆·沃克说："你放心好了，我绝对要每个月四厘。"

　　黑男人说："你还要勒索债券，取消抵押的赎回权，把商人们逼到破产才行！"

　　汤姆·沃克高喊着："我要把他们逼上绝路，让他们都见鬼去吧！"

　　黑男人高兴地说："那么，你就是用我的钱放高利贷的人了！你想什么时候拿到这笔钱呢？"

　　汤姆·沃克说："今晚！"

　　黑男人说："没问题！"

　　"成交！"汤姆·沃克与黑色魔鬼握了握手，表示这笔交易成功。

　　几天之后，汤姆·沃克的经纪所就出现在波士顿的一条大街上，他的名声也因此很快传了出去，人们都知道他的手上总是有钱，而且他又是一个非常热情、乐于助人的人。在大家的记忆里，贝尔舍总督执政时期钱非常紧缺，而那又是一个靠着金钱才能建立起信誉的时代。政府所发行的纸币在全国泛滥，著名的大陆银行建立了，一股投机的热潮也开始兴起。为了扩充新的殖民地，以及在荒野之中建立城市的计划，人们几乎都变得疯狂。房地产经纪人带着标着城区的地图四处游说，虽然大家都不知道这地图上的地方到底在哪儿，但每个人都愿意花钱将它买下来。总之，这个国家里爆发的投机高温，已经让很多人都感到惊恐。每个人都在梦想着可以白手起家然后牟取暴利。但和其他所有情况一样，当这高温退却，美梦也就和想象中的财富一起破灭了。但是经历了这一切的病人都留在悲惨的困境之中不可自拔，最终的结果就是整个国家都回荡着"艰难时代"的叫喊。

　　就在大家沉浸在痛苦中的时候，波士顿忽然出现了一个著名的高利贷者汤姆·沃克。他的公司很快就门庭若市，那些急需用钱的人，以及敢于冒险的人，还有孤注一掷的投机者，做着发财梦的房地产经纪人，以及挥霍无度的贸易家，丧失信用的商人……概括来说，那些不惜使用一切手段和牺牲来借钱的人，都疯了一样冲进汤姆·沃克的账房。

　　就这样，汤姆·沃克忽然变成了需要钱的人们的共同朋友，他所做的一切就好像一个真正的患难之交所为。但是同时，他也坚持获得高昂的利息和足够价值的抵押品。他所提出的条件有多苛刻，就可以看出借钱人的困难有多深。他的手中很快就积累了大批的债券和抵押品，他的顾客也逐渐被压榨得越来越干瘪。最后，当这些顾客都变得像海绵一样没有水分的时候，汤姆·沃克就会把他们从自己的门前赶走。

　　用这种方法，汤姆·沃克很快就成了一个有钱有势的人，他很快戴上了富贵者的桂冠。就像所有的暴发户一样，汤姆·沃克给自己盖了一所巨大的房子，但是因为他实在太过吝啬，所以房子的大部分都没有盖完，家里也没有舍得购置任何的家具。在虚荣心最为高涨的时候，他还给自己配了一辆马车，但是为他拉车的马几乎快要被饿死了。当那些没有上过油的车轮开始吱吱叫的时候，就好像听到曾经被汤姆·沃克压榨过的借债人的灵魂正在发出悲鸣。

随着时间的推移，汤姆·沃克越来越老了，他也开始学会了思考。他在这一世之中得到了不少的好东西，所以他开始为自己下一世是否还能继续拥有它们而担忧。想起自己和那个黑男人所做的交易，他开始有点后悔，为了摆脱那些曾经许诺的条件而想破了头。因为这个原因，汤姆·沃克忽然变成了一个虔诚的信徒，他高声而又勤奋地祈祷着，仿佛只要自己声音够大就可以进入天堂一样。但其实，当人们在周日听到他高声地祈祷时，就可以猜测出他最近又犯下了多少的罪行。那些一直谦卑地信仰着上帝的基督徒们被强烈的自责笼罩着，因为这个刚刚开始信仰上帝的人，居然表现得比所有基督徒都虔诚。汤姆在宗教方面的表现，几乎和他在金钱方面的表现一样一丝不苟。他对所有的邻居都进行严厉的监督和批评，他记录下邻居每一项罪过，并且将这些都认为是自己的功劳。他甚至曾经谈到过恢复对教友会教徒和再浸礼教徒的迫害的适宜性。总而言之，他在宗教方面所表现的狂野已经和他在财富方面的表现一样妇孺皆知了。

虽然汤姆非常重视践行那些宗教信仰的形式，但他的心里却一直充满着担忧，怕那个魔鬼会在某一天拿走他应得的东西。因此，人们传说汤姆为了防止魔鬼在他不防备的时候带走他，总是在外套的口袋里放一本小小的《圣经》。在他的账房桌子上，还摆放着一本很大的对开本《圣经》。那些来找他做生意的人也时常发现汤姆在读《圣经》。当他有事需要停下来的时候，便会拿出一副绿色的眼镜夹在书里作为标记，然后才转过身来与别人进行高利贷的交易。

汤姆老了之后，有人发现他变得有点精神错乱。他总是处于幻想之中，认为自己的末日已经快要来了，他会将自己的马重新钉好马蹄铁，并且将马鞍都架好，然后将它们仰天躺着埋起来。因为汤姆认为在世界末日的时候，整个世界会天地翻转，在那种情况下，他就可以看到一匹站得好好的马正在那里等他。他下定决心，即使自己真的要死了也要和那位黑色的老朋友赛跑一下。但是，这也许只是老太太们嚼舌头而已，假如汤姆·沃克真的采取了这样的措施来预防末日来临，那也是完全无用的，至少在权威的古老传说里是这么认为的。而在传说之中，汤姆·沃克的故事结尾是这样的：

在一个闷热的三伏天的下午，一场风暴伴随着黑色的大风朝着城市逼近。戴着白色亚麻布帽子的汤姆·沃克坐在他的账房里，他的身上穿着印度丝绸的晨袍，他正打算取消一个抵押的赎回权，做完这件事他就可以成功地毁掉一个不幸的地产投机商。虽然那个人和汤姆之间曾经互相表示过他们的友谊非同寻常，但是当那个可怜的投机商苦苦哀求，请汤姆再宽限他几个月的时候，却遭到了粗暴的拒绝，汤姆已经不愿意再多等一天了。

地产投机商说："我会家破人亡的，家人会被送到教区去的。"

汤姆回答说："慈善事业就是从家庭开始的，既然现在这么困难，我就首先要照顾好我自己。"

地产投机商说："你已经从我身上赚取了那么多钱了。"

汤姆最后的耐心和虔诚也已经没有了，他说："如果我赚了哪怕一分钱，都让魔鬼将我抓走！"

就在此时，门外忽然响起了三声敲门声。汤姆听到这响亮的声音，就走到门口去看是谁在敲门。他看到一个黑男人牵着一匹黑马，而那匹马还在暴躁地一边刨地一边发出嘶吼。

那个黑色的家伙粗鲁地大喊着："汤姆，你大限已到！"汤姆吓得向后一退，但是已经来不及了。他的小《圣经》被放在了外衣的口袋里，而他的大《圣经》则被桌上那些即将取消赎回权的文件给掩盖了起来。从来都没有一个犯罪的人是像汤姆一样在毫无防备的情况下被抓走的。汤姆就好像一个小小的婴儿一样，被黑男人举起来甩在马鞍上，接着给了那匹马一鞭子，黑马就驮着汤姆在暴风雨中远去了。账房里的职员们都将笔夹在自己的耳朵后面，躲在窗户后边看着汤姆渐行渐远。汤姆·沃克就这么离开了，他顺着大街飞驰而去。他白色的帽子还在上下跳跃着，他的晨袍也在风中飘摆着，驮着他的黑马每一次落下马蹄都会在地面敲击出闪亮的火花。职员们转过头，想看看那个黑男人，却发现他早已不知去向。

汤姆·沃克再也没有回来，那些抵押的赎回权也就再也没有被取消。根据一个住在沼泽边上的农民所见，当暴风雨越来越强烈的时候，他听到路上传来一阵响亮的马蹄声和一个人不断发出的惨叫。他急忙跑到窗户边上去看，只见一匹黑马驮着一个和汤姆一样装扮的人，发疯一样穿过了田野，飞跃了山丘，一直朝着那个印第安古堡飞奔而去，冲进了密布着黑色铁杉树的沼泽地。不久之后，一个闪电击中了那个方向，整片森林都发出了熊熊的火光。

波士顿的善良的人们摇摇头、耸耸肩，从最早定居在殖民地的人开始，他们就已经看惯了各类女巫、妖精和魔鬼的游戏，所以他们并不像人们想象之中那么惊慌。汤姆的财产被指定了受托人来进行管理，但是受托人却发现汤姆没有留下任何可以管理的遗产。人们打开汤姆的保险箱，却发现里面的债券和抵押都化为灰烬。曾经装满了金银的铁箱子里居然全都是碎屑和刨花。在他的马厩里，那两匹快要饿死的马也不见了，只剩下两副骨架。第二天，汤姆的大房子就遭遇了一场大火，化为灰烬。

这就是汤姆·沃克与他那些财富的结局，值得所有做金钱生意的家伙牢记。关于它的真实性，毋庸置疑。直到今天，汤姆·沃克在橡树下挖出基德的财宝时所留下来的洞还清晰可见。在有暴风雨的夜里，人们时常还会看到一个戴着白色帽子、穿着晨袍、骑在一匹黑色大马背上的人影，在沼泽和印第安古堡周围游荡。大家都相信那就是高利贷者受到折磨的灵魂，事实上这个故事已经被提炼成了一句格言，同时它也是在新英格兰地区非常盛行的一句话的来源——魔鬼和汤姆·沃克。

知识拓展

★ **华盛顿·欧文（1783—1859）**

华盛顿·欧文在刚出生的时候就被父母寄予了厚望，所以父母给他起了与美国第一任总统一样的名字，而他也果然不负众望，成为美国第一位赢得国际声誉的作家。

阅读思考

1.汤姆·沃克是怎样遇见魔鬼的？遇到魔鬼的时候他显示出害怕和恐慌了吗？

2.汤姆·沃克在最初的时候为什么没有同意和魔鬼做交易？

3.汤姆·沃克和魔鬼达成的协议是什么？

4.文中对汤姆·沃克的马和房子进行描述的作用是什么？

5.文中提到汤姆·沃克在后来对自己的罪行有所忏悔，他是真心的吗？为什么？

6.汤姆·沃克最终被魔鬼带走了，这样的惩罚对他来说是否是罪有应得？为什么？

7.文中汤姆·沃克的心里活动很丰富，请举例说明。

第4课
厄舍府的倒塌

埃德加·爱伦·坡

有一天晚上，那个疑难病患者突然告诉我玛德琳小姐已经去世了。接着，他又告诉我他想将玛德琳小姐的尸体藏在这个大厦无数个地下室的其中一间，（在她被最终下葬之前），他希望保存那个尸体两个星期。忽然，我不可遏制地想起了这本书里野蛮的仪式，它也许已经对这个患者产生了影响。但是，他对于自己这个异常的行为所作出的解释，又让我觉得不能与他进行过多的争论。这位大哥之所以想要这么做，是因为在他的意识里，那些病死的人都有不同寻常的特点，他也考虑了主治医生的催促，以及他们偏远家族墓地的荒芜。我不想否认，因为我想起自己刚到这座大厦的时候，在楼梯里碰到的那个凶神恶煞的家伙，我就一点儿都不想表示对他这个计划的反对，何况这个计划并不会损害任何人。

厄舍一再地请求，我只好答应帮助他营造那个临时的坟墓。尸体被装进棺材之后，我们两人一起将它运到了合适的地方。我们将棺材放在地下室里（那个地下室因为太久没有打开过，所以火把在沉闷的空气里也总是半明半暗。我们在里面几乎无法看清楚任何东西），只能感受到这是一个狭小又潮湿的空间，没有一扇可以透进光的窗户。它的位置正好是我的卧室的正下方。看上去这个地下室曾经在历史上被用做牢房，而在之后的岁月里，它又用来存放火药和其他易燃的东西。这可以通过地板判断出来，它和外面的长拱道一样，被人用铜细心地包裹了起来。连大门都受到了类似的保护，当铰链开始拉动的时候，沉重的大门就会发出让人难以忍受的刺耳声音。

这个沉重的棺材被我们搬进了这个可怕的地下室，我们又将还没钉严实的棺材盖打开了一条缝，看到里面的人苍白的脸。我第一次注意到这兄妹两个人长得非常像。厄舍似乎也看到了我的诧异，他嘟嘟嚷嚷地说了几句，我才知道这个死去的人是他的孪生妹妹。他们之间存在着令人难以置信的心灵感应。然而，我们也不能这么老盯着这个死人看，当我们看到她，心里就会不由自主感到一股寒意。这位小姐正值青春年华，但是却走进了坟墓，这一切都是因为让她全身僵硬的疾病。她的胸部和脸上，似乎有一抹充满了嘲弄的淡红色，就连她的嘴唇上也似乎有一丝可怕而诡异的笑。我们将棺材重新盖好，又把螺丝都拧紧，将大铁门严严实实地关起来。带着一身的疲惫，我们回到了几乎一样黑暗的大厦大厅里。

　　在被痛苦和悲伤折磨了一段时间之后，我的朋友开始表现出明显的神志不清的症状。他失去了往日的状态，好像把平时经常做的一些事情也遗忘了。从一个房间走到另一个房间，他的脚步总是急促而又散乱，漫无目的地走来走去。他原本就苍白的脸，现在似乎又染上了一层惨白的颜色。而他眼中那明亮的光芒，现在已经彻底熄灭了。他讲话的时候，偶尔会出现一声咕噜声，现在也没有了。他有了新的说话习惯，总是出现一些颤音，仿佛极度的恐惧正在困扰着他。有些时候，我真的感到他精神恍惚，因为一个巨大的秘密正在压迫着他的内心，他正在努力积累勇气，让自己将这个秘密公布出来。但是，有时候我又想将这一切的责任都归为他的脾气，他是多么疯狂又奇特，让人猜不透。我曾经看到他几个小时都不动，用空洞的眼神看着前方，他的表情极度专注，似乎听到了某些玄妙的声音。他的状况感染到了我，让我不由自主地感到恐惧，他的幻想正在以某种不确定的方式和节奏对我产生影响。

　　尤其是在我们把玛德琳小姐放到地下室之后的第七八天的晚上，当我想要上床睡觉时，我忽然完全体验到了那种感受。当时的我一点睡意都没有了，时间在一小时一小时地流逝，我试图用理智来驱赶控制着我的紧张情绪。我努力说服自己，让自己相信我所感觉到的只是房子里阴森家具所带来的影响。而那些黑漆漆的帷帐已经破烂不堪，它们在暴风雨中一边扭曲一边摇摆，发出一阵阵让人不安的沙沙声。可是，我的一切努力都是白费。身体仍然是不受控制地颤抖着，像潮水一般漫过我的全身，最后，一种惊恐好像梦魇一样降临在我心里。我深深地吸了一口气，努力挣扎了一下，从这种惊恐之中挣脱了出来。我缓缓坐起，想要透过这沉沉的黑暗看到房间的外面，我无意识地侧起耳朵去听那些夹杂在暴风雨中的低沉又缥缈的声音，它从远处缓缓地传来，但我却不能辨认它的具体方向。我不知道自己为什么要这么做，但就是控制不住，好像非要寻觅出一些什么来才行。我已经被完全笼罩在恐惧中，这是一种无法说出来可是却让人非常难受的压

抑。我立刻将衣服都穿了起来（因为我觉得自己已经不能在这样的夜晚还回到床上去睡觉）。我在房间里来回地踱步，希望可以通过这样的方式让自己从那种可怕的状态中解脱出来。

不一会儿，我就听到房间旁边的楼梯上传来了轻轻的脚步声。这声音引起了我的警觉，我听出来了，那是厄舍的脚步声。不一会儿，厄舍轻轻地敲了敲我的房门，他手上拿着一盏灯走了进来。我看到他的脸还是那么苍白，就像平时一样没有血色，但我却在他的眼睛中意外地发现了一种疯狂的喜悦，他的一举一动中，似乎都在压抑着一种疯狂。这个奇怪的神态让我感到害怕，但是这也比让我去忍受那么久的孤独要好。所以对厄舍的到来，我甚至是抱着欢迎的态度，也让我似乎感受到了一点点解脱。

"你看到它了吗？"他默默地向四周看了看，然后忽然又说："你真的没有看到吗？可是，你必须要留下来，请你留下来！"说完这些，他又小心翼翼地将那盏灯调暗。他快步地走到窗户前，一把将窗户推开，张开怀抱看着外面的暴风雨。

一阵狂风好像怒不可遏似的冲了进来，几乎要将我们两个人都掀倒在地。其实，那个夜晚虽然有肆虐的暴风雨，可是依旧非常美丽，在美丽的夜色所笼罩的恐怖之下，似乎还蕴藏着一种狂野的感觉。有一阵旋风似乎就在我们的周围积聚着力量，那风的方向不断发生着猛烈的扭转。阴云四垂，显得非常厚重（云层低低的好似要压倒大厦的角楼一样）。但是，我们看到那些云朵还在拼命地从四处猛冲过来，而不是朝着远方流动。即使云层那么厚重，可我们还是看到了这番景象——可是，我们却再也无法看到月亮和星星，也无法看到它们所闪耀的任何一丝光芒。在那些翻腾着的云层下面，以及围绕在我们身边的所有事物，都在闪耀着非自然的光芒。那光芒来自一层气体，它淡淡地发出光芒，清晰可见，它围绕在大厦的周围，并将整栋大厦都包裹起来。

"不要这样——你不能看这些！"我一边战栗，一边对厄舍发出请求。我想要将他从窗子边上引开，让他坐在椅子上休息一会儿。"这不过是普通的电学景象，虽然它们会让你感到迷惑，但它们有时候不过是从湖泊之中所产生的沼气而已。我们关起窗户吧，天气这么冷，你会生病的！你看，这里有一本你喜欢的冒险故事书，我来读给你听，让我们一起度过这个可恶的夜晚。"

我拿起那本《疯狂的旅程》，那是一本由伦瑟洛特·卡宁爵士写的古老的书。虽然我说这是厄舍最喜欢的书，可我更多的是出于伤心的玩笑，并不是真的这么以为。因为说实在的，在这本拙劣得毫无想象力而又非常啰唆的书里，并没有什么内容可以让我那骄傲的朋友理想主义的内心得到抚慰。可是，我的手边却只有这本书，而且我内心之中似乎有一种隐隐的希望，希望通过自己的朗读让那些非常愚蠢的故事显得有趣，可以让那疑难病症患者从他充满不安的兴奋之中解脱出来。将他那些因为精神混乱而产生的奇特行为制止。其实，如果我可以准确地发现我的朋友在听故事的时候所表现出的紧张和欢乐，我就会为自己作出这个选择而感到庆幸。

我开始朗读这个故事里最为著名的一段，主人公伊瑟瑞德发现已经没有办法用和平的方式进入到隐士的房子，他开始采用暴力破门而入。人们应该还记得那故事里的讲述：

"伊瑟瑞德的勇敢是天生就具备的，此外，他所饮用的酒也起到了一定的作用。他浑身都充满了力量，他已经不想再和隐士进行谈判，因为那个隐士不仅顽固，而且还用恶意的语气来拒绝他的请求。他感到雨滴落在自己的肩膀上，暴风雨可能就要来到了，他将手中的狼牙棒高高举起，用自己戴着铁手套的手迅速地将木门上的木板打破。接着，他又用力将门拉了下来，将它砸成了碎片。那木门干燥的木头在他的锤击下发出空洞的响声，这声音在森林里不断地回旋着。"

这段话读完了，可是我却吓了一大跳。我停了下来，因为我似乎听到了一阵隐约的声音从大厦里面传来——但是我立刻就认定这是幻觉。可是这种声音和伦瑟洛特·卡宁爵士在文章里所描述的砸碎木头的声音是那么相似，以至于我觉得它就是那声音所带来的回响。毫无疑问，这种巧合让我不得不去注意。窗户在发出嘎嘎的响声，暴风雨也开始变得越来越猛烈，这些声音都混杂在一起。我安慰自己，这些声音并没有什么值得我去注意或者让我受到打扰的，所以我又去朗读那故事：

"可是，当勇敢的伊瑟瑞德冲进门后，却惊讶地发现那里根本没有任何隐士留下的踪迹，这个邪恶的隐士让他感到愤怒，可他所看到的只是一条巨大的浑身长满鳞片的龙。这条龙盘踞在银质的地板上，它在守护着一座金子打造的宫殿。墙上还挂着一张闪闪发光的黄铜盾牌，上面写着两句话：

谁若到这里，已是征服者。

杀死巨龙者，赢得此盾牌。

"伊瑟瑞德将自己的狼牙棒高高举起，他向着巨龙的头顶砸去，那颗巨大的头瞬间就掉落在地上，微弱的呼吸也慢慢地趋于尾声。而那一刻，巨龙忽然发出了一声让人毛骨悚然的尖利叫声，那是闻所未闻的一种尖吼，伊瑟瑞德不得不用自己的双手捂住耳朵。"

读到这里，我又忽然停了下来。因为我感到一阵强烈的诧异，这一次我确信自己听到了一声低沉的尖叫或者吱吱嘎嘎的声音。虽然我依然无法说出它的来源，可是那声音听起来很远，悠长又刺耳，显得不容忽视——这声音和我想象中巨龙所发出的异乎寻常的叫声简直一模一样。

这个巧合太过于诡异，让我的心里开始感到烦扰，就像很多不同的感觉同时被牵起，而惊愕和恐惧却在这里面占据了上风。不过，我依旧让自己保持着神智的清醒，以免让我的同伴因为我的敏感而感到紧张。虽然在过去的几分钟里，我同伴的行为似乎也在发生一些奇怪的变化，可我还是无法判断他是否也听到了这奇怪的声音。他就坐在我的正前方，缓缓地将椅子转了过去，让他的脸对着房间的门。我只能从侧面看到他的脸，我看到他的嘴唇颤抖着，似乎在发出无声的自语。他将头低垂到胸前，可是我确定他并没有睡着，因为我从侧面看到他的眼睛睁得圆乎乎的。他的身体还在动，也表明他并没有睡着——他不断摇来摇去，轻轻地保持着这个单一的动作。我观察了一会儿他的表现，便开始重新朗读伦瑟洛特·卡宁爵士的故事，故事也开始继续：

"现在，战士已经从巨龙所发出的可怕的怒火之中逃脱，那附在黄铜盾牌上的魔法也被他打破，他将巨龙庞大的尸体从他要前进的路上挪开，勇敢地踏上了这座城堡之中银质的大路。他朝着那面挂在墙上的盾牌走去，还没走到跟前，那盾牌就掉在他脚下的银质地板上，发出一声巨大而又可怕的轰响。"

这个词语刚从我的嘴里蹦出来，我就听到了一声金属发出的巨响，它清脆而又空洞，响亮而又低沉，就好像在我朗读的时候，真的有一面黄铜盾牌落在银质的地板上。我已经完全地失去了自制能力，不由自主地从椅子上跳了起来。但是厄舍那单调而又规律的摇晃并没有受到丝毫的影响，他只是定定地看着前方，表情显得那么僵硬，就好像他是石刻的雕像。可是，当我将手放在他的肩膀上的时候，厄舍的身体忽然剧烈地抖动了一下，他的嘴唇发出微微的颤抖，呈现一个小小的微笑。他的嘴里开始发出低低的喃喃自语，语速很快但又含混不清，他就好像没有意识到我的存在一样。我弯下腰，让自己靠近他，才终于听到他所说的可怕的话：

"还没有听到？——是的，我听到了，我听到很久了，已经有很多分钟、很多小时、很多天了。——可是，我害怕——哦，可怜可怜我吧，我是一个这么可怜的人！——我害怕——我不敢说出来！我们将她活着关进了坟墓！我曾经说过，我的感觉很敏锐，现在我要告诉你：在那空洞的棺材里，当她第一次发出微弱的挪动时我就已经听到了。我听到了——很多很多天以前——可是，我害怕——我不敢说出来！现在——今晚——伊瑟瑞德——哈哈！隐士的门发出破裂声，巨龙发出垂死的叫声，盾牌发出巨响——这都是她的棺材裂开的声音，她身上的铁铰链在监狱里发出的摩擦声，她在地下室包铜的拱道里挣扎的声音。哦，我要逃到哪儿去？她很快就会出现在这里，她正在赶来谴责我的匆忙离去。难道我还没有听见她踩在楼梯上的脚步声吗？难道我还分辨不出她的心脏所发出的沉重又可怕的跳动声吗？疯子！"说到这里，厄舍忽然跳了起来，他尖叫着将每一个词语都喊了出来，就好像要将自己的灵魂喊出来一样——"疯子！我告诉你，她现在就站在那扇门外面！"

这个人的声音之中，似乎蕴涵着超人的力量，也仿佛带着一股魔咒。就在他指着那扇古老巨大的大门时，那沉重的乌木门忽然慢慢打开了。一阵大风从门缝里吹了进来，我以为是风将门吹开了。可是在打开的门外，我确实看到了厄舍家的玛德琳小姐那高高的朦胧身影。她的白色长袍沾满了血迹，瘦弱的身体上到处都是因为痛苦挣扎而带来的伤痕。她颤抖着站在门口，前后微微晃动着，随着一声低沉而又痛苦的叫喊，她重重地倒在了哥哥的身上。在她临死之前所发出的最后一声痛苦的叫喊之中，厄舍也倒在了地板上，他变成了一具尸体，死在了他曾经预料到的恐惧之中。

我惊恐地从房间冲了出来，冲出那座大厦。当我从那条古老的堤坝上跑过，暴风雨依然在疯狂的怒吼着，一道明亮的光突然照到了路上，我猛地转过身，想要寻找这道光亮的来源。因为在我的身后，只有那栋大厦以及它可怕的阴影。光芒来自于那轮正在下落的血红色的满月，它从一道裂缝之中强烈地照射出来。那裂缝一时之间还难以辨认，我曾经回忆过它是从"Z"字形的大厦房顶一直延伸到地基。就在我回头看这道裂缝的时候，它忽然开始变宽——里面还传来旋风所发出的狂躁声音——整个月亮便全部出现在我的眼前——那巨大的墙体猛地破

碎，倒在了地上。看着这一幕，我的大脑之中一阵晕眩——我听到了一阵阵的骚乱和叫喊声，仿佛有千万个浪潮正奔涌而来。然后，那"厄舍大厦"的碎片，就被我脚下那深沉而又阴暗的湖水默默地吞没了。

知识拓展

★ 埃德加·爱伦·坡（1809—1849）

当埃德加·爱伦·坡去世的时候，卢夫斯·格林瑞斯沃德撰写了一篇讣告，但其中却对这位古怪的作家穷尽挖苦之词。他声称爱伦·坡曾经被学校退学，而且他一生之中没有朋友，同时也是一个道德缺失的人，因为他曾经剽窃了别人的作品。这篇讣告引起了很多人的怀疑，人们甚至认为是爱伦·坡自己撰写了这份讣告，以便加深人们对自己的印象。而爱伦·坡的一生几乎和他的小说一样充满了黑暗和凄凉。

阅读思考

1.作者看到玛德琳尸体的时候，看到了怎样的情景？

2.故事的讲述者并没能帮助厄舍，反而被厄舍的状态所感染。分析一下这件事在故事中有什么重要作用？

3.读了这篇文章后，你认为作者的小说具有怎样的语言特色？

4.在这个故事中，给你印象最深的是什么？

第5课

一小时的故事

凯特·肖邦

众所周知，心脏问题正困扰着玛拉德太太，所以人们不得不尽量婉转地将其丈夫的死讯告诉她。她的姐姐约瑟芬吞吞吐吐、半遮半掩地暗示了这个消息。她丈夫的朋友理查德也在场，当那场铁路事故的消息传来时，他正在报馆，而那份死亡名单中的第一个名字就是布兰特利·玛拉德。紧随其后的电报证明了这条消息是真实可信的，于是，他在那些不够婉转地告诉她这个消息的朋友之前就急忙赶了过来。

玛拉德太太神情并不像别的女人那样麻木。听完消息之后，她就开始大哭，绝望地扑进她姐姐的怀中。当暴风雨般的悲痛慢慢消失，她便独自进到自己的房间，拒绝任何人打扰。

在窗户的对面，有一把宽大舒服的扶手椅，她疲惫不堪地坐在椅子上，那疲惫似乎占据了她全部的身体，也侵入到她的灵魂中。

屋外是一个开放的广场，树梢微微发出颤动，传来新春的气息。雨后的美妙气息也在空气里弥漫着，小贩在街道上走来走去，不断发出叫卖声。远处缥缈的歌声与无数麻雀在屋檐下的鸣叫混杂在一起。

她的窗户是朝西的，可以看到云聚集在一起，层层叠叠，蓝色的天空斑驳地从云朵后面露出来。

她将头朝后仰去，枕在椅垫上，保持静止。除了喉咙里不时发出的抽泣让她全身摇动一下之外，她就像是一个哭泣着睡着的孩子，在梦里发出断断续续的抽泣。

她还很年轻，面容姣好，表情克制之中蕴藏着一种力量。但是现在，她的眼神呆滞，目光只落在远处的蓝天上，这不是在沉思，而仅仅是思维的停滞。

有一种感觉正在聚拢，她在恐惧之中等待着。她不知道那是什么，因为那感觉太微妙、太缥缈，无法用语言说明。但是她知道它正在空气中蔓延，透过声音、气味和颜色不断朝她靠近。

她的胸膛开始纷乱地起伏，她意识到这正是要靠近她控制她的东西。她想要用自己的意志击退它，便开始了自己的反击。可是这样的反击却像她那双纤细的双手一样软弱无力。

最终，她放弃了反抗，从她微微张开的嘴唇里发出一阵低语，她一遍一遍地重复着："自由！自由！自由！"那空洞的目光和恐惧的眼神开始消散，现在她的眼神变得明亮又敏锐。脉搏似乎也加速跳动了，流动的血液让她全身得到了放松，也获得了温暖。

此刻所拥有的，是否便是巨大的喜悦？这个问题她来不及去想，她只感到一阵温暖、轻快，让她根本无暇顾及其他。

当她丈夫那双和善又温柔的手变得僵硬，永远带着爱意看着她的脸变得没有表情，她知道自己还是忍不住悲伤的哭泣。可是在悲伤之余，她看到即将到来的是绝对属于她自己的未来，她要伸开双臂，欢迎它们的到来。

在未来的日子里，没有人会为她而活，她会为自己而活。她的意愿不再会被别人强大的意愿压倒，虽然人们总是自以为是地相信自己有权利将自己的意愿加之于别的平等生命之上。这觉醒的时刻非常短暂，而那种曾经强加于人的做法，不管是善意还是恶意，此刻在她看来都无异于是犯罪。

虽然有的时候她并不爱他，甚至大部分时间她都不爱，可是她也曾经爱过他。可是这又有什么关系呢，她忽然感觉到表达出自己的自信才是生命最有力的推动，在这样的自信面前，就算爱情是一个未解的谜团，也不算什么了。

"我要自由，身体和灵魂的自由！"她在不断低语。

在紧闭的房门外，约瑟芬跪在地上，透过钥匙孔求她开门。"路易丝，开门吧！我求你了，快开门！你这样会生病的，看在上帝的份上，快开门吧路易丝！"

"你走吧，我不会让自己生病的。"她怎么会生病呢，在那扇敞开的窗户前，她正在畅饮着生命的长生不老药呢。

她幻想着在即将到来的日子里要怎么样纵情狂欢，春夏秋冬，各种属于她的日子。她低声向上帝祈祷，希望让自己的生命变得更长。可是就在昨天，当她想到生命还很漫长就感到不寒而栗。

在姐姐的一再请求下，她终于站起身来打开房门。她的眼中满是兴奋的胜利神情，她丝毫都没有意识到自己像是一个胜利女神。她紧紧揽住姐姐的腰，快步走下楼去，理查德还在楼下等着她们呢。

有人用弹簧锁钥匙打开大门，布兰特利·玛拉德风尘仆仆地出现了，他的手中还提着衣袋和雨伞。原来他离那场事故很远，根本就不知道发生了什么。他诧异地站在那里，听到约瑟芬发出尖叫，看见理查德飞速地跑过来，企图挡住他不让他的妻子看到。

但是，理查德的动作还是慢了。

医生赶来了，他们说她死于心脏病——那快乐可以置人于死地。

知识拓展

★ 凯特·肖邦（1851—1904）

虽然出生在一个保守的贵族家庭里，但这却无碍凯特·肖邦成为一名当时最有影响力和争议的作家之一。在她的短篇小说、小品和长篇小说中，凯特·肖邦不仅抓住了路易斯安那州的区域特色，而且大胆探索妇女在社会之中的位置和作用。

阅读思考

1. 玛拉德太太在刚听到丈夫去世的消息时，表现出了怎样的反应？

2. 对于婚姻中的哪些方面，玛拉德太太感到厌恶？

3. 窗外景色的变化对玛拉德太太的思想变化有什么影响？

4. 在文章的结尾，玛拉德太太发生了什么事？其原因是什么？

第6课

四 月 沐 浴

伊迪丝·沃顿

"盖伊的心,在穆里尔坟墓上的紫罗兰下长眠了。"

这个结尾真美妙,西奥多拉看到姑娘们读到最后的章节时都哭了起来,而她的感伤还没有她们的一半。她将笔搁在一旁,反复朗读那些句子,让自己的声音在故事的结尾逗留,然后又深呼了一口气,她在那一页的页脚写下她想要在文学界大放光彩的名字——格拉迪斯·格林。

楼下传来图书馆大钟的两声钟鸣,那沉重的敲击声好像在警告似的敲在她卧室门上。已经两点了!她答应过妈妈要早点起来,好将约翰尼的双排扣大衣的纽扣钉好,然后让凯特吃了鱼肝油之后去上学。

恋恋不舍而又轻柔地将小说稿收起来,那是足足有五百页的草稿。她用茉莉亚姑姑给她的蓝色缎带将书稿系起来。那条缎带她本来是想在周日佩戴的,她可以配上那件新的带圆点的平纹细布衣服,但是现在它又有了一个更有价值的用处。用缎带绑上书稿之后,她又在末端系了一个美丽的蝴蝶结。假如她不是将自己所有的空闲时间都给了文学,西奥多拉本应该很会系蝴蝶结的,她还可以将帽子装饰得很美。之后,她又看了一眼那珍贵的手稿,将其打包封起来,写上了地址。第二天一大早,她就要将书稿寄去《家庭世界》,她知道这份杂志有很多畅销作家在供稿,要想在那上面发表文章很难。可是詹姆斯叔叔上次从波士顿来,说了一些话使她得到了鼓励,所以她决定冒险尝试一番。

当时,詹姆斯叔叔正在对他的哥哥达西医生描述他在布鲁克林的豪宅。詹姆斯叔叔很有钱,他不断住进有现代设计的新房子。对于卫生设施,他总是充满热情,好像他在跟着卫生管道的设置移居。

"光是一个浴室就值得花这么多钱了,"他眉飞色舞地说,"租金真的很贵，但是，一个男人不需要给孩子们存钱的话……"说着，他同情地瞟了一眼达西医生家杂乱的餐桌，"住在有一级排水设施的地方，就很重要了。我就是这么对邻居说的，对了，你们猜猜她是谁？"他微笑着朝向西奥多拉，"年轻的女孩子应该很了解她，她就是凯瑟琳·基德。"

凯瑟琳·基德！那是一个著名的社会小说家，她创作出的最令人喜爱的女主角比她之后所有人创作的加起来还要多。《时尚与激情》、《美国公爵夫人》、《罗娜的反抗》都是她的作品，从缅因州到加利福尼亚州，哪一个有知识的女孩在听到她的名字时不会心跳加速呢？

"哦，是的！"詹姆斯叔叔说，"凯瑟琳·基德就住在我的隔壁，她的真名叫做弗朗西斯·G.沃洛浦，她是一个牙医的妻子。这个女人很和气，也喜欢与人来往，你根本不会想到她是一个作家。你知道她开始写小说的故事吗？她全部都告诉我了。她原本是一个杂货店的售货员，工资只能让自己勉强维持生计，还要养活妈妈和得了肺病的妹妹。之后，有一天，她开始写故事了，觉得很好玩，然后寄到了《家庭世界》。当然，她名不见经传，她没有想到会收到他们的来信，可是她确实收到了。那个故事被采用了，他们还要她多写一点。她成了一个固定的投稿人，最后终于闻名全国。她说现在靠着写书，她每年可以赚一万左右，比你和我夸耀的还要多，是不是，约翰？好了，我希望这个家中没有人为她捐过钱。"他用尖利的眼光瞥了西奥多拉一眼，"我并不希望年轻人看那种垃圾，因为它们太多愁善感，这就好像下水道里的煤气似的，闻起来并不是很恶心，但是在无意中，它却污染了整个系统。"

西奥多拉努力屏住呼吸地听着，凯瑟琳·基德的第一个故事就幸运地被《家庭世界》录用了，而且他们还希望她多写一些。为什么格拉迪斯·格林没有那么幸运呢？西奥多拉已经阅读了很多小说，远比她的父母知道的要多，而且她觉得自己的作品质量也非常好。她几乎可以肯定《四月沐浴》是一本非同一般的书，如果有人认为它缺少凯瑟琳·基德那种欢快的笔触，那是因为它具有那个优秀作家从未达到过的强烈情感。西奥多拉并不是想逗乐她的读者，她就是那么做的，一个女孩子对自己的第一部小说总是有一种了不起的感觉。西奥多拉今年十七岁，她有点同情乔治·艾略特，因为他直到四十岁才开始出名。

不，《四月沐浴》将会取得不可怀疑的成就！一部稍微差一点的作品，难道不是会更有成功的机会吗？西奥多拉回忆着很多著名作家的早期作品，出版社和编辑对那些有着卓越天赋的作者，似乎心怀敌意，这一点众所周知。这本书被降低到普通读者的水平，将她倾注了所有想象力的伟大思想留给之后的作品，这样是否更明智一些呢？这种想法是一种亵渎！她不会修改自己建立的神圣的结构，也不会采取不符合艺术的权宜之计，更不会修改自己的作品来适应大众的品位。伟大的作家从不屈尊，他们不会作出这样的让步，西奥多拉坚决地拒绝媚俗，她将自己归入伟大作家的队伍。那个手稿就该这样寄出，照着它原来的样子。

在一阵惊讶和沉重的恐惧中，她醒过来。《四月沐浴》被拒绝了！不，那不可能！珍贵的手稿还未寄出，怎么会这样呢？啊，楼下充满恶兆的声音传来——九点钟的钟声被敲响了！约翰尼的纽扣！

沮丧地从床上跳下来，她原本坚定地不想让妈妈因为约翰尼的纽扣而失望。达西夫人有慢性风湿病，需要照顾，所以不得不将照顾家人的职责交给大女儿。西奥多拉真心想将约翰尼的纽扣补好，再让凯特和贝莎干净地去上学。可是结果却很不幸，为了这部伟大的小说，她无法为生活中的琐碎细节耗费时间和精力。所以，西奥多拉总是发现她的好心与现实相比来得太晚了。

不过，当她想到自己在文学上的成功可以弥补这些小疏忽所带来的愧疚时，她内心的懊悔减轻了。她会将自己所有的钱都给家人，她似乎已经梦想到给妈妈买一辆轮椅，为医生寒酸的办公室贴上新的墙纸，给女孩们买自行车，让约翰尼上一所住宿学校，那里的课程包括钉纽扣。如果她的父母知道她的苦心，就不会这么埋怨了，而就在今天早晨，达西医生也不会用略带讽刺的态度看着她说："我想，你是早晨才从舞会上回来的吧？"

西奥多拉觉得自己是正确的，她用尊严来对待这种言语攻击，而这种尊严在小说里会让无情的家长感到敬畏。

"父亲，我感觉非常抱歉，我起晚了。"她说。

可是达西医生却没有像书中的父亲一样，他不耐烦地耸耸肩："你的感情让你可以获得表扬，但不能让你妈妈的早餐变热。"

"妈妈的餐盘还没有送上去吗？"

"我想知道，应该是谁送上去呢？女孩子那么晚起床，还没吃完饭就被我催去学校了。约翰尼的手脏得厉害，我不得不让他回到房间弄干净。医生的孩子们反而是诺顿最脏的小野人，这可真够丢脸的。"

都没有来得及碰自己的早餐，西奥多拉就匆忙装好了妈妈的早餐盘。当她进到楼上的房间时，她看到达西夫人慈祥的笑容，这远比父亲的责备更让她难受。

"妈妈，对不起……"

"没关系，亲爱的。是约翰尼的纽扣耽误了你吧，我想不到男孩子们是怎么穿衣服的。"

放下餐盘，西奥多拉什么也没说，她无法透露自己忘记的原因而只承认忘记了约翰尼的纽扣。这种误解她还要再承受几个星期，之后——如果她的小说被发表，她会兴奋地忘记一切，原谅所有人！可是，如果小说被拒绝呢？她把脸转向一边，隐藏着自己的沮丧。那么她也会承认这个事实——她会请求父母的宽恕，毫无怨言地安心成为一个整天缝补的没有名字的生命。

她曾告诉自己：稿子寄出去，就会有时间照顾孩子们，做一些缝补的活。但她没有考虑邮递员，他一天来三次，每一次的铃响都让她兴奋得忘记一切，只想着他会不会带来回信。在他走后的一小时里，她又变得呆滞麻木，在失望中踱步。从未这样烦闷过，孩子们似乎像旧家具一样要变成碎片了，在大人的眼中他们就像是用劣质胶水黏合起来的一样。达西夫人很担心，担心约翰尼穿着破衣服，担心贝莎在学校成绩糟，担心凯特不愿意吃鱼肝油而生病。达西医生出诊要到很晚才回家，看到一个没有火、油灯冒烟的办公室，他怒火中烧地问西奥多拉能不能发一下善心，将壁炉上的油灯拿走。

在这个时候，苏菲·布里尔小姐来了，她的到来实在太好了。这是诺顿最忙碌的女人，热衷于调解别人的事情，镇上的每一栋房子都在她的监控之中。一般情况下，当局面难以收拾的时候，她就会出现。人们看到她的软帽，比看到铃铛上皱纹布的蝴蝶结还让人感到恐惧。在她离开之后，达西夫人看上去更糟糕了，达西先生也惩罚了约翰尼，因为他在门廊上用颤音唱着："苏菲·布里尔小姐是一个苦药丸。"

西奥多拉将自己锁在房间里，流着泪，下定决心再也不写小说了。

那个星期是一个漫长的噩梦，西奥多拉吃不下睡不着，她每天都早起，但是却不是为了照顾孩子们，也不是为了准备早饭，而是顺着那条路去迎接邮递员。当她回来的时候，面色苍白双手空空，完全忘记了自己早晨的工作。她不知道这个悬念还要多久才能揭晓，她不明白作者等消息的时间超过一星期的时候要怎么活下去。

突然有一天下午，她不知道到底发生了什么事，但是一个来自《家庭世界》

的信封却出现在她手上。她眼花缭乱，看着一堆乱舞的字符，似乎那些字都不能静止下来以便让人看懂。

"亲爱的女士：我们已经收到了您的作品《四月沐浴》，很高兴可以按照条件采用这个作品。按照原来的计划，有一位作者生病被耽误了，所以您的作品第一章会出现在我们夏季的一期上。感谢您寄送稿件支持，我们会与您保持联系。"

西奥多拉醒悟过来的时候，发现自己在学校的树林里，她跪在地上，将枯树叶拨到一旁，然后将自己的嘴唇按在那小小的绿色东西上，它们正在努力穿过地面腐朽的土壤。这就是春天——春天！万物复苏的春天，她心中有成百上千个希望，像这个萌芽一样变成绿叶了。她想知道那小小的绿色嫩芽是否会刺痛土地，就像她狂跳的喜悦让她的胸膛感到炙热疼痛一样——是的，那是真实的疼痛。穿过交错的树枝，她仰望着柔和的蓝天，天空之中充满了即将到来的牛奶色的月色。她似乎被一种慈爱的理解气氛包围了，褐色的土地随着她的喜悦而跳动，树枝随着她的喜悦而颤抖。一颗星星从树枝之间跳出，好像发出一声呼喊："我知道！"

西奥多拉的表现非常好，她的妈妈哭了，爸爸吹着口哨，说自己现在要忍受咖啡里的碎咖啡豆了，如果可以吃上一顿热饭就要感恩了。这个时候，孩子们充分利用的自然规律也停止了，发出震耳欲聋的欢呼声。

一个星期后，诺顿的每个人都知道西奥多拉写了一部小说，在《家庭世界》上刊载了。周日，当她在过道上走时，她的朋友们都放下祈祷书，女高音激动得唱走了调。比西奥多拉有钱的女孩子们都想拥有她那样的帽子，模仿她说话的方式。当地的报纸请她写诗，她以前的老师停下来与她握手，害羞地祝贺她。苏菲·布里尔小姐也来拜访了，她带着周日的软帽，态度也自卑了。她胆怯地问这个年轻的朋友怎么写作，是不是它们"来到了她的心中"，她觉得她使用的钢笔也有一定的影响。最后，她绕着圈子请西奥多拉在她的粘贴册里写一下感想。

詹姆斯叔叔从波士顿来到这里时，也在谈论这个奇迹。他说西奥多拉是一个"狡猾的丫头"。他提出建议，让西奥多拉将赚来的钱交给他去投资，那是一家可以获得专利的制造油脂分离器的公司。根据凯瑟琳·基德的说法，他觉得西奥多拉的故事可能会赚一千美元。最后，他还希望她下一部浪漫小说的主题是卫生系统，女主人公应该差点儿被下水道的煤气毒死，隔壁英俊年轻的医生警告她的父母，可是他们没有听他的。这个主题会引起很多人的关注，比大多女人写的多愁善感要有好处多了。

最后，那伟大的一天终于来了。西奥多拉在卖书的人那里订阅了一份《家庭世界》夏季期刊，书店还没有开门的时候，她就在人行道上等了。她紧握着那份宝贵的杂志，没打开就跑回家去。她几乎无法承受自己的兴奋，以至于都没有注意到爸爸叫她去吃早餐。她冲上楼，将自己反锁在房间，颤抖的手几乎不能翻页，最后——直到最后她才看到：《四月沐浴》。

忽然，杂志从她手上滑落，因为她看到标题下面写的名字，难道是她太兴奋所以看错了吗？

"四月沐浴，凯瑟琳·基德。"

凯瑟琳·基德！哦，这个错误太残酷了！一定是粗心的印刷工人！带着愤怒和失望的泪水，西奥多拉又看了一遍，确认自己没看错。果然是那可恨的名字。她向下浏览，她发现自己读到的内容是从未见过的。再读下去，她发现全都是陌生的。她突然明白过来：这不是她的小说！

不知道自己是怎么到的火车站，她只是穿过站台的人群，有一个绑着金色臂箍的人将她推上开往诺顿的火车。到家的时候天已经黑了，但这不重要了——什么都不重要了。她坐在椅子上沉思，闭起眼睛回忆最后几小时的情景。但是时间流逝，她反复体验着那会儿的一切，就像一个倔犟的小学生在重复读着同一篇讨厌的文章。

虽然不熟悉波士顿，但她还是轻易找到了《家庭世界》的大楼。至少她可以找到这里，因为她不记得之前的任何事，只记得自己像做梦一样就走上了编辑部的楼梯。她一定走得很快，因为她心脏在狂跳，几乎没有足够的呼吸将那个编辑的名字告诉一个年轻人。那个人就像个动物的标本一样从玻璃格子里看着她。在这个人的带领下，她又经过了其他类似装标本的玻璃格子，到了一个似乎非常巨大的空间里。西奥多拉觉得自己被包围了，被这里的空间淹没了，她在大浪中沉浮着，喘息着努力想要呼吸一点儿空气。

慢慢地，她听到了一些语言的碎片。"《四月沐浴》？基德夫人的最新连载？你说是你的作品？你有我寄给你的信？你叫什么？很显然……这是一个误会，请等一下。"一个铃声响起来，他命令一个年轻人打开保险箱，又问了她的名字，取出了稿子。那是她宝贵的稿子，还系着茉莉亚姑姑的缎带。稿子被放在她面前的桌子上，她的大叫和抗议以及疑问都被冷漠的道歉淹没了："这是个事故……基德夫人的稿件是同一天收到的……题目非常巧合……复印件的回复寄错了地址……达西小姐的小说很难适应我们的要求……应该还给她……很遗憾……总是会有失误发生的……她肯定会理解的。"

那个声音还在持续着，就像是一个医生的手在神经上施加压力。当它停止的时候，她已经出现在街上，差点儿被一辆出租车撞倒。汽车发出刺耳的声音从她身边经过，她紧握自己的手稿，穿过人群，就好像是一个受伤害的孩子。她受不了它被弄得脏兮兮的，不忍看到茱莉亚姑姑的缎带上布满墨水点。

火车猛摇了一下，她睁开眼睛。天已经黑了，月台上煤气灯在摇晃，她看到诺顿的乘客开始下车。她只好站起来，僵硬地跟随着他们。夏日树林里的芳香随着微风吹过她的脸，她想起两个月之前她曾经将吻印在绿色的嫩芽上。而此时，她第一次想家了。那天早晨一个招呼都没打她就跑了，妈妈会担心，她的心也在下沉。还有爸爸——他一定很生气！想到即将到来的嘲笑的风暴，她低下了头。

那个夜晚，天色阴沉，经过火车站的暗影时，一只手慢慢握住她的手。她站在那里不敢动，只感到累，并不感到害怕。然后一个轻柔的声音说："慢点儿走，孩子，你看上去很累。"

"爸爸！"她的手从父亲的手中垂下来，可他又抓住它，将它拉进自己的臂弯。当她终于找回自己的声音，她轻声地问："刚才，你在火车站？"

"今晚天气很不错，我想我可以溜达过来接你。"

她的胳膊在他的臂弯里颤抖，昏暗中看不到他的脸，但他香烟的火光就像一双友好的眼睛在俯视着她。她鼓起勇气说："那你已经知道……"

"你去波士顿的事儿？哦，我想到你去了那里。"

他们慢慢地走着，他又补充道："你看，你那本《家庭世界》留在你房间里了。"

她感谢这黑暗，感谢没有星光的天空，因为她连最小的星星对她的观察都无法承受。

"那么，妈妈是不是很担心？"

"哪儿有？她很好，整天都在忙着收拾贝莎的衣服。"

西奥多拉哽咽着："爸爸，我一定会……"她词穷了，"我会改变的，我不是想这样……"忽然她听到自己说出来了："那是一个错误。你知道吗，关于我的小说，他们不想用，他们也不会要它。"在他的笑容即将结束的时候，她下意识地开始退缩。

她感受到来自他胳膊的压力，可是他却一言不发。她猜那是无言的欢乐，他们依旧静静地走了一会儿，他说："开始的时候，会有一些疼痛吧？"

"哦，爸爸！"

他站在那里不动，只有香烟的火光映射出一张脸，看上去与她的感受相同的脸。

"你知道吗，我也经历过这些。"

"你，爸爸？你？"

"是的，我没有告诉过你吗？我曾经写过一部小说，那时刚刚大学毕业，我不想做医生。不，我希望成为一个天才，所以写了那部小说。"

医生停下来，西奥多拉用一种无声的同情抓紧他的手臂，就像是一只快要淹死的生物正穿过巨浪抓住一只可以挽救自己的手。

"爸爸，哦……爸爸！"

"我整整辛苦了一年，我写完之后，大家都不能接受它。不管我怎么努力，也无法获得肯定，这就是我为什么会来接你回家，因为我想起自己曾经走过的那一段回家的路。"

知识拓展

★ **伊迪丝·沃顿（1862—1937）**

在伊迪丝·沃顿的世界里，有色彩明艳的旧时代纽约，也有伦敦和巴黎的上流社会，还有法国的里维埃拉——这些地方在19世纪晚期到20世纪30年代都是她的写作背景。在伊迪丝·沃顿发表的五十余本著作和非凡的文学事业中，这些地方都发挥了非常重要的作用。

阅读思考

1.读完这篇文章，你觉得惊讶吗？为什么？

2.西奥多拉在家里的工作是做什么？

3.当西奥多拉看到杂志上并不是自己的名字时，她有什么举动？

4.在故事发展的过程中西奥多拉有什么样的变化？

5.西奥多拉的小说被录用了，周围人对她的态度有什么样的改变？

6.这个故事的最高潮是什么情节？

7.这个故事的结尾完整吗？

第7课

种 玉 米

舍伍德·安德森

我们的小镇上，时常有一些农民来做生意，他们是这小镇的一部分。每到众人期盼的星期六，他们就会出现，而且他们的孩子也时常到镇上的中学读书。

哈奇·哈正森也是这样的一个农民，他住在距离镇子三英里远的一个小农场里，可我们镇的人都公认那是一块被照料和耕种得最好的土地之一。哈奇的身材瘦小，他是一个关节弯曲的老人，他的农场就在斯科拉奇碎石路边，从那里再朝前望去，还有很多土地照料得不如他好。

哈奇的农场比其他人的都引人注目，那里的小木屋总是被油漆刷得整齐无比，他的果园里所有的树干都被从中间刷成了白色，谷仓和车库也都修葺得崭新。总之，他的田地总是那么干净。

虽然已经差不多七十岁了，哈奇做农民的时间却并不太久。这个农场曾经属于他的父亲，他是一个内战士兵，受了重伤之后才回家。虽然在战后哈奇的父亲还活了很久，却并不能做很多农活。作为他唯一的儿子，哈奇只好留在家里照料这个地方，一直到他父亲去世。一直到他接近五十岁的时候，他娶了一个四十岁的小学老师，他们有了一个儿子。这个小学老师和哈奇一样瘦小，婚后他们一起坚守这块土地。他们似乎非常适合这样的农场生活，就好像有些人非常适合穿起某件衣服似的。我发现婚姻成功的人都会长得越来越像，在长相方面难以分辨。

他们有一个叫做威尔·哈正森的儿子，虽然个头不高但很强壮。在我们镇上的中学读书的时候，他是镇棒球队的投球手。他总是非常快乐，而且反应迅速，我们所有的人都喜欢这个男孩。

深得众人喜欢的一个原因，就是他从小就热衷于画漫画，并且非常有天赋。他画猪、牛、鱼。那些动物就好像你所熟悉的人一样，在那之前，我从未发现人

和动物之间可以那么相似。

从我们镇上的中学毕业之后，威尔去了芝加哥，他的妈妈有一个表兄在那里，他进入到那里的一所艺术学院做学生。我们镇上还有一个年轻人也去了芝加哥，他比威尔早去了两年，他叫做哈尔·卫曼，是芝加哥大学的学生。在毕业之后，哈尔回到了家乡，成为我们中学的校长。

哈尔和威尔·哈正森以前并不是好友，哈尔比威尔大几岁，可是到了芝加哥之后他们就走到了一起。哈尔告诉我，他们曾经一起去看戏，一起长时间地聊天。

从哈尔那里我还听说，威尔还像小时候在家乡的样子，在芝加哥受到了很多人的喜爱。他模样俊俏，在艺术学校受到女孩子们追捧；他个性直率，年轻的小伙子们也都非常喜欢他。

哈尔说，威尔几乎每天晚上都要去参加聚会，他那些有趣的漫画也很快就被卖出去了。这些画被用在广告中，为他带来了一笔不错的收入。

威尔开始寄钱回家了。自从哈尔回到这个小镇之后，他会时常去哈正森家里看望威尔的父母，他时常在下午还有夏日的夜晚走路或者开车去那里，他们坐在一起聊天，总是谈起威尔。

哈尔看到这对父母对自己的儿子这么信任，经常谈论他，梦想着他的未来，实在让人非常感动。他们和镇上的人来往不多，就算邻居也多半不来往。从清晨到深夜，他们一直都在劳作。哈尔说，那个瘦小的妻子做好晚饭之后，他们还要回到地里去继续干活儿。

就像你所知道的一样，老哈奇已经快七十岁了，他的妻子也快六十了。哈尔说不管什么时候到他们的农场，他们都会停下手中的活儿，跟他坐在一起聊天。有时候他们正在一块地里干活，看到哈尔从路上走过来，就会跑过去找他。他们可以从哈尔手中收到威尔的信，每个星期他都会写信给父母。

瘦小的老母亲跟在父亲的身后跑过来，哈奇总是喊着："我们又收到了一封信，卫曼先生。"然后他的妻子就会气喘吁吁地重复说："卫曼先生，我们收到一封信。"

他们会立刻取出信，让哈尔朗读给他们听。哈尔说这些信都非常有趣，威尔还会在信里点缀一些素描。有时候是他认识的人的漫画，有时候是芝加哥密歇根大道上的车流，有时候是十字路口的警察，还有急匆匆穿梭在办公楼里的年轻速记员们。两位老人都从未去过那个城市，他们又好奇又急切。他们就像是两个孩子一样，希望哈尔为他们解释画的内容。他们想知道哈尔所描述的在那个城市里生活的每个点滴。哈尔总是鼓励老夫妻去那个城市看看，这会引起两个人长时间的争论。

哈奇说："我们当然不能去看。"

"我们怎么去呢？"他说，他从小就生活在农场，当他还是一个年轻小伙子的时候，因为他生病的父亲，他不得不照料一切。这个农场，如果得到了正确的照料，会让人非常激动。你不得不一直和杂草作斗争，还要照顾农场的动物。哈奇说："我们的奶牛，谁来挤奶呢？"一想到除了自己和妻子之外，还有其他人要摸到自家的奶牛，他就觉得像受到了伤害一样。只要自己还活着，他不希望任何人耕种他的地，种他的玉米，照管他的谷仓和周围的任何东西。哈尔说，他对他的农场就是抱有这样的情感，而他对这种感情非常了解。

在一个春天的深夜，哈尔来到我家，告诉我那个消息。在镇上的火车站，我们有一个夜间电报收发员。哈尔接到了一封电报，这本是发给哈奇·哈正森的，但电报员将它给了哈尔。原来，威尔·哈正森在一起事故中丧生了。据我们后来得知，他是在和几个年轻人聚会的时候喝了很多酒，后来导致他的车被毁了，威尔也死了。电报员希望哈尔可以将这个消息带给哈奇和他的妻子，而哈尔希望我可以陪同他一起去。

我提出开车去，但哈尔却拒绝了。他说："我们走过去吧。"我明白他是想推迟这个时刻，所以我们就走路过去。那时还是早春时节，我依稀记得走过安静的小路的每个时刻。树上刚刚长出一些小叶子，我们跨过小溪流，月光似乎让那溪水有了生命。我们徘徊着，不敢说话，也不愿意向前。

等我们终于到了那里，我站在路边，哈尔走向那栋农舍。我听到一阵狗的叫声从远处传来，听到有一所房子里传来孩子的哭声。我想哈尔在那所房子的前门肯定又站了有十分钟，他不愿意敲门。

但是他终于敲门了，拳头敲击门板的声音听起来是那么恐怖，就像枪声一样。老哈奇来开门了，我听到哈尔在和他说话。我知道接下来要发生什么，来的路上哈尔一直在试图找出一些温和的话，可以将这个消息委婉地告诉老夫妻。但是到了这个时刻，他又做不到了。他脱口而出，将整个事件向哈奇和盘托出。

就是这样了，老哈奇一句话都没有说，他在月光下站在敞开的门口，穿着白

色的可笑的长睡袍。哈尔说完之后，他嘭地一声关起门，让哈尔独自站在门外。

又站了好一会儿，哈尔才回到我身边，他说："说完了。"我说："说完了。"我们就这样在路边站着，仔细听着，可是那栋房子里却没有传出任何声音。

我们安静地站着，一边听，一边注视，手足无措。十分钟又过去了，也许是半个小时，我们根本无法离开。"我想他们可能在努力地搞清楚，这样他们才能够相信发生了什么。"哈尔轻声地说。我知道他的意思，两个老人肯定要往活着的方面想自己的儿子威尔，而不是死亡。

我们站在那里继续倾听凝望，很长时间过去了，哈尔碰了一下我的胳膊，说："看！"我看到两个穿着白衣服的身影向着房子的谷仓走去。那一天老哈奇一直在犁地，他将谷仓旁边的地都犁好了。两个身影走进谷仓，又很快退出来，他们来到地里。我和哈尔悄悄穿过场院走到谷仓，找到了一个我们可以观察而又不会被发现的角度。

那是一件非常让人难以置信的事，两个老人从谷仓搬出一台手持玉米种植机，妻子的手里拿着一袋玉米种子。在朦胧的月光下，在这深夜里，在获知那个可怕消息之后，他们开始种玉米。

这件事情的惊人程度就好像是一个灵异故事，他们穿着睡袍，在田地里播下一粒粒的种子，来到距离我们很近的地方。站在谷仓阴影里的我们望着他们，看到他们播到每一行的尽头时都跪在篱笆旁边，就那么安静地跪一会儿。整个过程都是在寂静中进行，那是我有生之年第一次理解了什么，我不知道自己是否还能记录下当天夜里的感受——我的意思是某些人和土地之间联系的事情。这两个老人寂静的哭泣，一直深入到地下，伴着悲伤将玉米种下，就仿佛他们将死亡埋葬，让生命可以再一次生长出来——正是如此。

他们肯定也在询问土地，但是那又有什么用呢？他们痛失儿子和在田地里的生活感悟，是你无法用语言来表述的。哈尔和我站在那里看了很长很长时间，最后我们悄悄地离开了，回到了镇上。不过，我们觉得哈奇·哈正森和他的妻子在那个夜晚得到了他们寻求的东西，因为哈尔在第二天告诉我，当他早晨又去看望他们的时候，这对老夫妻出奇地平静。哈尔安排将他们死去的儿子运回家乡，但是他并没有表现出任何的既定情绪。哈尔觉得他们似乎已经明白了什么，"他们依然拥有他们的农场，也依然有威尔的信可以读。"哈尔说。

知识拓展

★ 舍伍德·安德森（1876—1941）

在现代作家中，舍伍德·安德森绝对是最有影响力的作家之一。他出生于俄亥俄州一个小镇，童年时代的经历让他创作出了代表作《俄亥俄州温斯堡》，这部作品发表于1919年，是一部浑然一体的短篇小说集。在这部作品里，安德森描写了一幅小镇悠闲的生活场景，这幅图景和他之前的大部分作品中所描绘的场景均不相同，他捕捉到了隐藏在人物平淡生活下的隔绝感，也利用日常生活来表现人物的真实气质。这种创作手法影响了二十世纪的很多作家，包括欧内斯特·海明威。

告别了小镇的悠闲生活之后，安德森来到了芝加哥，在这里，他发展了自己的写作事业。安德森在芝加哥结识了卡尔·森德伯格、西欧多·德来瑟、埃德加·李·玛斯特斯等很多著名作家。当他看到玛斯特斯的《匙河集》获得成功时，也开始转而描写美国乡村的生活。

关注现代生活困扰的同时，安德森将当代心理学思想融入自己作品，他也是最早这么做的美国作家。受奥地利心理学家西格蒙得·弗洛伊德思想的启发，安德森创造了一种被称做"奇异风格"的人物，这种人物的特点便是对一个真理、价值观或假想抱有单一的关注。

由于《俄亥俄州温斯堡》所取得的成功，安德森赢得了声誉，此后他又出版了几部书，包括1916年出版的《温迪·麦克福森的儿子》，1921年出版的《鸡蛋的胜利》和1933年出版的《林中之死》。

阅读思考

1.在哈尔来拜访哈正森夫妇之前，他们通常都是在做什么？

2.为什么人们要让哈尔去将这个噩耗告诉哈正森夫妇？

3.为什么哈正森夫妇在田地里花那么多时间劳作？

4.你认为哈尔将威尔的死讯直接告诉哈正森夫妇合适吗？为什么？

5.如果你是故事中的哈正森先生或他的妻子，威尔忽然死去的噩耗你会怎么面对？

6.将这个故事和你所阅读过的其他关于悲伤的故事进行比较，看他们之间有什么不同。

7.如果你是《种玉米》中的哈尔·卫曼，请你撰写一篇即将在威尔葬礼上发表的讲话。在发言中，你需要赞美威尔的家庭以及他的梦想。

第10部分
走进大自然

AMERICAN
LITERATURE

第1课
暴 风 雨

华盛顿·欧文

在旅行的第二天他们到达了海兰德。这天下午，天气异常闷热，随着波涛汹涌的海浪，他们在崇山峻岭中穿梭着。在太阳火热的烘烤下，周围的一切都变得异常安静。木板的敲击声，船桨撞击甲板的声音，在大山中形成了一阵阵回声，其中还夹杂着海浪的撞击声。每当船长大声呼喊着下达一项命令，都好像有无数个人在重复着他的话，从山谷中一次次传出。

道尔夫向四周放眼观望，独自欣赏着大自然的美好，并细细咀嚼其中的滋味。在他的左边，是被阴郁的树木遮盖的悬崖矗立在顿德堡之上，它们一层比一层高，树木将它们层层围起，一直深入云霄。在他的右边，安东尼岬屹立在那里，其上空掠过一只雄鹰的身影。在远方，山脉连绵不断，起伏不止。

突然，道尔夫看到西山顶上的一片白云，正在空中向他观望。白云层层叠叠，好像是一层层互相托着，将最顶层的云朵压进了湛蓝的天空中。群山后的海浪声不时传来。一阵海浪击过，将刚刚平静的湖面推开了层层波纹，映衬在其中的高山和白云也开始变得弯弯曲曲。听到海浪击打岩石的声音，鱼鹰在海面上直冲向岸边的树枝。乌鸦们开始横冲直闯，直到都躲进了岩石的缝隙中。大自然的一切似乎都已料到，随后就是一场暴风雨。

再看山顶的云朵，此时已聚集在一起，虽然它们如今仍然是雪白的一片，但是其他地方却已是乌黑了。豆大的雨点噼里啪啦一袭而下，清新的风儿卷起了朵朵浪花。不一会儿，那些层层叠叠的云朵压向了山顶，好像突然间被其击中，大雨开始倾盆而至。一道道闪电不时劈开云层，似乎岩石也被震得颤动起来，树木也开始不住地摇摆。轰隆隆的雷声一阵阵袭来，回荡在群山之中。它们最先到达顿德堡，通过山间的小路又来到了海兰德，在它们经过的每个山谷中都留下了阵阵回声，老布尔山也在暴风雨中不断呼号。

　　曾有那么一会儿，暴风、雾团和大雨将周围的一切全都遮挡了。陷入了一片恐惧的黑暗之中，闪电更是让人心惊胆战。道尔夫还从未见过这样的暴风雨，它们就像把高山撕裂了似的，并且还汇聚了自然界的一切武器与之作战。

知识拓展

★ 华盛顿·欧文（1783—1859）

　　华盛顿·欧文是19世纪美国最著名的作家，其作品在美国文学史上占有重要的地位。他出生在纽约，受到普通学校的教育。1807年，他和哥哥创办了杂志《杂录》，从此开启了他的写作生涯，并且在文章中突显了他幽默、诙谐和讽刺的才干。1809年，他发表了人生中第一部最重要的作品《纽约外史》。1819年又发表过大量的随笔、散文和故事，他将其集合成一部《见闻札记》，这本书在欧洲和美国文学史上引起了很大反响，并为他在美国文学史上的地位奠定了基础。他之后又出版了与此风格类似的《布雷斯布里奇田庄》，可是影响力远远不如《见闻札记》。1826年，他去西班牙搜集关于哥伦布的资料，由此引起了他对西班牙历史的兴趣，随后他陆续创作了《哥伦布传》《攻克格拉纳达》《阿尔罕伯拉》，但是在《阿尔罕伯拉》之后，他的创作热情便逐渐消退了。他为世人留下了大量的文学作品，被尊称为"美国文学之父"。

　　本篇选自其作品《布雷斯布里奇大厅》，其中我们可以感受到他的写作风格——语言朴实、意境优美、表达准确。

第2课

浪　花

　　浪花向深沉的大海妈妈问道："我们这是要去哪儿呀？"

　　"亲爱的，我们要去金黄色的海滩，那里有你要做的事情。"

　　"可是我想玩，"一个小浪花说道，"我想看看我们谁跳得最高。"

　　"不，过来，过来，"一个负责任的浪花说道，"妈妈是对的，我们要去做我们该做的事。"

　　"哦，我不敢去，"另一个浪花说道，"看看海滩上那些巨大的黑石头，我不敢到那去，它们会把我撕碎的。"

　　"拉住我的手，妹妹，"那个负责任的浪花说道，"让我们一起走，你要知道做这个工作是多么光荣。"

　　"我们还能回到妈妈身边吗？"

　　"当然，只要我们工作完成之后就会回来。"

　　它们一起出发了，即使最想玩的那个小浪花也感受到了它们工作的乐趣。就连那个最胆小的浪花也没有畏畏缩缩，而是奋力地朝沙滩冲过去。

　　它们高兴地跳跃着，享受着其中的乐趣，一个接一个地跳向了沙滩。

　　这是它们第一次来到这美丽的城堡。扑通，扑通，它们向前冲着，并大声喊道："这真是太好玩了！"

　　"妈妈让我带了一些海藻，我们要为它们找一个家。"一个浪花冲出好远，将海藻放进了鹅卵石之间的浅水中，鹅卵石高兴地喊道："欢迎你们，我正想洗澡呢。"

　　其中一个小浪花说："妈妈让我带来了一些贝壳，我要将它们放在哪里呢？"

　　其中一个稍微年长的浪花说："将它们排列在沙滩上吧，可别将它们摔烂了。"

　　小浪花开始做自己的事情，将贝壳一个一个放到了沙滩上，小心翼翼，没有一点损坏。

这时，一个身材高大的浪花说："我的工作是什么呢？这就像玩一样，小个子总能轻松取胜。可是妈妈却说这是我的工作。"它向岸边那块巨大的岩石冲去。

穿过岩石，它来到了一个小池子中，它听到池中的鱼儿说："海水来了。谢谢你，大海，在暴风雨来临的时候你总会给我们送来巨大的浪花。可爱的浪花，我们也很感谢你，我们在这里非常好。"

这时，浪花回到了岸边，它们已经很累了，所以开始慢慢退了回去。

"我运送的贝壳都好好的。"一个说。

"我将海藻都留在了上面。"另一个说。

"我把那些鹅卵石都洗得干干净净。"第三个说。

"我——我穿过了岩石，来到一个小池子中。可是我什么也没有做，妈妈，那里不需要做任何事情。"那个曾想做一些大事的浪花说道。

"请安静！"大海说道。这时，从岸边传来一个小男孩的声音："哦，妈妈，海水已经来过了。你看，沙滩又干净又漂亮，现在小池子中的水都清澈无比了。"

这时大海说："听！"远远的，它们听到了海风呜咽的声音，暴风雨越来越近了。

她说："回来吧！孩子们，你们已经完成你们要做的事了，接下来就交给暴风雨去做吧！"

阅读思考

1. 为什么有些小浪花不敢冲向海滩？

2. 浪花都为海滩做了什么事？

3. 浪花们都完成任务了吗？

第3课
一 座 冰 山

露易斯·L.诺贝尔

　　虽然我们只过了一群冰山中的一个，但是已经感受到了其中的乐趣。它酷似一只在倒立的圆锥上卧倒的北极熊，这个圆锥看上去像一个变形的贝壳，被海水缓缓地冲击着。穿过碧绿充足的海水，我们可以窥视到其底部，层层叠叠地矗立在那里。

　　这只体形巨大的北极熊高度足足有十英尺，不停地受着海浪的击打。一个浪头先击中了它的屁股，随后经过它的尾巴和双腿，之后退了回去。随后，一个比先前更大的浪又一次击打过来，打在了它的背部，就像要把它掀倒。然而，北极熊仍然毫无动摇，只是表面比以前更加光洁了。

　　布鲁因想从正面仔细端详一下这个胆大的攻击者，可是刚转过头去，一个更大的浪猛扑过来，展开了新一轮的进攻。它差点被一个巨大的浪花击中。海浪具有很大的冲击力，像一团团水雾落在了北极熊的皮肤上，被冲刷过的北极熊似乎更加精神了。当浪下落之后，荡起了一层层的白沫，这时海浪已经匆忙地朝家中跑去。

　　海浪一刻未停。从四处飞奔而来，共同冲向了它们的敌人——北极熊，它们像事先早有约定，总是一齐下手。震耳欲聋之声伴着飞溅的泡沫，猛烈地冲击过去，好像不把北极熊击碎誓不罢休。然而我们都想错了！海浪虽然在那一刻汹涌而至，但是对布鲁因却没有造成任何伤害。当碧绿的海浪过后，海浪的呜咽、浪花和旋涡也都回归了平静，这种美堪比精美的雕像。大自然不仅将那带有线条美感的石雕呈现给我们，还为它们涂上了五彩的颜色。这可不是素描，而是五彩斑斓的美丽。在世间的珍宝和辽阔的天空中，它恰当地使用了灰色、绿色和天蓝色。

我们极力向巨大的冰山靠去。原来我们刚刚看到的情景在这里同样发生着，这真是太令人兴奋了。海浪撞击冰山的轰隆声，水雾的下落，被扬起的海水酷似瀑布一般，呈现出优美的景象，泡沫随着海浪起起伏伏。如果可以的话，你不妨展开自己的想象力，真切地感受一下：巨大的冰山，在咯吱作响，以其庞大的气势扑面而来。

　　一条条长长的水线回归到碧绿的海中，洁白的峭壁和光滑如新的雕塑也同样沉了下去。别的峭壁和雕塑接着浮了上来，波浪迂回在海水中熠熠生辉，一些不知名的东西也都一拥而出——峭壁、凹壁或凸块。它们愈来愈高，深沟里存着泡沫形成的细流。冰峰、冰脊、冰尖之类的东西遥遥对望。当它们不再翻滚之时，吱吱的声音再一次响起。冰山翻滚的声音像爆炸了一般，并飞出无数的碎片。这种场面异常壮观，人们只能用高声呼号来表达他们的感情，因为这是无法用语言表达得出的。

阅读思考

1. 冰山一般存在于什么地方？
2. 作者在文章中都用了哪些描述方法？
3. 你去过海边吗？当你见到海浪的时候有怎样的感受？试进行描写。

第4课

树 叶 之 语

　　有那么一两次，人们会听到小树叶在唉声叹气，就像微风拂过树叶时的声音。

　　小树枝问道："小树叶，你到底怎么了？"

　　小树叶说："唉！刚刚风儿说，在将来的某一天，它要将我从这棵树上揪下来，扔在地上，让我慢慢死去。"

　　小树枝把这番话向大树枝诉说了一遍，大树枝又讲给了树干。树干听完，有些害怕了，又把这些话传给了心惊胆战的小树叶。

　　树干说："孩子，别害怕。现在紧紧地抓住我，等你作好了准备再离开。"

　　于是，小树叶不再唉声叹气，随后唱起了欢乐的歌。整整一个夏天，它都在努力向上成长，一直到了深秋。秋天的脚步近了，小树叶看到一番神奇的景象：周围的树叶有的变成黄色，有的变成深绿色，并且还露出了各种颜色的条纹。小树叶有些疑惑不解，于是问树干，这是怎么回事。

　　树干说道："它们都已经作好了飞走的准备，因为高兴才为自己换上了五彩装束。"

　　小树叶听完这番话，也想和它们一起飞走。就在这时，它的身体也变得更加漂亮。它在兴高采烈中观望树枝，却发现树枝竟然没有换上漂亮的衣服。小树叶问道："小树枝，为什么你还没有变成漂亮的颜色，仍然是那种灰灰的颜色呢？"

　　大树干笑笑说："我们还没有到换装的时候，因为接下来我们还要继续我们的工作，而你们的任务已经完成了，所以你们才有了漂亮的衣服。"

　　这时，一阵秋日的凉风缓缓吹来，还没等小树叶多加思考就被风儿卷下了树枝。它被风儿托着身体，在天空中飘浮着。随后又开始慢慢地向下落，最后来到一片枯黄的草地上，成为众多落叶中的一员。之后它再没有醒来，更不会告诉我们它梦到了什么。

阅读思考

1. 小树叶为什么总是唉声叹气?

2. 当秋天到来的时候,树叶们都有了怎样的变化?

3. 树干为什么没有"换上新装"?

第5课
种子的运输与种植

亨利·戴维·梭罗

在每一颗松树种子的上面，都长着一层像昆虫翅翼的薄膜，它们会慢慢将种子包围起来，然而却不会连接上。种子就在其中生长发育。换句话说，一个美丽的编织袋将种子编织在里面，上面还有着为风提供的把手。接下来，就要将它们交给风了。风会把它们带到各地，然后把种子播撒的范围扩大。这就像一袋种子被专利局寄往全国各地。

由此，我们认为松树是自己长出来的推理就被推翻了。虽然很多人并不知道松树种子的这种传播方式，但是我应该猜想得到，很多人和我一样想到过松树是由种子发育而来的。在欧洲，很多松树都是由种子生长而成的，如今我们这里也出现了这种情况。

如果你将一片橡树林砍掉，并不意味着一片松林会马上出现。这需要旁边有已经结果或者将要结果的松树，并且这些松树还必须在风的作用范围之内。在松林的附近，只要土壤适合，并且将其他树木全都去掉，这片松林就会不断扩大。

每当我在山核桃林中行走，时常会听到山核桃落地的声音，即使8月亦是如此，那些都是被树上的红松鼠咬下来的。秋天，在城镇中的橡树林中及其附近，我们总会发现一些三四英寸长的粗树枝，上面有六七个空橡壳。这些树枝都是被松鼠咬下来的，这样就能减轻重量，以便移走。如果你此时去摇晃栗子林，就会传来松鸡的尖叫和松鼠的责骂，它们此时站到了同一战线上，但是它们却永远都不会达成协议。

当我走过树林的时候，经常看到一只红色或灰色的松鼠扔下一个绿色的板栗。我有时会认为，它们是冲我扔来的。可是，此时它们是那么忙，因为这正是栗子成熟的季节，你只要在树林中稍微待一会就会听见这样的声音。

在10月的中旬，一个晨练的人对我说，前天，他在河边的草地中发现了一颗绿色的板栗，那片草地至少50标尺开外才有树林，离栗树林就更加遥远了，他不知道栗子怎么会掉到那里。后来，在初冬的一天，他去栗树林中散步，却无意中在树叶之下发现了一堆栗子，足有三四十个，这原来是老鼠的杰作。

尤其是在冬天，大地覆盖上厚厚的积雪之后，我们就可以更清楚地看到坚果的运输和转移过程了。在每一片树林的雪地上我们几乎都能看到红松鼠和灰松鼠打出了洞穴，有的甚至达两英尺之深。它们总是能够确切地找到松果的位置，然后开始向下挖去，这种事情我们都无法做到。即使没有积雪的覆盖，我们仍然不容易找到地上的松果。毋庸置疑，这些坚果是松鼠们在秋天的时候就已经藏好的。但是，它们到底是凭借自己的记忆，还是灵敏的嗅觉找到那些坚果的，我们就无法猜测了。

冬天，红松鼠常常在灌木丛的泥土中居住，上面常常是落叶林中的一小片常青藤。如果在离森林很远的坚果树上仍有果实存在，那么你就可以清楚地看到松鼠踩下的印迹。我们完全不用顾虑橡树在树林中的位置会对种子的传播产生影响，只要中间有二三十标尺的距离就可以了。

我敢大胆地猜测出，那些在成熟之前就已经落地的白色松果都是松鼠的杰作，它们虽然都还没有张开，但是里面已经充满了松子。我甚至可以说每一个油松果的掉落都是松鼠的作为。还没等松果成熟，松鼠早提前下手了。所以松果收获不多的原因也正因为此，几乎所有的松果在未成熟之前就已经过了松鼠之口。

松鼠选择在松果成熟之前将它们啃下来，也许是因为阻止松果裂开之后松子从里边掉出来。这可是它们穿过厚厚的雪层苦苦寻找的东西。在那个季节，也就只有埋在地下的东西还保留着松子。我曾对一对松鼠啃食过的松果外壳进行计数，它们一共是239个，这是它们前一年的冬天为自己准备的。

这样的条件很适合土层表面或浅表的果仁生根发芽。我当初还怀疑那些落在泥土表面的种子为什么那么容易生根发芽，然而当12月底我看到同年生的栗子被埋在厚厚的腐朽落叶之下时顿时明白了，这正为种子的生根发芽提供了合适的水分和养分。在丰收的年景，很多松果都会被埋在地下一英寸的地方，所以松鼠也就无从袭击了。

在一个收成不错的冬季过后，我在第二年的1月10日，用耙子在地上搜索，结果看到了很多松子。

虽然那时市场上销售的松子大都发霉变质，然而我从这些叶子下寻找的松子却是完好的。大雪已经几次覆盖在它们身上，大自然知道让它们保鲜的最佳方法。这些松子籽粒饱满，水分充足。显然，它们上面虽然覆盖了厚厚的叶子，但是并未受热，当春天到来的时候，它们就开始生根发芽了。

当秋季你在树林中漫步，偶尔会听到酷似有人折树枝的声音，当抬头望去，你却会发现是一只啄木鸟在吃橡树的果实，或者看到一群槲鸟在齐力合作着捕捉一个果实，随后我们就会听到橡果落地的声音。然后它们会继续飞到一个合适的树枝上，用爪子踩住橡果使劲碾，那声音就像啄木鸟在轻轻地啄着树干。它们还会不住地观望附近，以防敌人的侵袭。不一会儿，果壳就被它们啄开了，然后开始慢慢地吞食其中的果肉，并不时扬起脖子帮助食物下咽。虽然被槲鸟抓在脚下，但是它们常常还没有吃完就掉了下去。

威廉·巴顿在写给威尔森的信中这样说道："在传播种子和同样带有硬壳的蔬菜种子方面，槲鸟是最好的运送者。它们会带着果实穿过田野、树林，飞进自己的巢，然后将果实储藏起来。这样就会有大量的种子被丢弃在地上，它们也就完成了自己的另一个使命。再经过一个湿润的冬季和温暖的春季，那些种子就会在地下生根发芽，这不得不令人感到惊讶。就仅仅这些鸟儿，在几年之间就会将一片荒野变成绿树成荫的土地。"我对此大加赞同。

我还见到过松鼠将果实的种子留在了旷野之中，这也让我进一步了解了橡树种子为什么会出现在草坪中了。也正因为此，那些长出来的新树都是由一粒种子发育而来的。当我在这些新长出来的树苗附近仔细寻找的时候，总会看到那些果实的空壳。

知识拓展

★ 亨利·戴维·梭罗（1817—1862）

亨利·戴维·梭罗是美国作家、自然学家，他出生在马萨诸塞州的康科德城，1837年毕业于哈佛大学。他对英语和古典文学艺术甚为精通，对东方文学也颇有研究。他一生崇尚大自然，热爱大自然，与自然有着不可分割的联系。这从其代表作《瓦尔登湖》中可以看出。

阅读思考

1. 本文都讲了哪些种子的传播方式?

2. 为什么松果还没有完全成熟，就被松鼠偷走了?

3. 自然界的植物总是用很奇特的方法传播自己的种子，你知道它们都利用什么方法吗? 举例说明。

第11部分
人与动物

AMERICAN
LITERATURE

人 与 动 物

简·泰勒

　　人与动物的主要区别就是看其是具有本性还是理性，为了更好地说明这个问题，我们有必要举出一些例子来加以区分。

　　首先，我们将人类和动物放在几乎相同的发展程度上来看，假使人类还处在原始时期，他们那时就像野兽一样，凭着自己的本性做着各种动作和举止。到此，人与动物之间的第一个区别就出现了，即使用工具。当那时的人们把搭建的草棚作为自己的居所时，他们的行为和兔子、蜜蜂或者鸟儿建巢几乎没有区别。

　　但是如果没有工具的辅助，人类完成这样的事几乎是不可能的。他们若想利用一棵树的木材，就必须将其砍倒，这就需要他们有一把斧头。而动物建造自己的巢穴或洞穴时利用的仅仅是自然的工具。同理，没有斧头或工具，人类同样完不成耕作、种植或收获，而这也是动物们无须考虑的事情。

　　人类几乎在所有的事情上都会出现错误，而动物则从来不会，这就是人与动物的第二个区别。一只小鸟正在树枝上低声呜咽，因为它们不知道建造了一半的巢穴接下来该如何继续，类似这样的事你听说过吗？一群马蜂建造了一个奇丑无比的蜂窝，这你听说过吗？一群小动物像人类一样在一起商讨大事，这样的现象你见过吗？

　　从医学方面来说，动物的医术更加高明。如果同族生病了，很多动物都会寻来草药为其治病或疗伤，即使它们从不以这种草药为食，然而却十分对症。但是，人类为此也许会花上几百年的时间去实践。

　　人类做任何事之前，总是很难确定，要经过长时间的试验后才会将其做好。如果没有先前的试验，就连小小的家庭关系都难以处理好。当人类从实践中取得了教训而使自己不再犯错时，就已经临近生命的尽头。

第三个区别是：动物不会向前发展，而人类科技、知识和技能则一路向前。动物会根据上天赐予的本能去做一切事情，并且它们做得常常无可挑剔，近似完美。

然而上帝却赐给人类思考的大脑和创造的双手，这就可以帮助人类弥补先天的缺失和后天的错误，并不断前进。鸟类的巢穴简直无可挑剔，19世纪鸟类的巢简直和诺亚方舟椽上的巢一模一样。当我们观察原始人的房屋和古罗马的寺院宫殿，就会发现人类犯下了怎样的错误，并怎样进行改正的。

当太阳掩饰了金色的光芒，
沉入永恒的黑暗；
当热烈的火焰在天空中升起，
当人类肆虐地大笑，自然就要毁灭，
人类将独自生存于世界的残骸中，
即使星球坠落，人类也将永存。

阅读思考

1. 人和动物的主要区别是什么？

2. 作者在文中论述了几种区分人与动物的方法？

3. 上天总是给动物一些奇特的本领，而我们人类却没有，那么我们的优势是什么？

第2课
鸟类的朋友

　　我曾认识这样一位老人，他热爱大自然中的一切鸟儿，且被鸟儿们所爱戴。他没有妻子儿女，独自一人居住在大森林中，那里长着各种各样的树木。

　　他的胡须已经成了银白色，蓝蓝的眼睛中透出和蔼的目光，他的声音被鸟儿们所钟爱，这也是他与鸟儿交往的纽带。

　　他手拿耙子在树林中耕作时，鸟儿们就会来到他身边，捡起老人从泥土中翻出的蚯蚓。最初，他们并不敢太靠近老人，可是后来它们发现老人心地善良，从来不伤害它们，所以才慢慢与老人接近，老人也同样喜欢鸟儿们围绕在他身边。

　　从老人友善的目光和慈祥的声音中鸟儿们感受到了他的和善，所以慢慢地，它们就对老人不再有戒备之心，而是接受了老人的爱。

　　它们会在耙子的附近等待，或者干脆跳到耙子上看着虫子出现。每次老人友善地望着那些鸟儿的时候，它们也同样看着老人，就像在对老人说："你是个善良的人，不会伤害我们的，所以我们都不会害怕你。"

　　没过多长时间，老人就和树林中的鸟儿们成了知心的朋友，它们时时盼望着老人的到来。只要老人一出现，鸟儿们就会从树枝上飞下来迎接他，并唧唧喳喳地叫个不停。

　　当老人不工作的时候，就会带上一些面包渣，将它们撒在地上，这时鸟儿们会飞到老人的头上或脚上，争相去啄那些面包渣。

　　老人同样感受得到鸟儿对他的友好。有时老人会把面包的一半含在嘴里，另一半露在外面，鸟儿则会飞过来，啄下一点儿面包飞走。

　　如果早晨老人睡迟了，鸟儿们就会落在他的床头，唧唧喳喳地将他唤醒。

　　每次老人去教堂的时候，鸟儿也会紧紧跟随。当老人唱起圣歌的时候，鸟儿也会在教堂的树上唱起赞美的歌，它们总是形影不离地跟随着老人。

鸟儿对老人的爱，伴随了他的一生。心怀这种爱的孩子们，也定会得到老人那博爱的心、慈祥的目光和温和的声音。

阅读思考

1. 老人为什么能赢得鸟儿的信任？
2. 你喜欢小鸟吗？你平时又是怎样爱护它们的？

第3课

威利与邦斯

　　虽然邦斯只是一条狗，可是威利·布朗却把它当成好朋友一样。威利从来不会将邦斯扔在家中而独自出去散步。他们不但在一起玩耍，就是威利得到自己最爱吃的蛋糕时，也会分给邦斯一些。

　　在威利的教导下，邦斯学会了很多东西。威利夸邦斯是最聪明的小狗，他还说小狗除了不会说话外，会做世上所有的事情。

　　可是，虽然邦斯不会说话，有一次，它却将一些事情讲给了威利的爸爸，它到底是怎样说的呢？

　　那是一个夏日，阳光明媚，下午时分，威利带着邦斯来到了小河边溜达。这条小河离威利的爸爸的商店不过两条街的距离。威利站在河边开始向河水中投石子，然后观看水中激起的一轮轮波纹。

　　邦斯则在一旁的草地上悠闲地躺着，它用眼睛扫视着鼻子上方的苍蝇，当那些苍蝇飞近的时候，它还伸出爪子试图抓住。在靠近岸边的河水中有几根浮木漂在上面，威利的脚踩上了其中一根，他想将石子扔向小河的对岸。只见威利向后退了几步，然后使劲地将石子投了出去，可是由于用力过猛，在石子出手的那一刻，威利脚下的浮木开始转动，他顺势就被带进水里。

　　这可怎么办？威利并不会游泳，所以吓得浑身发抖。即使他扯开喉咙喊人，也不会有人听到。小狗邦斯除了哀号也没有任何办法，因为它体形不够大，同样无法救出威利。

　　邦斯急得在岸边跑来跑去，并不住地大叫，它看了看威利，又看了看四周。然后拼命地向威利父亲的商店跑去。

　　可是，当它到达商店的时候，那里的门却紧锁着，它不得不使劲地敲门并不住地狂叫，终于有人将门打开。

　　邦斯将布朗先生的的一件衣服叼到门口，然后又回头对着布朗先生又叫又挠。

　　一个在商店里的朋友看到这种情形，对布朗先生说："肯定是有什么事。我戴上帽子和小狗去看看。"这时布朗先生也戴上了帽子，邦斯才飞快地朝河边跑去。

　　这时，布朗先生猛地想起了威利。他们来到河边的时候，威利就只有胳膊还伸在水面上，帽子也漂了起来。

　　就在威利将要沉下去的时候，布朗先生急忙跳下水将他救了上来。好久，威利才恢复了平静。大家都很高兴，可是最高兴的当然要属邦斯了。

阅读思考

1. 为什么邦斯会做很多事情？
2. 邦斯是通过什么方法将威利的父亲拉到河边的？
3. 为什么威利得救后，最高兴的是邦斯？

第4课
珍妮的呼唤

五月的一天清晨，泰姆波利夫人想骑马出去，可是下人却告诉她："泰姆波利夫人，那匹野马实在是太倔犟了。我曾花了一个小时的时间去驯服它，可是还是办不到。"

泰姆波利夫人转过身来："这我了解，可是我真的很想骑它。"

这时，泰姆波利夫人的女人珍妮正好从外面进来，她今年12岁，长着棕色的头发和棕色的大眼睛，看上去活泼可爱。当她看到眼前的情景时问道："你想要什么，妈妈？"

"哦！孩子，你看今天的天气多好！我想去乡下买一些日用品，然后再去问候一下你的姑妈，我想将她接来，咱们一起吃晚餐。"妈妈继续说道，"可是，父亲一天都不在家。并且那个下人用了那么长时间都没有使那匹马驯服，他还说那简直无法驯服。"

珍妮笑了笑："我想那个下人是真的无法驯服它的。不过，放心吧，妈妈，你现在可以去准备你的东西了。如果你想骑它，我会尽力做到的。"

"不，孩子，我听说它跳一条沟都需要三四次，并且如果撒起野来就像一头野兽。你去花时间驯服它，不但不会有结果，还会耽误你上课的。"

珍妮微笑着说："妈妈，我不需要多长时间的，它一会儿就会主动到我身边来。"珍妮说着就戴上自己的草帽，走向了山下的放马场。

当珍妮裙子的沙沙声传入马的耳中时，马儿立刻竖起耳朵，并扬起了头，开始用鼻子嗅，好像准备撒野了。

"哦，凡尼！凡尼！"凡尼是珍妮自己给这匹漂亮的马儿起的名字。听到这熟悉的呼唤声，马儿转过头来，它很高兴主人能知道它理解这温柔的呼唤。马儿走到篱笆边开始亲热地用头蹭珍妮的肩头。珍妮打开了放马场的门，将它带了出来。因为那个下人总是粗暴地对待马儿，所以马儿对他也不会友好。可是当马儿听到珍妮亲密的呼唤或感受到她温柔的抚摸时，就感受到了珍妮的友好，马儿同样将友好回报给了小女孩，并且它心甘情愿为小女孩服务。

阅读思考

1. 为什么下人无法将马驯服？
2. 珍妮是怎样让马乖乖听话的？
3. 这个故事告诉我们什么道理？

第5课

年长的老鹰树

在一片广阔的原野中，生长着一棵巨大的郁金香树。它是这里最大的树种，年龄超过了一百岁，都可以说是其他树木的爷爷了。一棵巨大的树独自屹立在那里，构成了一幅壮观的景象。

一只老鹰住在这棵树的顶端，它每年都会将巢筑在这里。就这样，许多年之后，它开始抚育自己的后代。它的巢穴离海边有10英里的距离，可是每次从海上捕食回来，它都能远远地看到自己的家。所以，这棵树一直被称为"老鹰树"。

在那些晴朗温暖的天气中，周围的人们就会来到这里锄草。而老鹰总是在特定的时间飞向海边去为自己的孩子们捕食。那天，老鹰像往常一样从海边回来了，爪下有一条大鱼。这时，那些干活的人开始围在树下，恐吓老鹰，他们喊着叫着，向它投石子，最终可怜的老鹰只好将爪下的鱼放开了。人们将地上的鱼捡起来，兴冲冲地离开了。

人们都陆续离开了，约瑟夫却独自在灌木丛中同情地望着老鹰。老鹰回到了巢中，可是却没有了食物。小鹰们开始唧唧喳喳地索要吃的，它们的叫声那么清脆、强烈，这声音深深地震撼了约瑟夫。

老鹰也想安慰它们，可是这些小家伙实在是饿得不行了，所以妈妈的安慰不会起到任何作用。老鹰飞到离巢不远的一根树枝上，望着自己的孩子，却没有任何办法，它好像在说："我也不知道该怎么办。"

但是它很快就从委靡的状态中解脱了出来，重新振作精神，然后发出了几声尖叫，好像在示意孩子们安静下来。它展开翅膀，重新飞向了大海。

约瑟夫一直用眼睛死死地盯着老鹰的去向，直至它变成了一个黑点，最后消失了。哪个男孩儿没有这样深情地看过自己的国鸟展翅翱翔呢？

两个小时之后老鹰终于回来了，这次花费的时间比平时要多出一倍。它回来的时候，飞得很慢、很低，翅膀好像异常沉重，在它的爪下还有一条鱼。

在快要飞到那片田地的时候，它在上面盘旋了几圈，好像在观察周围的形势。然后它落在树上，拖着翅膀走进了巢穴，它已经异常疲惫了。小鹰们的叫声重新响起，但是很快就被它们吃食的声音所代替。这样的晚餐恐怕连国王都会羡慕呢！

约瑟夫大声喊道："勇敢的鹰！我很佩服你坚强的意志。别的鸟儿也许身姿更灵巧，叫声更动听，可是当它们被人们掠夺食物之后，就会变得心惊胆战，它们是无法和你相比的。"

勇敢的鹰！今天你给我上了一课。在以后的生活中，我会永远记得，只要有坚强的意志，就可以克服一切困难。遇到这种事情，也许别的鸟儿会低下头，抱怨人类的残忍，面对饥饿的幼雏也只能是唉声叹气，但是你，并没有委靡，而是很快就忘掉了一切，弥补了自己的损失。

阅读思考

1. 当老鹰捉回来的鱼被人们拿走后，老鹰的情绪有什么变化？

2. 为什么老鹰再次出去捉鱼的时候用的时间很长，并且飞回来得很慢，翅膀显得很沉重？

3. 约瑟夫从老鹰的身上懂得了什么道理？

第6课
猴　子

　　猴子是一种很机灵的动物，它存在于世界的很多地方。

　　曾有人将一只猴子作为礼物送给了一位女士，这只猴子一样喜欢搞怪，总是模仿人们的各种动作。

　　一天，这位女士发现猴子一手拿着盛满水的牙杯，一手拿着牙刷，正在洗脸池的边上刷牙呢，并不住地照着镜子。

　　这位女士的小女儿叫玛丽，她有一个漂亮的大洋娃娃。那天，玛丽将洋娃娃遗忘在了摇篮里，自己出去了。猴子来到摇篮旁，将洋娃娃抱起来，然后放进了洗脸池，开始帮它洗脸。

　　它将洋娃娃的脸抹上香皂，然后将洋娃娃放在水盆中，并拿着毛巾使劲地搓，结果洋娃娃脸上的颜色全被搓掉了。

　　我们曾听过很多关于小猴子打架或者共同抵御外侵的故事，但是这些都是假的，因为在猴子的心里，根本就没有武器的概念。

　　当人们行走在树林中，那些投掷到人们头上的树枝都是些干枯的树枝，那是因为猴子天生喜欢跳跃，它们从树上掠过的时候常常将一些干树枝弄断，所以就会砸到行人的头。

　　然而，它们却会灵活地使用棍子。从前，有两个意大利人，带着一架风琴和一只猴子，靠着表演谋生。有一次，一只狗冲小猴子袭击过去，这可惹恼了猴子的主人。

　　他们和狗的主人争吵起来，最终想让猴子和狗决一胜负。因为猴子比狗小，所以允许猴子拿上一根棍子。

　　然后，其中的一个意大利人跪在地上，将身子蜷缩起来，装成狗的样子，开始大声吼叫，另一个人则骑到了那个人的背上，一只手抓住他的头发，另一只手拿着棍子打他，他们就这样教猴子怎样使用棍子。

猴子在看完之后，便接过了棍子，看似十分熟练的样子。

当一切准备好之后，狗奋力冲向了猴子，只见猴子轻巧地跳上了狗的脊背，一手抓住它的耳朵，一手用棍子猛打它的头，猴子实在是太厉害了，不一会儿就战胜了狗，但是它似乎并不满足于眼前的胜利，而是继续敲打，直到把狗打倒为止。

阅读思考

1.这个故事讲了发生在猴子身上的几件事？

2.猴子爱模仿人的动作，那么你还知道其他模仿人的动物吗？

3.你见过猴子吗？它们有没有和我们相似的地方？

第7课
马 的 故 事

托马斯叔叔：亲爱的孩子们，我又和你们见面了，见到你们真的很高兴。在上次见面之后我就出去旅行了，接下来我要将我一路的见闻讲给大家听。我这次告诉你们的是关于动物的故事，我想先从马开始讲起。我知道你们喜欢听故事，而不是枯燥的文章，所以我会给你们讲一些有意思的东西。

佛兰克：托马斯叔叔，你的故事我们百听不厌，你总是有很多新奇的故事讲给我们听。

托马斯叔叔：是啊，佛兰克，那关于马的故事现在就开始了。

在广阔的南美洲大草原上，生活着众多的野马群。据说这些野马群中有的由一万多匹野马组成，它们都有一个头领，指引着它们前进的方向。头领就是它们行动的向导，几乎没有任何马能超过头领的能力。

游人遇到这种马群将是很危险的。因为人们很少遇到这样的马群，所以在遇到它们的时候几乎无人不被它们的速度和宏伟的气势所震撼。马蹄的踩踏声就像炸雷一般响彻整个草原，它们的速度和气势简直可以给世界带来毁灭性的灾难。

有时，马群会突然停下来开始嘶叫，那种声音让人心惊。然后，它们会向相反的方向跑去，刹那间就会消失不见。此时，游人一定要管好自己的马，否则它们就有可能随着野马群疾奔而去。

在野马众多的地方，当地的居民就可以利用这种方式去把野马驯养成自己的家马。只要他们需要，就会骑上一匹家马去寻找野马群，不用多久他们就可以相遇。

这时，骑手会慢慢地靠近马群，当看到自己中意的马时，他会迅速地将绳索抛出（绳子的一头系着套索，另一头系在马鞍上），只要套在野马的头上或者后腿上，就可以将那匹野马绊倒，然后将其捕获。

这时，骑手需要跳下自己的马，用斗篷蒙住野马的头，并将斗篷的一角塞到马嘴中，然后将一个马鞍系在野马背上，之后将斗篷撤掉，让野马重新站起。为了不让野马踢到，骑手应迅速骑到自己的马背上，不能稍有怠慢，因为只有待在马背上才是安全的，一直到野马被驯得服服帖帖为止。

佛兰克：可是，最开始所有的马都是野生的吗？我听说阿拉伯半岛是有名的驯马基地。

托马斯叔叔：对，阿拉伯半岛曾因为拥有世上最漂亮和最矫健的马而驰名。可是如果你了解了阿拉伯人对马的精心照料之后就会明白为什么优良的马都出自那里了。我曾听过这样一个故事，从中我们可以感受到阿拉伯人是怎样地爱着他们的马的。这个故事引自一个英国军官想买阿拉伯人的马的事件。

那是一匹牝马，浑身呈枣红色，不但长得漂亮，还很矫健。主人对他的这匹马异常欣赏，所以他骑着马在英国人的帐篷前走过，这匹马吸引了英国人的目光。于是，英国人问他这马会不会出卖，阿拉伯人问道："你会给我多少钱？"

"那就要看她现在有多大了，她大概5岁了吧？"

"不是的，你再猜。"

"4岁？"

阿拉伯人笑着说："那你看看她的牙口。"

英国人在仔细观看之后才发现原来她只有3岁，她现在的年龄，加上矫健的身姿，将使她的身价大大提升。

英国人说："我想用80金币买下她。"

阿拉伯人饶有兴趣地说："如果你愿意的话再加点儿。"

"那90。100也行。"

阿拉伯人笑着摇摇头，最后英国人竟出到了300金币，阿拉伯人还是没有答应，并说道："你还是不要引诱我了，我听说你很富有，有着几袋银子和金子呢。你真的想要我的马吗？那用你所有的金子和银子来换吧。"

随后，阿拉伯人拍马走了，他将诱惑远远地抛开。

马平时并不喜欢水，但是在必要的时候，她也是可以像其他动物一样游泳的。在很久以前，有一艘船因为撞击了好望角的岩石，船员大都遇难了。岸上的人可以远远地看到那些幸存者抓着船体的碎片漂浮在大海中。海面波涛汹涌，施救的人根本无法靠近那些幸存者。

这时，一个种植园主从农场回来经过这里，看到了眼前的情景，他看着那些

在生死边缘挣扎的人，万分焦急。于是他想到了自己的马，他的马非常勇敢，并且水性很好，所以他决定尝试着让马去救人。他在马的鼻孔中各塞了一块糖果，便下了海。海浪不住地袭击过来，马和骑手都被淹没了，可是很快他们又浮了上来，最后靠近了沉船。每次骑手都让两个人各抓住他的一只靴子，然后带他们上岸。

他们这样救下了14条生命，往返了7趟。当第8趟返回的时候，因为骑手已没有力气，被海浪冲进了海里，永远地消失了，可是他的马却安然无恙。

阅读思考

1. 你对野马有了解吗？它们大都生活在什么地方？

2. 在野马生活地带的居民是用什么方法套到野马的？

3. 这篇文章中讲述了一个马渡河救人的故事，你听过或见过动物救人的事情吗？请讨论。

第12部分
善良友爱

AMERICAN
LITERATURE

第1课

善　意

　　孩子们，我想在你们心中都在追求着自己一生的成功吧，你们这样做是对的，但是什么才是真正的成功呢？是不是尽快发财，不择手段地追求财富？

　　真正的财富并不是靠此获得的，即使你拥有几百万，你也可能比身无分文更贫穷。正是这些不择手段的野心使得一些聪明睿智的孩子最终取得的不是成功，而是身败名裂。他们的住所并不是别墅宫殿，而是监狱。

　　取之有道的财富，合理地享受生活、使用权力、赢得名誉，这些都是能够体现我们自身价值的，却并不是最有价值的东西。这些虽然是你所拥有的，但你不确定最后是否能成功。其实，不管你的追求是什么，如果你的行为中有善意的成分，你就会分享到成功带来的甜蜜。因为无论你是得是失，都是自己的品质得到了完美的体现，这才是人生最宝贵的财富。

　　我所说的每一个行为中都存有善意，即你不但要与人为善、助人为乐，不管做什么事，还必须拥要诚实的态度。有一个男孩叫托马斯，他被父亲送去学技术，可是他根本不想吃苦，所以他说："我学这些有什么用呢？又不会挣到很多钱，我不想干活，这样混过去就行了，快乐才是最重要的。"

　　所以他开始逃避工作，脑子中并不会想到老板的利益和怎样发展自己，只想那些乱七八糟的小事，并且常常是坏事。他根本没有想过，原来正是这些小事毁了他的一生。他每天只要一脱离工作，就赶快找同伴们出去玩，甚至还没有完成工作，心就早已飞到外边去了。

　　他做任何事都不精通，这并不是他脑子愚笨，而是他缺乏善意。他从来不去想怎样让自己成为一名优秀的员工。他搞不明白，为什么只有那些能干的员工才能得到较高的薪水。

　　其实，在每一个行业中都有这样的人存在，就像不会干活的工人，不遵循规则的商人。这样的人不但永远做不出什么好事，还总会犯一些错误，进而牵扯上别人，当然，他们自己也不会捞到什么好处。所以失业和破产总是摆在他们面前。

为了不让自己的无能显露出来，他们开始糊弄别人，变得可耻，甚至使自己走上犯罪的道路。而托马斯就是这类人中的一个代表。孩子们，坏的种子是不会长出好的收成的。

和托马斯在一起干活的还有一个男孩，我们称他为詹姆斯吧。他资质平平，如果托马斯和其他男孩都努力工作的话，也许都会比他强。虽然詹姆斯没有多大的天分，却存有善意。无论他学什么，都会学到精通透彻，甚至将它融入自己的生活。

老板对他很信赖，顾客也很喜欢他。他凭借着自己的善良、真诚和务实，为自己赢得了高尚的品质和伟大的灵魂。

总而言之，你不好好工作，受害的并不是老板，而是你自己。如果你真诚地对待工作，受益的也不是老板，还是你自己。不管你想在哪一方面取得成就，那么善意都会是你事业发展的基础。

欺骗顾客，你也许会得到暂时的利益，但是会失去长久的利益。善意地为他人提供服务，真心地为他人着想，你得到的并不仅仅是信任，还有他人回馈给你的善意。与顺其自然的善意所得到的内心满足和灵魂美化相比，以上所说的是具有自私性的。如果用一个饱含爱与智慧的词对我以上所说的话进行总结，那就是善意。

阅读思考

1. 我们都想变得很富有，但是挣钱必须以什么为前提？是不顾一地去谋求利益吗？

2. 文中有这样一句话："为什么只有那些能干的员工才能得到较高的薪水。"你明白其中的原因吗？

3. 为什么我们不好好工作，受害的不是老板，而是我们自己？

第2课
善良的行为

　　一天，两个小男孩正在马路边行走，他们遇到了一个提着一篮子苹果的女人，她在吃力地走着。

　　两个男孩子见女人疲惫不堪、脸色苍白，于是上前问道："你是要去城里吗？如果是的话我们可以帮你提篮子。"

　　那女人说："太谢谢你们了，你们真好！我不舒服，浑身没劲。"女人还说自己的丈夫死了，家里只有一个残疾儿子。

　　她家就在离这三里远的地方，门前种着一棵苹果树，这苹果就是那棵树上结的。卖掉苹果的钱要用来交房租。

　　两个男孩说："我们正好顺路，就让我们替你抬吧！"两人把篮子接过来，一人抬一边，虽然有些吃力，但心里却美滋滋的。

　　寡妇高兴极了，问这样做他们会不会受到家人的责备。

　　"不会的，我们的妈妈常常告诉我们要助人为乐，只要能帮的忙就一定要帮助别人。"男孩们说。

　　到达地点之后，寡妇为了表示对他们的感激之情，想送给男孩几个苹果，而他们却谢绝了，说："你不用那么客气，我们做好事是不要报酬的。"

　　寡妇回到家中，向自己的儿子讲述了今天的事情。因为两个男孩的帮助，他们的心情也变得开朗起来。

　　记得我曾经遇到这样一个小女孩，她将扔在地上的橘子皮捡起扔进了水沟。然后说道："我希望以后不要再有人将果皮扔到马路上了，这样会让人滑倒的。"

　　我说："是的，孩子，这虽然只是小事，但是却体现了一个人的善良之心。"

　　人们或许会认为这些都是小事，但是我们不能只等待做大事的机会而忽略了小事。我们要从身边的点点滴滴做起，才能体现出爱。

阅读思考

1. 为什么两个小男孩要帮助那个寡妇提篮子？

2. 寡妇要拿什么来感谢两个小男孩？

3. 本文告诉了我们什么道理？

第3课

乔治的晚餐

　　乔治生活在一个穷苦的家庭中，他家因为买不起木材，只好用乔治在树林中捡来的干树枝生火。

　　7月的一天，天气晴朗，妈妈告诉乔治，让他到两公里以外的树林中拾柴，因为只有那里才会有柴火。乔治在那一捡就是一天，因为只有这样才会得到更多的柴火。

　　那天天气很好，乔治干起活来很带劲。当太阳慢慢升高的时候，乔治觉得越来越热，于是他就想坐下来休息一会儿，然后吃午饭。

　　他来到一条小溪的旁边，在那里的苔藓中他发现了很多鲜红的草莓。

　　乔治想："如果将他们放进我的面包中，再加上奶油，味道一定好极了！"

　　于是他将自己的小帽子摘下来放到了地上，开始采摘那些野草莓。之后便在小溪边坐了下来。

　　那个地方很美，乔治感觉特别高兴。乔治想，如果妈妈不是住在村中那个阴暗潮湿的屋子里，而是住在这里，该有多好呀！他说道："如果妈妈也在这里该多好呀！"他一边说着一边将一颗草莓送进了口中，可是他立即又吐了出来。

　　他说："我想，我还是把草莓留给妈妈吧！这样妈妈肯定会非常高兴。"

　　但是他还是一直盯着那些鲜红的草莓，然后又对自己说："其实我可以吃掉一半，然后将另一半留给妈妈。"于是他将草莓分成了两份，两份却看起来都那么少，他就又将它们归到了一起。

　　他又想："那我可以只吃其中的一颗。"于是他就拿起一颗放进了嘴里，但是随后他又吐了出来，因为他发现那一颗是其中最大的。

　　"不，我一定要把所有的都留给妈妈吃。"于是他将草莓包好，自己一颗都没吃。

　　太阳即将落山了，乔治匆忙往家赶。他要将草莓全部带给病中的母亲，他为自己的行动而感到自豪。所以，离家越近他就越不想吃那些草莓了。

乔治将干柴放在院中，屋中传来妈妈轻声的呼唤："乔治，是你吗？你回来了？孩子！我很高兴，你可以帮我倒杯茶吗？我口渴了。"

乔治将那些草莓放到妈妈面前。妈妈抚摸着他的头说："那是你给妈妈留的吗？"此时，泪水已经浸湿了妈妈的眼眶。妈妈鼓励乔治说："亲爱的孩子，上帝会保佑你的。"

请你想一想，如果乔治自己将那些草莓吃掉了，还会感受到妈妈夸奖他时的幸福吗？

阅读思考

1. 乔治为什么要到树林中拾柴？
2. 乔治最后吃了几个草莓？
3. 你为父母做过什么事吗？当时的心情是不是和乔治一样呢？

第4课
最好的资产

露易萨·梅·阿尔科特

你也许会说毫不张扬的约翰·布鲁斯的一生都是在忙碌和平静中度过的，他几乎没有结交朋友的时间，但是为什么现在有这么多人从四面八方冒出来？其中有老有少，有高有矮，有富有贫。因为他的举动在不知不觉中已经影响了许多人，人们对他的品德存有深深的记忆，他的善行也让众人称赞。

如今，送给他的最美颂歌就是站在他棺木周围的人群。其中有他忠心服侍的富人；有让他忆起母亲的那些年老妇女；还有他深爱着的妻子，那种爱就连死神都无法破坏；有那因为他的离开而感到无助和痛苦的一双儿女；一帮常常与他在一起玩耍的小孩子；还有那用温和的眼神望着这感人场景的小伙子。

那晚，普拉姆菲尔德的男孩子们照常坐在台阶上聊天，现在正是月色最温柔的11月份。孩子们随口提起了白天的事情。

总爱冲动的埃米尔首先说道："弗里茨大伯是最聪明的人，劳里大伯是最亲切的人，但是约翰大伯却是最好的人，在我所见过的人当中，我最想让自己成为他那样的人。"

"我也是，今天那些绅士对约翰大伯说的话你们都听到了吗？我希望在我去世以后别人也这样评价我。"弗朗茨开始为自己以前不好好理解约翰大伯的话而后悔不已。

杰克问道："那些人是怎么说的？"他对白天的景象也留下了很深的印象。

"以前雇用约翰大伯的一个老板说他做事勤勤恳恳，从不抱怨。还有一个人说再多的钱也比不上约翰大伯忠诚的心，爷爷说他是最好的人。"

"曾经有一个爱骗人的家伙让约翰大伯给他办事，并给出很高的薪水，可是约翰大伯没有同意。那人很生气，说道：'你太过死板，以后不会有什么成就的。' 大伯却回了一句：'我从来没有想过让自己只求发展而不求原则。'然后他就去了一个很贫穷很辛苦的地方干活。"

几个男孩不由得赞叹道："好样的！"他们从没有像今天一样对这个故事理解得这么透彻。

杰克问："他并不富有，对吗？"

"对的。"

"他从没有过什么伟大的举动，是吗？"

"是的。"

"他仅仅是一个好人？"

"对，仅仅是好人。"此时弗朗茨在想约翰大伯生前做过什么惊天动地的大事，因为他从杰克的语气中看出了他的失望。

"只要好就足够了。"弗里茨大伯出现在他们身后，他听到了孩子们的谈话，也猜到了孩子们的心思。

"让我来给你讲讲有关约翰·布鲁斯的故事吧，这样你就会明白他为什么如此受人尊敬，为什么只是一个好人，而不是富人或名人的原因了。他对待任何事都尽职尽责，并且有一种乐观向上的精神，即使在贫困、孤独和辛苦面前，他仍能保持勇敢和快乐的心态。"

"作为儿子，他凸显了自己的孝顺。只要母亲有需要，他就会抛开一切事情来陪母亲。作为朋友，他凸显了自己的真诚。他教给劳里大伯的知识不仅仅是希腊语和拉丁语，他还在不知不觉中为劳里大伯树立了一个榜样。"

"作为雇工，他尽职尽责。每一个雇用他的老板都说他的价值无人可以取代。作为丈夫和父亲，他同样是值得尊敬的。他的温柔、体贴全都奉献给了家人。我和劳里与他很熟，可是也只有见到他为家人默默做着一切的时候，才知道他原来这么爱自己的家。"

弗里茨大伯停了下来，孩子们就像塑像一样一动不动地等着下文。一会儿，弗里茨又说道："在他将要离开的时候，我对他说：你放心吧，我会照看好你的妻子儿女的，我不会让他们缺衣少食的。他却握着我的手，用和平时一样平和的语气说：不用了，我已经为他们安排好了一切。"

"事实果真如此，在我们翻阅他的资料时，发现一切都条理清晰，没有留下一分钱债务。他已经为妻子儿女留下了足够的积蓄，保证他们衣食无忧。那时我

终于明白了，他平时生活很节俭，抛弃了很多个人兴趣，只是助人为乐且努力工作。我想也许正因如此才使他现在就离开了人世。"

"他平时经常帮助他人，却从来不乞求别人的帮助，而是独自承担这一切。他是真诚而慷慨的，所以他从没有被人抱怨过。如今，他离开了，我们每个人心中都有尊敬他、爱戴他和赞扬他的理由，当我说到自己和他是好朋友时深感自豪。如果有一天我不在了，我也希望留给儿女这样的资产，而不是大把的钞票。"

"的确，真诚、善良是人生真正的资产。名利终究会随着云烟飘散，而善良却是永不退色的，并且这是在我们死后唯一可以带走的东西。记住，孩子们，如果你们想让自己赢得别人的尊重、爱戴，那就像约翰·布鲁克一样去生活。"

知识拓展

★ **露易萨·梅·阿尔科特（1833—1888）**

露易萨·梅·阿尔科特出生于宾夕法尼亚州。在美国内战期间，曾在华盛顿的一所医院做兼职护士。她一生的创作除了儿童文学，还有很多其他类型的作品。本文是由她的作品《小男人》改编而成的。

阅读思考

1. 在约翰·布鲁克去世之后，前来悼念他的都是些什么人？

2. 文中有这样一句话"此时弗朗茨在想约翰大伯生前做过什么惊天动地的大事"，这是为什么？

3. 从文中我们可以看出，在人的一生中什么才是最重要的？

第5课
山姆和哈利

在一个晴朗的夏日午后，山姆走在回家的路上。他手中拿着一本书，边走边看。

虽然手中的这本书花费了他所有的积蓄，但是他仍然很快乐。

一段时间之后，他走到了公路上。公路上有一扇敞开的大门，旁边站着一位盲人。盲人可怜地说："请你给我几分钱让我买个面包吧！"然而山姆却没有给他任何东西。

为什么？难道山姆什么都没有给那位盲人吗？的确是的，因为我已说过，山姆一分钱都没有了。

山姆继续走着，可是心里却很不舒服。不一会儿，他遇到了哈利和他的妈妈，他们坐在一辆豪华的四轮马车上。

盲人用手举着他的帽子，依然站在那里。哈利看见后说："妈妈，我们给这个人一些钱吧！"

妈妈将几分钱交到哈利手中。哈利接过来后，并没有把钱放在盲人的帽子里，而是用尽力气将钱扔向了杂草丛中，可是那个穷人却怎么都找不到这几分钱。我们知道，他是一个盲人。

这一幕被山姆看得清清楚楚。他并没有在一旁看热闹，而是跑到了杂草丛中去寻找那些钱，直至全部找到为止。

他为此花费了很长时间，差点儿没赶上吃晚饭。

你觉得哪个男孩才是真正善良的人？

我知道那个穷人心里会感谢谁。

阅读思考

1. 当在路上看到乞丐的时候，山姆为什么没有给他钱？

2. 在文中你应该向山姆学习还是向哈利学习？为什么？

3. 如果在马路边遇到乞讨的人，你会怎么做？

第6课
温 柔 之 手

提莫迪·S.亚瑟

　　这件事情发生的时间、地点也许都不再重要了。反正那一天，我步行到了一个人烟稀少的地方。黄昏已经慢慢到来，我在心里盘算着，到前面的小村子大概还得一个小时，不管怎样，我要在我遇到的第一栋房子中住一宿。

　　晚霞已经将暗淡的天空遮住了，这时，我走到了一个小屋的门前。这间小屋的窗户上并没有挂帘子，灯光从里面射出，让人备感温馨。小屋被院子包围着，离我所在的地方并不远。于是我找到大门，朝着小屋的方向，顺着弯弯曲曲的路走了进去。大门轻轻地晃动着，在我进来之后"咔嚓"一声锁上了，可是这些并没有被我注意到，我径直走向了小屋的门口。一个瘦弱的女孩站在那里，她因为听到了声音，站在那儿望着我。

　　当关门的声音消失，随后就响起了一阵急促的狗叫声，那声音深沉得就像回声一样。我看到一只大狗如幽灵一般出现在了门口。它刚刚准备向我扑过来，却被一只手制止了，随后一个声音响起："老虎，进去。"

　　这是那个女孩的声音，那语气虽然不像是命令，却异常坚定，好像她知道狗一定会听她的话似的。她说着将一只手放在了狗的脖颈上轻轻地抚摸着，随后狗进入了房间。

　　"你是谁？"一个沙哑的声音传来，门口出现了一个健壮的男人。

　　我问道："G城离这里还有多远？"我想，自己是在找住宿的地方，最好不要话太多。

　　男人重复了一句："G城？还有整整6英里的路程。"男人的语气不再厉害，而是变成抱怨的口吻。

　　我说道："还有那么远。我从没有到过这里，并且我是徒步走来的，你们能

不能让我在这里借宿一宿，如果可以，我会非常感激的。"

我发现那个女孩的手迅速伸向了男人的手臂，然后搭在他的肩膀上，并将身子靠近了他。

男人的语气出乎意料地马上改变了："好吧，进来吧，我们会尽量帮忙的。"

我走进屋内，房间很大，屋内燃着一团火。两个强壮的小伙子围坐在火的旁边，他们看着我，眼睛像还没有睡醒的样子，他们并没有欢迎我的意思。一位中年妇女坐在桌子旁，地上还有两个小孩和一只猫在玩耍。

刚才在门口对我很不友好的那个男人说："母亲，是一个陌生人，他想在我们这里借宿一宿。"

那位妇女用怀疑的眼光盯了我好久，然后冷淡地说了句："我们这里可不是旅店。"

我赶紧解释道："夫人，我知道的。可是我总不能在外面露宿，并且这里离G城还很远。"

那个男人接着说："母亲，我们不用再争论什么了，必须给他一张床。他太累了，他走了那么长的路，而且是步行。"

我不知道什么时候女孩已经走到了妇人的身边。她俯首向母亲说了些什么，我没有听见，只是看到她在说话的时候将自己白皙细嫩的手放在了她母亲的手上。她的手好像具有魔力似的，妇人的态度马上转变了，面露温和的表情，并说道："是呀！这里离G城的确很远，我们可以安排他在这里住一宿。"

那晚，我多次注意到了这双手和这个声音的魔力，即使只是轻轻的语气和动作，却极为有效。第二天，我吃过了早饭，准备起程。可是这里的主人却说让我再等半个小时，他说他一会儿也要去G城办事，可以让我乘坐他的马车。我当然很乐意地接受了。

半个小时过去了，农夫将马车拉到了屋前，并让我上去。我看到这匹马是一匹暴躁的加拿大矮种马，非常实用。农夫在我身边坐了下来，开始和家人说再见。

农夫用蛮横的口气喊了一声"迪克"，然后将马的缰绳摆动了一下。可是马却丝毫未动。农夫将鞭子抽向马的身体："迪克，快走啊！你这混蛋。"

马仍然没有动，显出不屑一顾的样子。农夫接着又是一鞭子，但是马儿只跳了一下，紧接着，第二下、第三下抽了下来，一直抽了六七下，马儿仍旧站在那里。这时，一个健壮的小伙子走过来，抓住马的缰绳向前拽去，并发出怒吼的声音，但是迪克好像更坚定了，就是不动一下。

　　小伙子粗鲁地打着马的头，并使劲地扯着缰绳。但是这一切都是毫无作用的。

　　这时，小女孩用温和的口气说道："约翰，别这样。"只见她穿过大门，将小伙子推向一边。女孩并没有用力，可是当她抓住小伙子的胳膊的时候他似乎就已经顺从了，好像做一切就是为了让她满意。

　　她还将自己的手温柔地放在马的脖颈上抚摸，然后又在它耳边低语。马儿立刻变得很自然，没有了任何紧张的感觉。

　　女孩就像对待孩子一样抚摸着它，说了句："可怜的迪克！"然后又用有些责备和怜悯的口气说道："你这个烦人的家伙，出来吧！"

　　马儿转过头，轻轻地蹭着她的胳膊，然后竖起耳朵，向前跑去，好像它从来没有反逆过主人的意思。

　　在路上，我对那个男人说："这只手很神奇。"

　　他听到这话好像很吃惊，盯了我好一会儿。然后眼睛似乎亮了很多，说道："她是一个好女孩，我们都很爱她。"

　　这只手真的具有一种神奇的魔力吗？这双小手表现出来的力量竟然可以感化野蛮的心灵。小女孩的父亲说得很对。然而那位女孩当时给我的感动，我至今仍记忆犹新。我也曾见过与之类似的神奇力量，它们同样充满着爱意，但却不具有女孩手上的那种魔力。

　　我不知道该给它起怎样的名字，我只能说它是"温柔之手"。

知识拓展

★ 提莫迪·S.亚瑟（1809—1885）

　　提莫迪·S.亚瑟出生于纽约。他一生几乎没有受到过正规的学校教育，基本是自学成才。他在一生中共创作了100多部作品，其中大部分是描写家庭和道德的小说，以及一些在杂志上的短篇寓言等等。其代表作有《酒吧里的十个夜晚》

和《陷阱中的三年》。

阅读思考

1. 这个故事向我们讲述了一个怎样的道理?

2. 小女孩的手真的具有"魔力"吗?

3. 文章中表面上描写的是小女孩温柔的手,实际上也是如此吗? 作者想体现的是什么?

第7课

知足的男孩

一天早晨，伦若克斯先生骑马独自走在路上。当他下马观看周围的东西时，马缰绳不小心从手中脱落了，马向前跑去，伦若克斯先生就在后面追，但是却无法追上。

有一个小男孩正在路边的田地里干活，他听到了马蹄声，原来一匹从主人手中脱缰的马跑向了道路的中央，于是他抓住了马的缰绳，将它拦住。此时，伦若克斯先生也跑了过来。

伦若克斯先生："谢谢你，好孩子，你做得非常好，我能给你点儿什么吗？"

男孩："我不需要任何东西。"

伦若克斯先生："你不要任何东西？真是一个好孩子，现在很少有人像你这样了。你在田里做什么？"

男孩："我在除草，还看着羊，不让它们毁坏庄稼。"

伦若克斯先生："你很喜欢干活吗？"

男孩："是的，很喜欢，尤其是在这样的好天气里。"

伦若克斯先生："你就不想去玩吗？"

男孩："我干活也不累，就和玩一样。"

伦若克斯先生："是谁让你来干活的？"

男孩："是我的父亲。"

伦若克斯先生："你叫什么？"

男孩："我叫彼得·赫德，先生。"

伦若克斯先生："你多大了？"

男孩："明年的七月份我就八岁了。"

伦若克斯先生："你在这里待多长时间了？"

男孩："我早晨6点来的，一直到现在。"

伦若克斯先生："你难道不饿吗？"

男孩："不饿，先生。并且我很快就要回家吃晚饭了。"

伦若克斯先生："如果你有钱的话，你想用它做什么？"

男孩："先生，我不知道，因为我从来没有过钱。"

伦若克斯先生："你有玩具吗？"

男孩："玩具？什么是玩具？"

伦若克斯先生："比如玻璃球、陀螺，或者木马什么的。"

男孩："没有。我和汤姆在冬天会一起踢足球，我还有一根跳绳和一个铁环，可是现在已经坏了。"

伦若克斯先生："你还想要别的东西吗？"

男孩："哦，我没有玩的时间，我要放牛，送货，骑马去田野中。这些都和玩一样有趣。"

伦若克斯先生："可是如果你有了钱，就可以买蛋糕或苹果。"

男孩："我们家有苹果的，并且我不想吃蛋糕，我妈妈做的饼就很好吃了。"

伦若克斯先生："那种削木头用的刀你不喜欢吗？"

男孩："我这里有一把，是汤姆哥哥送给我的。"

伦若克斯先生："你的鞋子有好多窟窿，难道你不想要一双新的吗？"

男孩："我有一双没洞的，只有星期天的时候才穿。"

伦若克斯先生："但是这双鞋会进水的呀！"

男孩："没关系的，先生。"

伦若克斯先生："你的帽子也破了。"

男孩："我家里还有一顶新的。"

伦若克斯先生："若是下雨了你怎么办？"

男孩："如果雨大的话，我就会躲到树下去。"

伦若克斯先生："如果现在你饿了怎么办？"

男孩："我有时会采些野菜来吃。"

伦若克斯先生："如果没有野菜呢。"

男孩："那我就会一直干活，让自己忘掉那些事。"

伦若克斯先生："为什么？小家伙。见到你这么知足我很高兴。你上学了吗？"

男孩："还没有。可是我爸爸说明年冬天准备送我去学校。"

伦若克斯先生："那你肯定很想要课本了。"

男孩："是的。每个上学的孩子都有课本、练习册和拼写手册。"

伦若克斯先生："那请你告诉你爸爸，我会给你的，因为你是一个听话懂事的孩子。"

男孩："我会的，先生，谢谢。"

伦若克斯先生："彼德，再见了。"

男孩："再见，先生。"

阅读思考

1. 从文中可以看出，男孩是一个怎样的孩子？

2. 为什么小男孩不喜欢去玩？

3. 为什么小男孩不想要新的鞋、帽子和玩具？

4. 最后，伦若克斯先生给小男孩报酬了吗？

13

第13部分
诚实待人

AMERICAN
LITERATURE

第1课
哈利和安妮

哈利和安妮的家离他们上学的城镇有一英里的距离。每天，他们都会在乡间小路和池塘边的牧场中穿梭往来，这一段旅程令他们十分向往。

连他们自己都搞不懂自己是喜欢夏天还是喜欢冬日，曾经他们还像寻找大陆的探险者一样，将路途上撒满树叶，以便顺利找到回家的路。

当池塘的冰结得又厚又硬的时候，他们就再也不用绕着牧场走了，而是直接从冰上滑过去。但是在没有别人同行的时候，妈妈是不允许他们这样做的。

这天早晨，妈妈告诉他们："孩子们，今天不要再从池塘上穿过了，冰开始融化了。"妈妈吻了他们一下，然后说了声再见。

哈利很牵强地说了一声："好吧！妈妈。"但是他是那么喜欢滑冰。当他们来到池塘边时，看到冰还是那么坚固，觉得应该不会有危险。

于是，哈利对妹妹说："你看，冰不是还没有融化吗？妈妈是因为担心咱们掉到水里才那么说的。现在离上课时间还有一个小时呢，让我们滑会儿冰再走吧。"

安妮说道："你不是答应妈妈不再滑了吗？"

"我没有呀！我只是说好吧！可是又没有说是什么事。"

"行吧，就当我什么都没说，现在我们可以做自己喜欢的事了。"安妮也附和道。

他们走上了冰面，开始向中心前进，可是没多久，冰就开始断裂，他们都掉进了水里。

他们开始大声呼叫，有一个人正好在附近工作，听到他们的喊声赶紧跑过来，立刻下水将他俩救了上来。那时，哈利还有力气向上爬，可是安妮却差点儿被淹死。

哈利都快被冻僵了，他向妈妈坦白了自己所做的事，并保证以后再也不会不听妈妈的话了。他会永远记住这次教训的。

阅读思考

1. 为什么哈利和安妮在上学的路上十分愉快？

2. 当妈妈告诉哈利不要再去滑冰的时候，哈利听妈妈的话了吗？后来造成了怎样的后果？

3. 父母总会约束孩子去做一些事情，你的父母有这样的行为吗？那么他们的目的是什么？

第2课

见 风 使 舵

德比：早上好，朋友，今天我得到几英里远的地方去，你可以把你的灰马借给我吗？非常感谢。

斯瑞斯：哦，亲爱的德比，我非常乐意为你效劳，可是我的妻子想上午要一点儿上等的面，所以我不得不去磨房磨一袋玉米。你是知道的，如果让她失望将会有怎样的后果。

德比：我想今天你会失望了，因为磨房并不开门。今天磨坊主和威尔谈话时恰好被我听到，说今天的水太浅，根本无法带动机器。

斯瑞斯：天呀！怎么会这样？简直太糟糕了。那我就不得不去镇上了，如果我磨不了面，我老婆不会善罢甘休的。

德比：我家有已经磨好的面，你妻子想借多少都可以，这不正好省得你再去镇上了吗？

斯瑞斯：可是，德比，你不知道我妻子是多么古怪的一个人，你们家的面不会令她满意的。

德比：哦，不管她有多古怪，我保证她会满意的，因为我家的面正是从你家买来的呢。当时你们还说那是最好的。

斯瑞斯：的确如此，那面是最好的。朋友，你是知道的，我一向很乐意为朋友效劳，但是我不得不告诉你，我的马今天并不想吃草，并且我还担心它会不会驮你。

德比：你放心吧！我会在路上喂它燕麦的。

斯瑞斯：燕麦？朋友，那可不便宜呀。

德比：我不会在乎这些零散的小事的，因为马上我就会有一份好工作了。

斯瑞斯：但是路那么滑，我怕马会摔倒使你受伤。

德比：哦，这个你不用担心，马的步子一向很稳的。以前我还看见过它驮着你去镇上。

斯瑞斯：哎！我看只有告诉你真相了。我真的很想帮助你，可是我的马鞍已经不能用了，就连马笼头都已经拿去修了。

德比：恰好我家有不用的马鞍和马笼头，我可以拿来的。

斯瑞斯：哦？是吗？可是我觉得你的马鞍和我的马是不匹配的，你不知道我的马有多挑剔。

德比：那我可以向劳尔得去借。

斯瑞斯：劳尔得？不，他的还没有你的好。

德比：如果实在不行我可以去找我的好朋友斯奎借，他那有很多，我想总有和你的马匹配的。

斯瑞斯：哦，朋友，你是知道的，我最乐意帮助邻居们了，我的马肯定会让你用的。不过它都整整三周没有洗过澡了，刘海和鬃毛也急须修理。如果它现在的模样被人看到，肯定会影响它以后的销售的。

德比：这很简单，我的儿子就可以帮你洗刷，会很快的。

斯瑞斯：对了，我突然想起我的马还没有钉马掌。

德比：找附近的铁匠不就行了吗？

斯瑞斯：什么？他不过是个补锅匠，我可不想将我的马交给这种笨拙的人。除了汤姆大叔，我不相信任何人可以做好这件事。

德比：太巧了，我正好从他家门口经过。

斯瑞斯：（叫他的儿子）泰姆，泰姆！德比来向我借咱家的灰马。你是知道的，上周马背上被蹭掉了一层皮，有巴掌那么大（对泰姆使眼色）。但是，我想它现在应该没事了。泰姆，你了解我的，我是多么想帮助我的邻居，我应该尽力去做任何好事。如果我的马能为我的邻居效劳，我一定会毫不犹豫地借出去。德比，从泰姆的脸上我可以看出他是想借给你的。我想不管马怎样我都是想借给你的。即使我拒绝了，我也希望你执意将他借走。没有人说过需要我帮忙的时候我向后退的。泰姆，还是你来告诉他吧。

泰姆：你让我说什么呢？父亲，我和你一样热心，想帮助咱们的邻居。但是我的马现在实在走不了。他背上蹭掉的皮有巴掌那么大呢，就像你的帽檐那么大。并且，我还答应了耐克，只要马可以走远路了，我就会借给他，让他将苹果驮到市场上去。

斯瑞斯：你听到了吧。我真的很抱歉。我真心想把马借给你，可是我真的很过意不去，不知道怎么会出这样的事情。

德比：老朋友，我也深感遗憾。其实，我今天早晨收到克瑞斯先生的来信，他说要把山上木材的优先买卖权给我，让我今天去镇上一趟。我本打算分你一半呢，至少应该有50美元吧。可是，你的马既然……

斯瑞斯：50美元？是真的50美元吗？

德比：是的，可是既然你的马病了，我就只好去借铁匠罗恩的马来用了。

斯瑞斯：罗恩！不，德比，我可以将马借给你的。泰姆，去告诉耐克，我们不能将马借给他用了，因为德比要用。我实在不好意思拒绝老朋友的请求。

德比：可是你又怎么去磨面呢？

斯瑞斯：就算你将我的马借用一周的时间，我妻子都不会要求去磨面的。

德比：可是你的马鞍并不能用呀？

斯瑞斯：那是旧的。我又买了一副新的，你可以最先使用。

德比：我不是还没有先去钉马掌吗？

斯瑞斯：不用的。我差点儿忘了告诉你，上周杜比森已经帮我钉好了。虽然我不是很相信他，可是我感觉他钉得很好。

德比：但是你的马背上蹭掉了一大块皮……

斯瑞斯：呸！那都是泰姆瞎说的。我可以告诉你，最初还没有指甲大呢，早就好了。

德比：那么，它既然不想吃草，还要喂它点儿喜欢吃的东西才行。

斯瑞斯：今天早晨它的确没有吃草，那是因为我喂燕麦给它吃了。你不用担心，朋友。我的马已经准备好了，它会像鸟儿一样飞奔的。希望你旅途愉快，能赚到大钱。

阅读思考

1. 从文中我们可以看出，斯瑞斯是怎样的人？

2. 解释"见风使舵"的含义。

3. 斯瑞斯为什么开始不想让德比使用他的马，但是后来为什么又爽快地答应了？

4. 你的身边有像斯瑞斯这样的人吗？这样的人招人喜欢吗？为什么？

第3课
算 命 先 生

亨利·麦肯尼

　　一个小石子钻进了哈利的鞋子，于是他找了一块石头坐下来，脱下了鞋子。这时，一个老乞丐朝他走来。那人身穿一件破烂的棉袄，上面打满了各种颜色的补丁，主要是褐色和蓝色的。他手中拿着一根弯弯曲曲的多节拐杖，在拐杖的顶端还套着一个山羊角。他没有穿鞋，只有一双长长的袜子，可是脚踝以下的部分全都磨破了。他并没有表现出哀愁，而是露出淡淡的微笑，且微笑中存有一丝幽默和风趣。他迈着方步前进，一只瘸腿的小狗跟在他的后面。

　　哈利想："人原来并非天生就对任何事物都十分敏感。这个乞丐竟能光着脚在石子路上行走，而我竟然忍受不了一个小石子。"老乞丐走过来，将自己的破草帽摘下，请求哈利的施舍。那小狗也用双腿站起，开始汪汪地叫着，并用可怜的眼神望着哈利。

　　不可能两个都拒绝，即使看在老人光脚的分上，也应该付出6便士。

　　对于哈利慷慨的施舍，老乞丐十分感激，说了一堆祝福话。然后他笑着问哈利要不要算卦。哈利不屑一顾地用眼睛瞥了他一眼，老乞丐却没有吭声。哈利说："我还真想了解一些事情，以你所知道的，你会告诉我什么？你们这一行很有趣。你坐在这块石头上，跟我说说你们这一行是怎么回事。我也一直想当一段时间的算命先生呢。"

　　乞丐说道："先生，我很喜欢你的直率。我在年轻的时候也同样直率。然而在这个世界上那样做根本行不通，我们只能做我们可以做的事。我们这一行业，事实就是你想的那样：说谎。可我也是被逼无奈，过去我也一直讲真话。过去我是个工人，挣的钱仅够维持基本的生活，根本没有任何积蓄。人们把我当成小丑，哈利先生，小丑又有几个是有钱的呢？"

"哦？听你的口气，好像认识我？"

"是的，我对这里的人都很了解，要不怎么去算命呢？"

"哦，好的，继续你的故事。你是一个工人，一个小丑。我想你的勤奋只存留在了以前的工作中，而这份工作只保留了你的幽默。"

"先生，一个人忧伤的表现是什么？就是一天天地憔悴下去。我如今四处流浪的生活是被逼出来的。首先是疾病的侵袭，我只要一工作就会胃疼。这是真的，在很长的一段时间里我几乎虚弱到了极点。只要开始工作我就会吐血。在这个世界上我没有一个亲人，就是我最招人喜欢的时候，朋友与我交往也不会超过一个星期。所以我开始了我的乞讨生涯，然而，我这样做也是迫不得已。我将自己的遭遇讲给人们听，他们都不相信。只有少数的路人会扔下半个便士，然后摇头离去，表示他们并不想听我的任何故事。我看到大多数人都不想施舍，除非他们有政府的补贴——像那些安了假肢的人或者残疾人。所以我不再让人们听那些悲哀的故事，而是开始向他们预言幸福。"

"我发现这种方法的确管用。人们都喜欢听自己的事，即使那些根本不相信命运的人也会在听自己的故事时专心致志。我将那些人的朋友的名字一一记下，并从他们的邻居或仆人口中获得一些他们的风流韵事或家庭纷争等零零碎碎的小事。所以在算命这一职业中，人们给我传递了最珍贵的信息。因为人人都想听他们心中所想的事，人们都想得到自己的利益，所以他们也不会让我们迷惑。当你将听来的消息一一告诉他们之后，他们惊讶的表情是你想都想不到的。所以，我借着自己还不错的记忆力和并不算笨的脑袋，做了一名成功的算命先生，再有这只小狗的帮助，我总算找到了我的谋生之路。"

"做我这一行虽然说不上什么诚实，但是也没有怎么蒙骗人。人们付出半个便士，就可以想象一些自己的美好生活。先生，我得走了，我还要走3英里的路程呢。在中午之前我要赶到那所寄宿学校，因为那里的小姐们正等着我去告诉她们，她们以后的丈夫是皇室子孙还是部队军官，我已经答应她们到时候会给她们答案的。"

哈利从口袋中又掏出了一个先令，但是"道德"二字让他开始衡量到底要把这个硬币给谁。"道德"让哈利的手缩了回去，可是"道德"的妹妹还是较为温顺的，她不像"道德"那么苛刻，又不像"同情"那么严肃，她已经向哈利露出了微笑，哈利将手指松开，"道德"也并没有阻止他的行动。硬币刚一着地，小狗就用嘴咬住了，可是与别的管家不同，它马上将钱交到了主人的手中。

知识拓展

★ **亨利·麦肯尼（1745—1831）**

亨利·麦肯尼是爱丁堡的一名律师，在他的一生中，结识了很多著名的文学家。这为他以后的写作奠定了基础，其作品主要有《敏感的人》《天地之人》等。

阅读思考

1. 算命先生为什么要选择算命这一职业？

2. 算命先生是怎样给别人算命的？

3. 为什么当"我"知道算命先生是靠骗人来生活的时候，"我"仍然将一先令硬币扔在了地上？

4. 你相信命运吗？你遇到过算命先生吗？请将自己的经历讲给大家听。

第4课

为什么海水是咸的

在很久很久以前，有这样两个兄弟，哥哥很富有，弟弟则很贫穷。圣诞节越来越近了，可是弟弟家什么都没有，根本无法准备圣诞晚餐，于是他就去找自己的哥哥，想得到一些简单的礼物。

他的哥哥虽然很富有，心却很坏。当弟弟说明自己的来意后，他立刻将脸沉了下来。但是，在圣诞节，人们都会相互送礼物，当他看到烟囱上那些准备熏烤的香肠时，就将它摘下来给了弟弟，并告诉他"以后再也不要让我看见你"。

可怜的弟弟拿起那些香肠，向他的哥哥道谢之后就走了。他回家要经过一片森林，当他走进森林深处时，遇见了一个白胡子老头，那个老人正在砍树。年轻人上前问候道："晚上好！"

老人也回应了一句"晚上好"，然后停了下来，并抬起头看这位年轻人。当看到他手中的香肠时，老人说道："你手中的香肠不错呀！"于是，年轻人将自己的经历告诉了老人。

老人说："你的好运来了，因为你遇见了我。你如果将这香肠带到那群小矮人那里，一定会卖很多钱，他们最喜欢的食物就是香肠了。你顺着这棵树向下走就可以到达他们那里。不过你一定要记住：千万不要用香肠去换钱，你要换他们门后的那个手摇磨石。你回来之后我会告诉你怎样去用它。"

年轻人谢过老人，就顺着老人指的路——树根下的石头那走去。在这石头的后边就是小矮人居住的地方。所以，他刚刚到达那里，小矮人们就都凑了上来，他们闻到了香肠的味道，于是拿出很多钱币和矿石来和年轻人交换，然而年轻人都一一拒绝了，说自己只要门口的那个手摇磨石。

听到这，小矮人们开始犹豫了。于是，年轻人说道："看来我们的交易不能成功了，那么，再见吧！"

这时，香肠的香气已经飘进了小矮人住所的每一个角落，那些挖矿的人也停下了手中的活，都想来吃香肠。

有些新来的人说："就把旧磨石给他吧！反正他也不会用，这样我们就可以好好地享受香肠了。"

最后，小矮人们终于答应了，他们将磨石送给了年轻人。那块磨石只有那块香肠的一半大。年轻人回到了森林，老人将磨石的使用方法告诉了他。因为耽误了很长时间，所以年轻人到家已经深更半夜了。

他的妻子见他回来，忙问道："你到哪里去了？我一直在等你，我们连生火的柴都没有，在圣诞节的晚上我们没有任何吃的。"

屋子里又阴又冷，年轻人让妻子再耐心等一会儿，说会有奇迹出现的。于是，他拿出了手摇磨石，开始转动它的把手。他心里默念着一些东西，随后就出来了一些燃烧着的漂亮蜡烛，后来炉子中的火也烧了起来，锅里正在煮着香喷喷的食物。这些正是他想得到的。然后，他又摇出一张桌布，一些盘子、勺子以及刀叉。

你应该想象得出，他自己都被眼前的情景惊呆了，妻子既惊讶又高兴。他们享受了一顿丰盛的晚餐。饭后，他们又将自己想要的东西摇了出来，快乐而又温馨地度过了这个圣诞节。第二天，当那些去教堂的人们经过他家门口的时候，几乎都不敢相信眼前发生的一切：他们家的窗户已不再是旧木板，而是明亮的玻璃，年轻人和他的妻子身穿漂亮的衣服在虔诚地祈祷着。

人们都开始说："这真是太奇怪了！"三天之后，年轻人的哥哥被邀来参加了一次晚宴，那次晚宴是那么丰盛，桌子上铺着雪白的桌布，所有的餐具都是金银制品。就算那些富人用尽所有的财富也不可能得到这些。

哥哥不禁惊异地问弟弟："这简直太奇怪了，你是怎么得到这些东西的？"于是，弟弟将自己和小矮人交换香肠的事告诉了他的哥哥，然后，他将磨石放在桌上，摇出了很多衣服、鞋子、袜子和毯子，并让自己的妻子将这些东西送给了在房前围观的那些穷人。

富有的哥哥开始嫉妒自己的弟弟，他说想拿磨石借用一下，可是他并不诚实，其实他想拿走之后据为己有，再也不还回来了。可是弟弟没有答应他的要求，因为老人曾说过，这个磨石不能借给或卖给任何人。

很多年以后，年轻人在海边建起了一座面朝西方的城堡，每当太阳下山的时

候，夕阳就会折射到城堡的窗子上，这时，在很远的海面上就可以看到这个漂亮的城堡。它几乎成了水手航行的一个标志。并且经常有远方的人们来参观这座城堡和那块神奇的磨石。

后来，一个外国商人来到了这里，他想知道磨石可不可以磨出食盐，因为他是一个贩盐商。当他知道磨石也会出盐时，便想将这块磨石买走，这样他就可以随时有盐出卖，再也不用跑这么远的路来贩盐了。

然而磨石的主人却不想把它卖掉，即使他现在已经很富有，几乎用不着磨石了，但是每年的圣诞节他都会磨出一些衣服、食物和燃料，送给那些穷人和孩子。所以不管商人提出什么条件都被他拒绝了。但是那位商人并不死心，他买通了磨石主人的一个奴仆，让他晚上将磨石偷偷地拿了出来。磨石一到手，商人就坐上船逃跑了。

商人刚刚到达海面，就急迫地磨起盐来。他大声喊道："磨石，磨石，请为我磨出食盐来吧，请磨出很多很多的食盐。"磨石开始出盐，水手们开始拿袋子来装，但是当袋子都被装满时，盐还不住地向外冒。

那位商人开始有些害怕了。这可怎么办？最后因为船上的盐太多了，船慢慢沉了下去，在它下沉的地方出现了一个大旋涡。到船沉入海底的时候，船裂开了，可是磨石却仍在不停地磨盐。这是流传在丹麦和挪威农民口中的一则故事，到此我们就知道了为什么海水是咸的。

知识拓展

★ 神话传说

传说是一种以口头叙事的文学，分为神话传说和民间传说两种，在文学史上占有重要的地位，是一个国家和民族的宝贵精神财富。传说中的内容及人物对各民族的历史产生了很大的影响，尤其是丰富的想象手法对后世的浪漫主义文学的产生奠定了基础，亦为后世提供了丰富的题材。这些传说为我们研究人类的早期生活、婚姻、宗教和习俗提供了重要的文献资料。

阅读思考

1. 穷人是怎样得到小矮人的磨石的？

2. 为什么当穷人很富足之后，仍然不想将磨石送给商人？

3. 商人通过什么方法得到了磨石？

4. 这个故事告诉我们一个什么道理？

第5课

哈 姆 雷 特

威廉·莎士比亚

（第一幕，第三场，哈姆雷特独自待在城苏

堡的一间屋子里。赫瑞斯、马赛洛和柏纳多入）

赫：尊敬的殿下。

哈：看你们安然无恙我很高兴，赫瑞斯，我差点儿把你给忘了。

赫：是的，可是我仍是你忠实的奴仆。

哈：先生，朋友，我宁可和你交换这个称呼。你从卫登堡来这有什么事，赫瑞斯？

（见到赫之同伴们）——马赛洛？

马：（敬礼）殿下。

哈：见到你非常高兴。

（对柏纳多）晚安，先生。

（对赫瑞斯）但是你从卫登堡来这里是为了何事？

赫：是我逃兵的性格所驱使，殿下。

哈：我不允许你的敌人这样称呼你，我同样不希望从你的口中听到这样刺耳的话。

我知道你不是个逃兵。但是，你在艾辛诺尔有什么事吗？在你离开之前我们必须痛饮一番。

赫：殿下，我是来参加令尊丧礼的。

哈：我求你不要再嘲笑我了，我想你是来参加我母亲婚礼的。

赫：真的，这一切来得太突然。

哈：快，快，赫瑞斯，连葬礼上的残羹冷炙也被搬到婚宴上了。我宁愿在天堂与我的劲敌相遇，也不想看到那一天，赫瑞斯。

我的父亲，我感觉我见到我的父亲了……

赫：（神情慌张）在哪里，殿下？

哈：在我的明智的眼睛里，赫瑞斯。

赫：我也曾见到过他，他是一个仁慈的国王。

哈：他很完美，以后我再也不会见到他的模样了。

赫：殿下，我想，昨晚我又见到他了。

哈：见到谁？

赫：殿下，是您的父亲。

哈：我的父亲？

赫：先别急，我有两位证人，我遇到了一件奇怪的事，让我慢慢讲给你听。

哈：天啊！让我听！

赫：连续两晚，他们——马赛洛与柏纳多——在安静的夜晚站岗的时候，看见一个和您父亲很像的人，他全副武装，在他们面前庄严地迈着步伐，就在眼前。他常常以这种形象出现，吓得他们目瞪口呆，不知如何是好。当他们将这件事情告诉我的时候，我决定和他们共同去巡逻。结果，仍然在那一时辰，您的父亲又出现了，就是他们所说的那种形象，那幽灵的现身，让他们的话得到了证实。我对您的父亲就好像对我的手掌一样熟悉。（他展开自己的双手）

哈：在哪里？

马：殿下，就在城墙的瞭望台上。

哈：你与他说话没有？

赫：是的，殿下，可是他却不搭理我。有一次我看到他想说话，可是公鸡开始啼叫，他马上就消失了。

哈：这真的很奇怪。

赫：我对天发誓，殿下，我所说的全是真话，并且我想我有责任将这一切告诉您。

哈：当然，先生们。不过，这件事让我好烦恼，你们今晚还会巡逻吗？

所有的人：是的，殿下。

哈：你们说他全身披挂着铠甲？

所有的人：是的，殿下。

哈：周身上下？

所有的人：殿下，周身上下。

哈：那么，你看到他的脸了吗？

赫：是的，殿下，他头盔的护面罩是敞开的。

哈：那他的脸色呢，是愤怒的表情吗？

赫：更多的是悲哀。

哈：是苍白的还是红润的？

赫：嗯，十分苍白。

哈：他会一直盯着你吗？

赫：是的。

哈：我真希望那时我也在。

赫：您一定会感到吃惊。

哈：一定会。他待了多长时间？

赫：几乎百数之久。

马：更长，更长。

赫：我见到他时不是很长。

哈：他的胡子是白的吗？

赫：和他生前是一样的，黑中带灰。

哈：今晚我也要去巡逻，也许他还会出现。

赫：我想会的。

哈：如果父王再次出现，即使大地崩裂阻止我说话，我也不会有所顾忌。我希望你们继续为这件事保守秘密，咱们自己知道足矣。大恩大德我定将回报。这样吧，今晚11点到12点之间咱们城墙那儿见。

知识拓展

★ 威廉·莎士比亚（1564—1616）

威廉·莎士比亚是英国文艺复兴时期伟大的剧作家、诗人。他出生于英国中部瓦维克郡的一个富裕家庭，7岁时被送入一所法文学校，后来，因为父亲破产，还未毕业只好辍学，从此走上谋生的道路。在1588年左右，他开始写作，并创作出了大量的文学作品。其代表作有四大悲剧——《哈姆雷特》《奥赛罗》《李尔王》和《麦克白》，除此之外，还有《仲夏夜之梦》《威尼斯商人》《皆大欢喜》等。

第6课
黄 金 准 则

苏珊一直是一个正直的孩子。之前，她对于黄金法则——"你想别人怎样待你，你就要怎样去对待别人"，从没有好好思索过。她越想越觉得自己并不是时时都在遵循这一法则。最后，她不得不去向妈妈请教。

妈妈说："这就是告诉我们，不要存有私心。一个爱他人胜过爱自己的人是从来不会苛求别人做什么事的。不仅如此，如果你希望别人以怎样的态度来对你，你自己就先要以怎样的态度去对待别人。切记，对别人的过错加以指责总是比抵制住自己的诱惑容易。"

"有的人虽然诚实，但很自私。黄金法则的含义不单指诚实、正直，还有善良。有一个故事是这样讲的，一个人从一个受伤的人身边经过，然而他却没有给伤员任何帮助，也许这个人是正直的，但是他却没有同情心，他并没有给对方想要的帮助。这个故事就对黄金法则作了很好的阐述。"

苏珊开始回味妈妈所说的话。当她想到自己之前的所作所为时，不禁脸红了，并流露出悔恨的表情，以前她所做的那些自私的或不对的行为全都涌进了脑海中。她想，以后不管遇到什么事，一定要按照黄金法则去办。

不久之后，一个考验苏珊的机会来临了。每一周苏珊的妈妈都会为那些在汤普森的小旅店住宿的人洗衣服，然后得到5美元的薪酬。那个周六的晚上，苏珊和平时一样去那里替妈妈领钱，这位农场主正在马厩中。

他此时正在生气呢，因为那些买马的马贩子一直在和他讨价还价。他手中拿着一个钱包，里面装满了钱。当苏珊说明来意之后，汤普森并没有因为苏珊的打扰而生气，而是迅速拿出钱塞给了苏珊。

苏珊为自己顺利拿到钱而高兴不已。她匆忙离开了那里，在路上她想将钱放在自己的围巾中。可是这时她却发现那并不是一张钞票而是两张。她观望了一下四周，见附近并没有别人，于是开始为这一笔意外之财而兴奋不已。

她想："这全都是我的了。我要拿它去为妈妈买一件斗篷，然后让妈妈把那件旧的送给玛丽姐姐，这样的话，玛丽姐姐周日就可以和我一起去学校了。剩下的也许还够给弟弟汤姆买一双鞋呢。"

可是不一会儿她又想，这些钱肯定是汤普森弄错了，本不应该归她的。她想到这的时候，有一个低沉的声音说："是给你的，你怎么就知道不是他送给你让你去买礼物的呢？拿着吧！他不会知道的。即使是真的弄错了，他的钱包中有那么多钱，他也不会记清的。"

在回家的路上，苏珊的内心一直处在矛盾之中。她一直在想到底是钱重要还是诚实重要。

当她来到家门口的那座小桥时，看到了她和母亲谈话时坐的那把椅子，现在它已有些生锈了，黄金法则立刻在她耳边浮起："你想别人怎样待你，你就要怎样去对待别人。"

苏珊突然转身向汤普森家的方向拼命跑去，就像在逃离什么危险似的，速度快得惊人。当她又一次出现在汤普森的店门口时，那位老人不禁感到有些奇怪："你怎么又来了？有什么事吗？"

苏珊颤抖着声音说："先生，刚才你给了我两张钞票，而不是一张。"

"什么？两张？让我看看，哦，的确是两张。你是刚刚发现的吗？你为什么不早点儿送回来？"苏珊羞愧地低下了头。

汤普森接着说："我想你是想把多余的留给自己吧！不过还好，你妈妈比你诚实，要不我就要白白损失5美元了。"

苏珊解释道："我妈妈根本不知道这件事，我还没有到家就把钱又送回来了。"

老人注视着眼前的这个孩子，他看到从她眼中滑下的泪水，心也被触动了。老人从自己的口袋中拿出一先令，给了苏珊。

苏珊抽泣着说："先生，我不要，谢谢你。我不想因为自己做对了事而得到报酬。我只是不想让你把我看成不诚实的人，因为它对我来说的确有很大的诱惑。先生，如果你看到自己的亲人连生活用品都用不起的话，你就会明白：我们想要别人对我们和我们对他们一样好是多么不容易。"

这个自私的老人被苏珊的话深深打动了。他向小女孩道了声晚安，然后进了屋。他还在自言自语地说："有些人虽然年纪轻轻，但很明白事理。"老人为自己的行为感到惭愧，但是他也会变好的。苏珊高兴回到家中。她后来成为了一个有用的人。在她的一生中，永远没有忘记过怎样抵制住人生最大的诱惑。

阅读思考

1. 什么是"黄金法则"？

2. 苏珊的妈妈为什么要到汤普森老人那里去洗衣服？

3. 当苏珊发现汤普森老人多给了她钱的时候，她是怎样想的？她的情感又有着怎样的变化？

4. 为什么汤普森老人被苏珊感动了？

第7课
一位传统的姑娘

露依莎·梅·阿尔科特

　　波莉希望那个"可怕的男孩"（汤姆）不在，可是他在，并且在吃饭的时候他一直用令人反感的眼神盯着她。

　　肖先生是一个看似忙碌的男人，他说："亲爱的，你好吗？我希望你过得愉快。"然后他就好像把她给忘了。肖太太是一位很喜欢安静的老太太，她头戴一顶小帽子，看上去十分滑稽。她见到波莉，不禁尖叫起来："天啊！她和她的母亲几乎一样，她的母亲是那么温柔，亲爱的，她现在怎样了？"在吃饭的时候，肖太太一直用眼睛盯着波莉，波莉被她和汤姆弄得都没有食欲了。

　　她的表姐凡尼说起话来就像喜鹊一样，而莫得则不停地动来动去。汤姆把她按在了桌子下面，她哇哇大哭起来，最后保姆将汤姆带走了。

　　总之，这顿饭吃得很难受，好不容易等到晚餐结束，人们都各自去忙了。在行过必要的礼仪之后，凡尼被裁缝叫走了，只留下波莉一个人休息。

　　能单独待一会儿波莉感到很高兴，她左瞧瞧右看看，摸摸这摸摸那，夕阳慢慢地落下，屋子中的炉火开始亮了起来。波莉走在柔软的地毯上，嘴里哼起了歌。

　　这时，老太太走了过来，坐在椅子上，说道："这是一首老歌了，很好听，亲爱的，你为我唱唱，我都很长时间没有听过这首歌了。"

　　波莉不习惯于在他人面前唱歌，并且除了她忙碌的母亲，没有人教过她唱歌。然而她懂得要尊重老人，所以她答应了，并走到了钢琴前。

　　波莉唱完后，老人又说道："这样的曲子的确很好听，亲爱的，再为我唱几首吧。"

　　听到别人的夸奖，波莉高兴极了，她悦耳的歌声打动了听众的心。波莉会唱很多老歌，并且唱得一首比一首好听。她在唱《祝查理国王健康长寿》的时候，屋子中充满了大提琴的声音和小姑娘的歌声。

背后突然传来汤姆的声音："这首曲子很好听，可以再唱一遍吗？"原来汤姆一直在屋子中藏着，这时高高的椅背后露出了他红红的头发。

波莉异常惊讶，因为她以为屋子里除了在火炉边将要睡着的老太太，再没有其他人听她唱歌。"我不能再唱了，我很累。"说完，她跟着老太太走进了另一个房间。波莉冷冷的语气让红头发马上消失了。

老太太将波莉的手放在自己的膝盖上，用温柔的眼神看着她。波莉已经不再注意老太太的小帽子，而是微笑地望着她。她非常高兴自己的歌声能为别人带来欢乐。

"亲爱的，请不要介意我对你左看右看。"老太太一边说，一边用手捏了捏波莉的红脸蛋。"我好久没有见过这样的小姑娘了，看到你我的眼睛感到很舒服。"

波莉感到很奇怪，于是问道："凡尼和莫得不也是小姑娘吗？"

"哦，亲爱的，我说的不是那种小姑娘。凡尼已经变成了年轻的女人，莫得呢，只是一个被惯坏的孩子。孩子，你母亲真是一个明智的女人。"

波莉心想："这老太太真烦琐。"但是她还是毕恭毕敬地说道："是的，夫人。"然后转头去看炉子中的火焰。

老太太又问道："你不太明白我的意思，是吗？"然后用手抚摸着波莉的脸。"是的，夫人，不太明白。"

"好吧，亲爱的，让我来告诉你。我们小时候，到十四五岁也不去追逐时尚。现在的孩子还未成人就开始参加各种舞会，生活散漫、乏味，没有意义。我们到18岁的时候还是个孩子，不管是学习、玩耍、打扮，还是尊敬父母。在我的印象中，我那时在田间的时光比现在的时间都长。"

老太太说完，好像已经忘记了波莉的存在。她用一只手拍着自己的另一只手，盯着挂在墙上的一幅画像，上面是一位老绅士，衬衣在胸前有很多褶皱，后面留着一条辫子。"夫人，这是你的父亲？"

"对，亲爱的，他就是我尊敬的父亲。他的饰物都是我替他整理的，一直到他去世。他曾经让自己的6个女儿比赛，看谁在他的真丝袜子上绣的花最好看，结果我赢了，所以得到了5美元的奖励。"

　　波莉惊叫道："你一定感觉很骄傲。"说着她靠在了老太太的膝盖上。

　　"是的，那时我们都会学着烤面包，做饭，穿印花棉布的连衣裙，生活像小猫一样快乐。后来我们都有了自己的子孙，我是最后拥有的，我就要满70岁了，可是亲爱的，我还没有活够。我的女儿肖从40岁至今就一病不起了。"

　　"我就是这样长大的，所以也许正因为如此凡尼说我太传统。再讲讲你爸爸的事，行吗？我很爱听他的故事。"

　　"你应该说'父亲'，因为我们从不叫他爸爸。并且如果我的哥哥或姐姐有谁敢叫他长官的话，就要被处罚一先令。"

知识拓展

★ 露依莎·梅·阿尔科特（1833—1888）

　　美国女作家，出生在宾夕法尼亚州的日耳曼敦，父亲是一名作家和教师，对她以后的写作生涯产生了很大的影响。其代表作《小妇人》是美国的经典文学作品。此外，还有《小男人》《乔的孩子们》等作品。

阅读思考

1.文中所说的"一位传统的姑娘"指的是谁？

2.从文中我们可以看出波莉和肖太太的关系吗？

3.你知道什么是"传统"吗？传统的东西对我们来说有什么好处或害处？

第8课
我没有捕到的鱼

约翰·格林里夫·惠蒂尔

　　我的叔叔是一个安静和善的人，非常喜欢打猎和钓鱼。他还没有结婚，至今和我们生活在一起。我们小时候很喜欢和他一起去格利特山、布兰德森林和池塘边玩，不过我最喜欢的要数布鲁克乡村。我们很喜欢在玉米地中或干草丛中工作，如果可以早早地完成任务，下午我们就可以去树林中或小溪边散步了。

　　对于我们第一次钓鱼的经历我仍记忆犹新，就像刚刚发生过似的。在我一生中的所有快乐时光里，没有哪一次可以和这次相比。那是我第一次从叔叔手中接过了鱼竿，然后穿过了森林和草地。那时正是初夏，周围安静而温和，小路上铺满了树木折射下来的影子。树叶和花朵更加鲜艳，鸟儿也在一路上欢快地唱着歌谣。

　　我的叔叔有着丰富的经验，他知道梭鱼出没的地方，然后精心地帮我挑选着位置。我根据以前看到过的别人钓鱼的情景，将鱼线扔了出去，等着鱼儿上钩，我模仿青蛙的姿势在水面上一点一点地撒着鱼饵。可是半天过去了，我什么都没有钓到。叔叔说："再试试吧！"这时，我的鱼饵突然沉入了水底，我想，现在肯定有鱼上钩了。

　　我使劲向上一拉，上来的却是一堆稻草。我再次将鱼钩扔了下去，可是一次又一次之后，我的收获仍为空。我用恳求的眼神望着叔叔，他却告诉我："再来一次，渔夫需要很大的耐心。"

　　突然，一个东西拉住了我的鱼线，将它往水中拉着。我向上斜拉着鱼线，在阳光的照射下我看到了一条扭动身姿的小鱼。我转头激动地大叫起来："叔叔，我钓到了鱼。"叔叔说："还没有呢。"话音刚落，只听见啪嗒一声，随着一道光芒的消失，小鱼又掉进了水里，我的鱼钩变成空的了。我的胜利又归为了零。

　　我们总是以成人的悲伤为标准,以显示童年时期悲伤的轻微。可是童年时期我们并不是这么想。成人之后总是用理智、自尊和经验去克制自己的情感,为了不让自己表现出尴尬,我们对待一切仍不忘礼节。然而童年时期的悲伤却并非如此,那时没有理智,悲伤会占满我们的全部心灵。比如玩具的鼻子破了,就好像整个世界都无法补救;一个弹球丢了,好像整个世界也都被失去了。那时,我坐在草丛中,心中充满了失望。叔叔说河中还有很多鱼可以钓,可是我却不去听他的任何劝慰。他将鱼饵重新放好,将鱼竿交到我的手中,告诉我重新试试。

　　然后,他笑着说:"记住,孩子,在将鱼放到岸上之前,千万不要吹嘘自己钓到了鱼。我看到过很多这样的人,他们的行为就像傻子一样。在事情做完之前,吹嘘没有任何作用。只要你完成了一切,事实就可以说明一切了。"

　　在以后很多时候,我都会想起这件事。当我听到那些人吹嘘自己没有完成的事,并将自己未取得的成就拿出来炫耀的时候,我就会想到那次在小河边的情景。通过这件事,叔叔告诉了我一条生活哲理:在钓到鱼之前,千万不要炫耀。

知识拓展

★ 约翰·格林里夫·惠蒂尔(1807—1892)

　　约翰·格林里夫·惠蒂尔,美国诗人。主要诗作有《赤脚的男孩》《芭芭拉》《雪界:一首冬季的田园诗》。他的诗作很多都是以家乡朴实的景色和平凡的人为素材,对人们产生了很大的影响。

阅读思考

　　1. "我"对第一次钓鱼的感受是怎样的?

　　2. 在第一次钓鱼的时候,有鱼上钩吗?

　　3. 在钓鱼的经历中,"我"学到了什么知识?

　　4. 叔叔告诉"我"的话有道理吗?在现实生活中你遇到过爱吹嘘的人吗?请给大家讲讲。

第14部分
温顺和蔼

AMERICAN
LITERATURE

第1课

回　声

一天，罗伯特走在山间的小路上，他突然大喊了两声："啊！啊！"可是山的对面竟然也传来同样的声音："啊！啊！"

他很吃惊，于是问道："你是谁？"结果山对面也传来了一声："你是谁？"

罗伯特有些生气地说："你是个傻子！"结果这句话也从山中传来，并且语调和口气跟罗伯特的一样。

他走进灌木丛，想知道到底是谁在捉弄他，可是却没见到一个人影。

回到家中，他对妈妈说有一个男孩躲在山中捉弄他。

妈妈说："罗伯特，没有任何人捉弄你，你听到的那是自己的声音，你是在跟自己怄气呢。"

罗伯特说："怎么可能呢？妈妈，不会这样的。"

"孩子，难道你不知道什么是回声吗？"妈妈问道。

"回声？妈妈，我连听都没有听过，那是什么东西？"

于是，妈妈说："好的，让妈妈来告诉你。当你打球的时候，如果球打到了墙上，它会弹回来吗？"

罗伯特回答："会的，妈妈，当它弹回来的时候，我就会将它抓住。"

"是的，孩子，当你的面前有一个高大的建筑物或者一座山时，你大声呼喊，你的声音就会被弹回来。所以你就会再次听到自己的声音。"妈妈解释道，"孩子，那就是回声，你当时站在山的前面，你的声音被山弹回来，就形成了回声。所以像是在捉弄你的那个声音也是你的声音呀！"

"你所说的那个坏男孩总是以同样的语调对你说话，所以如果你对他说话温和点儿，他也会温和地对你的。"

"如果你的声音变得甜美，所听到的声音也定会变得甜美的。"

"圣经上有这样一句话'愤怒能被温和驱逐'，当和你的同学玩耍的时候，一定要记住这句话。"

"如果有人对你大吼大叫，你要想起你的回声，对他报以温柔的回击。"

"如果你放学回家，发现弟弟生气了，你要上前温柔地哄他，这样你们就不会再发生冲突了。"

"不管在乡村、田野、树林，还是在家里、学校或外边，你都要记住：温和实际上也是善良和美好，它会让爱由此产生。"

阅读思考

1. 在山间的小路上，是有人在故意捉弄罗伯特吗？

2. 你听到过回声吗？一般在什么地方会有回声出现，试举例说明。

3. 这个故事告诉我们一个什么道理？

第2课
粗鲁的男孩

村里的人都知道，詹姆斯·塞尔顿是一个野蛮的男孩儿。他说话很粗鲁，常常被路人指责。

当他遇见穿着整洁的人就会戏称人家"花花公子"；如果遇见衣衫褴褛的人，他就会拿石头砸过去，或者用其他的手段骚扰人家。

那天下午在放学的路上，他与同学结伴而行。正好遇到一位陌生人，此人虽然穿着朴素，可是却很干净整洁。那人戴着一顶很大的遮阳帽，手中拿着一根木棍，上面挂着一些行李。

瞬间，詹姆斯就想出了一个坏主意。于是，他朝同学使了一个眼色，说："我来耍耍这个人，你们就等着看吧！"他悄悄地走到那人的背后，将他的帽子迅速打掉，然后转身就跑。

那人急忙转过身来，张张口想说什么，可是还没出声就发现詹姆斯已经跑远了。那人只好戴上帽子继续向前走去。詹姆斯再次上前想打那人的帽子，可是这次却没有那么幸运，他的胳膊被陌生人抓住了。

陌生人盯着詹姆斯看时，却被他意外地逃脱了。等他离陌生人有些距离之后，开始拿起石块向陌生人砸去。

当詹姆斯发现自己用石块将那人的头打破了之后，心里害怕极了。别的孩子见状都溜走了，詹姆斯也从田野中绕道回家去了。

当他快走到家门口的时候，遇见了妹妹拉罗琳。只见拉罗琳的手中攥着一条漂亮的项链，还有很多新书，这是专门送给他的。

妹妹用并不顺畅的语言告诉他，离家几年的叔叔回来了，现在正在他们家里，他带来了很多礼物。叔叔为了让自己的哥哥和父亲大吃一惊，将自己的车停在了一里外的一个旅馆里，自己走了回来。

妹妹还告诉他，在路上叔叔的眼睛被一群坏孩子砸伤了，母亲正在为他包扎。当妹妹看到詹姆斯异样的表情时，问道："你怎么了？为什么脸那么苍白？"

詹姆斯说了声"没事"就回家去了，并直接走进了自己的房间。不一会儿，父亲叫他出来见叔叔，可是詹姆斯却站在门口不敢进去。

母亲问道："詹姆斯，你为什么不进来？你从没有这样害羞过呀！过来看看叔叔给你买的礼物，你看这块表多漂亮。"

詹姆斯感到很惭愧。妹妹扯着他的手走进来。詹姆斯用手捂住脸，并低下了头。

叔叔走到詹姆斯跟前，用手分开了他的小手，说道："詹姆斯，你不喜欢叔叔吗？"话音刚落，叔叔又赶紧向后退去："哥哥，这是你的儿子吗？他就是在路上用石头砸我的那个孩子。"

詹姆斯的父母听后，感到异常难过。叔叔虽然慢慢忘却了这件事，但叔叔给詹姆斯买的那些礼物詹姆斯却一样都没有得到，因为父亲坚决不让他要。

那些礼物被分给了其他孩子，他们高兴地跳起来，而詹姆斯只能眼睁睁地看着。后来，他便记住了这次教训，将自己的坏习惯全部改掉了。

阅读思考

1. 文中的詹姆斯是一个怎样的人，他常常以怎样的方式对待他人？

2. 那天，詹姆斯在大街上遇到陌生人的时候，他是怎样做的？

3. 为什么他回家后偷偷溜进了自己的房间，而不敢出来见自己的叔叔？

4. 当詹姆斯的叔叔指出他就是在路上砸伤自己的小男孩时，为什么他的父母很难过？

5. 在生活中养成像詹姆斯一样的毛病好吗？如果我们身上也有和他相似的毛病，以后应该怎么做？

第3课
华盛顿的性格

贾雷德·斯帕克斯

华盛顿指挥若定、举止优雅。他身材匀称，身高6英尺。他的胸脯宽大，四肢修长，体形偏瘦，但形态稳重，肌肉发达。他五官匀称，长着一双淡蓝色的大眼睛，目光炯炯有神，给人稳重、深沉、高雅之感。当他独自一人，或者不与人交谈时，就会显得异常安静，就像在思考什么事情。然而，如果他的注意力高度集中，或者对某件事产生兴趣时，眼神就会变得深沉而机警，脸上也会容光焕发，放射出智慧的光芒。

华盛顿说话并不流利，但是十分恰当，给人发自肺腑之感。在谈话中他很少显示自己的机智和幽默，但是却总给人带来快乐和智慧。他喜欢独处，但是却把对社会贡献自己的力量看成人生的一大快事，他也喜欢怀着满腹的激情与他人分享快乐。他既不严厉，也不谦逊，而是态度和蔼、讲究礼貌、性格开朗。即使如此，人们也总是无法将他具体归于某一类人，他的这种性格和姿态总是给人们留下深刻的印象，并让人感到一种敬畏。这也许是一种人们公认的优越感，以及他外部形态和言行举止共同作用的结果。

华盛顿的一生将他的个人性格充分地展现出来，不光在公共场合能够让人感受到他的伟大，在个人生活中同样如此。正是他的伟大使他得以掌握一个国家的命运，作为美国武装部队的总司令和司法长官，他的言行举止赢得了人们的尊重。他的突出性格是明智、谨慎、明断和刚毅。在他所接手的问题和事情中，没有一个人可以像他那样清楚地分出问题的主次，也没有谁能够像他那样不掺杂任何个人的偏好，更没有人像他那样准确地分辨出什么是真理、什么是谬误。他对事物的思考过程很长，但是一旦作出决定就会坚决执行，他所作的决定几乎没有改变的余地，并且一直执行下去，从始至终。不论是从精神上还是身体上，勇气都是他性格特征的一部分。不管是在战场上，还是在众人情绪激荡之时，他都从未惧怕过，并且这些事也不会对他的思考力有丝毫影响。

华盛顿的理想远大而崇高，他的志向就是要让人民获得幸福和快乐，赢得民众的尊敬和爱戴，不管付出多大的代价。出于对人们赞许的敏感，也因为急须得到人们的承认，所以为了满足人们的虚荣心，还宁可对他们的任性作出让步，所以他常常赢得人们的赞扬。他谨慎但不胆怯，胆大却不莽撞。他做事冷静，意志坚定。他既有先见之明，又能展望未来。他步伐稳重，遇事急躁但可以自制。在他前进的道路中，能够征服每一个障碍，从而赢得荣誉、美名和成功。与谋略相比，他更喜欢说自己正直，在别人身上，他获得了丰富的知识和经验。他的顾问都是聪慧而无过失的人，他敏锐的观察力和明确的判断力，再加上他语言的说服力，总能够让他的助手充分发挥自己的才干，并做出卓越的成绩。

华盛顿的品德无可挑剔，与他的智力相辅相成。他将责任作为自己行动的准则，他超凡的理解力让他的良心保持着圣洁，而不是让他去图谋某件事的成功。任何人都举不出他为了谋取不正当的利益而用龌龊的手段达到目的的事例。正直、真诚、坚持正义在他的身上得到了一一体现。并且，他一旦认定要相信某个人，那么此人就再不会引起他的愤慨，更不会使他失去信任。在他的心目中，软弱、虚假和轻浮都不可原谅。然而，托词、虚伪就更是不可原谅的了。

对待朋友，华盛顿总是正直无私，真诚而可靠，并且对他们永远忠诚。他在朋友面前从不虚伪、掩饰。他的感情很激烈，有时还会因此而爆发。但是，他会在顷刻之间控制住自己的情绪。自制也许是他性格特点中最明显的一个。从另一方面而言，自制也是因为自律的结果。但是，在我们眼中好像自制是唯他独有的，别人并不具备。

华盛顿是一个虔诚的基督教徒，他对宗教的敬重可以通过他的演讲和私人信件中得以体现，这可以堪称典范。他常常将自己获得的一切归于上帝的恩赐。他是慈善而人道的，他对穷人慷慨大方，对于困境中的人，他又宽厚仁慈。作为丈夫、儿子和兄长，他充满了温情和关爱。一般情况下，他从不虚荣、夸耀、傲慢，除非是为了公共利益而迫不得已。

因为他没有嫉妒之心，所以他也从没有忍受过嫉妒的折磨，他从不会因为别人的升职而懊恼，这是一种极高的境界，常人无法做到。如果说他有一种感情可以超越其他感情，那就是对祖国的爱。他的爱国情怀和他的

伟大相对应。他将对祖国的贡献看成自己最神圣的责任，他一生都在忠诚地履行着这一职责，从未有片刻的动摇。无论从思想上还是行动上，他的一生都是如此。

以上就是华盛顿的性格，正是这些性格让他得到了人们的尊敬和爱戴。如果他没有辉煌的业绩、节俭的习惯和正直的心灵，就不会震惊整个世界。如果他自身被很多庸俗的特点所占据，那么也只能是一个平庸之人。正是这些良好的性格、优秀的品质、聪慧的头脑的完美统一，才促成了华盛顿的伟大，其中缺一不可。如果我们将"伟大领袖"的头衔送给他，他亦当之无愧，因为他用一生的经历赢得了这个国家的独立，他所从事的每一项事业都取得了伟大的成功，并且这些成就无一不是以诚信、正直和付出来取得的。这个称号非他莫属。

知识拓展

★ **贾雷德·斯帕克斯（1789—1866）**

贾雷德·斯帕克斯出生于美国康涅狄格州的威灵顿，1815年毕业于哈佛大学。1823年，他在波士顿创办了《北美评论》，并担任编辑一职。后又曾担任哈佛大学校长。他一生中写下了很多关于美国历史和哲学方面的文章，其中有《华盛顿的一生》《富兰克林的一生》等。

阅读思考

1. 从作者对华盛顿的描写中我们可以看出，作者对华盛顿有着怎样的感情？

2. 总结文中提到的华盛顿的性格。

3. 华盛顿身上的哪种性格是我们常人所不具备的？

第4课
控制你的脾气

约翰·托德

　　没有一个人的脾气天生完美，以至于不需要任何修饰和改变；也没有人的脾气天生极坏，坏到没有挽救的余地。我将从一个很特殊的例子中告诉你们：人的脾气是可以控制的。有一位先生，脾气暴躁、易怒，但是后来因为他照顾了一些病人，尤其是精神病人之后，他的脾气开始有了大的转变，他再也没有发过脾气。

　　懂得控制自己脾气的人和顺着自己的脾气随意而为的人，其幸福的程度有很大的区别。如果你总是脾气不好，你就会因为事事而烦心，那么你也不会得到别人的喜爱。生活中的烦心事总是无休无止，所以我们总想逃避，或者变得心情糟糕。

　　让我们看看罗格·谢尔曼，他地位卑微，却成为美国的首届国会议员，他的观点受到很多有名人士的认可。他一生都懂得如何控制自己的脾气，并注重个人修养。以下就是关于他的两件逸事。

　　当时罗格·谢尔曼已经是国会议员了，一天，他正在会客厅中看杂志。隔壁房间里有一个调皮的男孩子，他手中拿着一块镜子，故意让照在镜子上的阳光反射到谢尔曼的脸上。他将椅子移了移，然而那个男孩子仍让光线追随着他。直到他移动了三次椅子之后，仍然躲不开男孩子镜子中的光亮。于是他将书放下，走到窗前，目睹这一事情经过的人都以为他会大骂男孩一通，然而他却把窗户打开，将百叶窗放了下来。

　　此时，我实在忍不住再告诉你一件事。谢尔曼的情感原本是很强烈的，然而他却懂得如何控制自己的情绪。他平时总是平和、稳重而具有约束力的。谢尔曼每天都会在家进行宗教仪式。一天清晨，他们全家聚集在一起祈祷。桌子上放着

一本旧《圣经》。

　　谢尔曼坐下来，他的一个孩子站在他的身边。其余的人在屋中围坐下来，其中的几个孩子已经长大了。除了他的家人，也有学校的几个老师在场。而他的对面则正是他的老母亲。

　　他将《圣经》打开，开始朗诵。然而站在身旁的孩子开始做起了小动作，谢尔曼停下来，让他安静点儿。他接着朗诵，但不一会儿又停了下来开始训斥身边的孩子，这个孩子正是调皮的年纪，所以很难安静下来。他用手轻轻地拍在了孩子的脸上，这虽然并不是真正的打，却恰恰被他的老母亲看到。他母亲慢慢地走过来，顺手在谢尔曼的脸上打了一耳光，并在口中念叨着："行呀！你打你的孩子，我也可以打我的孩子。"

　　谢尔曼先生的脸顿时变得通红，火辣辣地痛。但是，很快他又恢复了平静的状态。他捡起自己的眼镜，清了清嗓子，看看母亲，接着朗诵。他仍然很镇静，没有读错一个字，他的这种行为为家人做了一个很好的榜样。这样的胜利，甚至可以超过在战场上取得的胜利。

知识拓展

★ 约翰·托德（1800—1873）

　　约翰·托德出生于佛蒙特州的拉特兰德。曾被任命为马萨诸塞州皮茨菲尔德教会的牧师，亦是何里约克山女子神学院的创始人之一。他一生中曾发表过一些颇具价值的著作，受到广大读者的欢迎，并被翻译成多种语言。其作品主要有《维尔明失踪的姐妹》《赛波斯的学校教师》等。

阅读思考

　　1. 为什么作者要我们控制自己的脾气？

　　2. 作者举谢尔曼的事例为了说明什么？

　　3. 你的脾气是好的还是坏的？你会控制自己的脾气吗？想象以后自己应该怎样做。

第5课
大　扫　除

弗朗西斯·霍普金斯

只要她愿意，这位女士随时都可以实行她的权利，在5月的最后这一段时间里正是为此而安排的。她的丈夫很细心，所以总能从某些细小的事情中察觉到暴风雨来临的时间。这位女士开始狂躁不安，她想从每一个用人身上找到毛病，她对孩子们的作为深感不满，还感觉周围没有一处是干净整洁的，这些都是不可忽视的地方，然而有时，她的爆发并不会有什么大的影响。

如果她的丈夫在早晨起床之后，看到院子中的手推车里堆满了酸橙，或者在一些木桶中有很多水，上面还漂浮着一些酸橙，那么他就无须再多想什么了，他得立刻离开，因为一场暴风雨很快就要来临了。他将锁好寓所的大门，或者锁好装有论文和私人财产的橱柜，并把钥匙装进自己的口袋，一刻不停地马上逃走。一个被人怜悯的丈夫在妻子变得狂暴之时就成了令人讨厌的家伙。他会暂时性地失去自己的权利，他的职责也会被短暂性地免去，此时连那些在厨房中大扫除的人都变得比他重要。所以，这时他除了逃避之外，没有任何办法。此时，他对眼前的一切都无可奈何，他不能阻止也无法改变。

丈夫离开了，暴风雨刚刚拉开帷幕。墙上的装饰被撕掉；油画、照片、镜子都散落了一地，杂乱不堪；椅子、凳子、床架、摇篮都上了床；院子里的东西不计其数，就连花园的篱笆上都被压上了毛毯、地毯、床单、被罩、旧棉袄、旧棉裤、内衣和破旧的马甲。在这里，你可以看到厨房中的另一番情景：一个烧烤架和几个炒锅，锈迹斑斑的铁锹和破旧的铜锣，瘸腿的凳子或椅子。在那里站着一个橱柜，里面的东西被全部翻腾了出来：有破旧的盘子、碟子，碎成两半的瓷碗，裂口的玻璃杯，打碎的酒杯，几乎被忘却的玻璃瓶，用纸包裹的药粉，一些干草药和菜籽，茶壶盖儿，玻璃瓶盖子——这些从楼顶的破洞

中，到地下的老鼠洞里，几乎都遭到了破坏，给人的感觉像是世界末日，那些生活用具就像是犯人一样被拖出来受审。

…………

暴风雨终于停止了，房间内也变得干净了。接下来便是下一场战争，用刷子蘸上白石灰，刷遍房间的角角落落，让它们都恢复往日的白净，清水掠过每一层楼的地板，坚硬的刷子，再加上肥皂和磨砂石将每一处都扫得干干净净，墙壁和壁板上的灰尘也被一一驱逐。

窗子绝对无法逃脱暴风雨的侵袭。一个用人勇敢地爬上了楼房旁边的小屋上，冒着脖子被划伤的危险，用水一次又一次的泼着那透明的玻璃，路上的行人不住地回头观望，也许在他们心里会这样认为：一场令人哀叹的火灾刚刚过去。

据说，曾有一个人被那些泼水的"仙女"弄湿了衣服，可是却不好意思表达自己的感谢之情，所以他想通过法律来阻止这样的好意。但是在很长时间的辩论之后，认为这些"仙女"并没有造成什么严重的影响，她们同样是在履行自己的职责，所以她们无须为事情的后果负责。这位先生"败诉"了，这这场战争中，他不但失去了自己的衣服，还打败了官司，没有捞到任何好处。

这些涂涂抹抹、洗洗刷刷、泼来泼去的活动每隔一段时间就会有一次。在洗净之后，就是对这些没有眼睛的家具进行擦干、摆放。如果你见过建造房子或轮船起航之时那种匆匆忙忙、人来人往的情景，就可以想象现在家庭中的情形了。但是，这样的活动最终需要的都是清洁，对于这些家具会不会受到煎熬并不是他们要考虑的，做这一切的目标就是要房间整洁，但是同时难道不能让这些器具也得到完好的保存吗？

比如，一个精美的大雕版被平稳地放在了地板上，上面堆放着一些稍小的图画，后来，东西越堆越多，导致最后将雕版的玻璃都压碎了，但是这并不是什么问题。一张很有价值的画被靠在了桌子的一角，然后别的画靠在它的上面，就这样不住地堆放，导致最后那张画再也承受不了如此大的负重，结果被桌子的一角戳穿了。那些精美的图画和外罩玻璃都要统一洗干净，然而画的风貌和灵魂却被一一破坏了。只要这幅画变成干净的了足已，其他都与此并不相干。一位数学家根据多年的经验算了一下，得出这样的结论：两次粉刷的损失和破坏等于一次清除，然而经历三次清除就等于遭受了一场火灾。

知识拓展

★ **弗朗西斯·霍普金斯（1737—1791）**

他出生在美国的费城，曾就读于如今的宾夕法尼亚大学。1776年，成为新泽西州国会议员，曾领导独立战争并参与了《独立宣言》的签署。此外，他还是一位思想高雅而审慎的文学家，其文学主要以幽默讽刺而闻名。其著作中有大量是关于美国独立运动的。

阅读思考

1. 文中所说的"……因为一场暴风雨很快就要来临了"中的"暴风雨"指的是什么？

2. 文中所描述的女主人只要求到处干净，而不去管是否会对物品造成损害，她这样做对吗？为什么？

3. 爱干净并不是什么坏事，可是为什么作者对此并不支持？

第15部分
坚持正义

AMERICAN
LITERATURE

第1课
坚 持 正 义

托马斯·休斯

　　低年级的同学轻轻地走向自己的床铺，然后脱下衣服，开始小声地说话；高年级的同学则脱下了马甲和夹克衫，开始坐在床上高谈阔论，汤姆也参与其中。

　　阿斯是刚刚来到这里的，所以对这里的一切都充满了好奇。他从未想过自己会和一群陌生的孩子睡在一起，他感到异常不自在。他几乎无法忍受还得将夹克衫脱下来，可是最终还是这样做了。他犹疑地看了看汤姆，汤姆正在床上滔滔不绝地说话。

　　他矜持地说了声："布莱克，我可以洗洗脸吗？"

　　汤姆看了看他说："当然了，你想洗就去洗。洗手架在窗户下边，从你的床数第二个就是你的。如果你将水用完了，早晨就还得去打。"

　　汤姆说完就又开始了自己的谈笑。阿斯谨慎地走到洗手架那儿，开始洗漱，他的行为引起了人们暂时的注意，但也只是暂时的。

　　人们仍在聊着天。阿斯洗完后，将睡衣换上。他变得更加不安，用目光扫视了一下周围。低年级的孩子已经有两三个上了床，用双膝支着下巴。人们的吵闹声依然很大，灯光也是异常明亮。

　　胆怯、孤单的阿斯在探寻着怎样做事，但是，他没有再去问汤姆是不是可以做什么，而是独自跪在床边默默祈祷，这是他从小的习惯，他相信上帝可以听到人类的哭泣并替他们承受悲痛，不管是脆弱的孩子的还是强壮的大人的。

　　阿斯背后的汤姆正在解鞋带，根本没有注意到身后发生的一切。房间突然安静了下来，汤姆惊奇地转过头，随后听到两三个孩子的笑声。这时站在屋子中央的一个高大粗鲁的孩子将地上的一只拖鞋捡起，投向了小阿斯，并开始大骂。

　　汤姆顿时明白了。于是他将自己的鞋子捡起一只朝那个粗鲁的男孩扔去，阿斯赶紧上前抓住了汤姆的胳膊。

高个男孩使劲地跺着脚，并大声地怒吼："布莱克，你这是干什么？"

汤姆也跺着脚喊道："我干什么？这不关你的事。如果谁还想挨我的另一只鞋，就过来吧。"

这时，一个六年级的男孩走了进来，屋里安静下来，否则，事情还不知将怎样发展呢？汤姆和其他孩子都上了床并脱掉衣服。一会儿，看门的老人将蜡烛熄灭，并道了一声晚安，随后将门关上，去了别的房间。

刚刚发生的一幕被很多孩子深深地印在了脑海中。汤姆躺在床上很长时间都无法思考，也无法入睡，往事像潮水一般涌上心头。他头疼欲裂，心跳加速，此时他真想让自己在房间里拼命地奔跑。

他想到了妈妈，想到了几年前曾在妈妈面前许下诺言，说自己在每天睡觉之前一定要跪在床前祈祷。可是他毕竟才14岁。他慢慢地躺下，眼泪瞬间流下，他的心就像碎了一般。

让一个孩子在众人面前祈祷，这需要多大的勇气，就算在比较开明的格拉比学校也同样难以办到。几年过去了，校长换成了托马斯·阿诺德，他的虔诚使整个学校受到了感染，所以情景有所变化。他在世之时，起码教室中已经大有改观。也许学校的其他地方同样得到了改变。

可是，汤姆上学时已经不再是那种情形。当初他刚刚来到这所学校，因为宿舍中吵闹他并没有跪下来祈祷，而是等熄灯之后，偷偷地跑到外面去，他战战兢兢的，恐怕被人发现。其实还有很多和他举止相同的孩子。

后来，他想到：为什么不在床上祈祷呢？不管是跪着、坐着还是躺着，都是一样的。其实并不是汤姆第一个想到了这种方法，凡是不想在众人面前祈祷的人都想到了。去年，汤姆真正虔诚祈祷都不超过12次。

可怜的汤姆！他已经痛苦地感受到了自己的胆怯，这让他痛苦万分。他一向讨厌堕落的人，可是如今他也加入到这些人的行列中，这让他内心受到了极大的煎熬。他欺骗了母亲，欺骗了自己，也欺骗了上帝，这种煎熬让他怎么承受得了呢？现在，那个既令他同情又令他看不起的小男孩，却敢于当众做他不敢做的事，而他也只是口头上会说大话而已。

汤姆暗暗发誓：一定要鼓励和帮助阿斯，他想到了自己晚上的举动，又感觉心里舒服了很多。是的，就这样做。第二天他给自己的母亲写信，将事情全都告

诉了她，他说自己曾是一个懦夫。他想从第二天开始付诸实践，想到这儿，他的心渐渐平静了。

事情往往是说起来容易做起来难，但是他也不想再浪费机会了。可是一想到他可能会被人们加上"假正经"、"古板"等一些难听的称呼，就有些退缩了，想到如果因此他被人们误解并和那个男孩一起被孤立，他不禁打了个冷战。但是他又想，这样可能会给大多数人带来益处。

最后，他终于想了个折中的计策：我可以这样做吗？这样做是不是就表明我比其他孩子更勇敢？如果不在众人面前祈祷，而是到书房中的人面前呢？我还可以说服那些人一起祈祷。终于，他下定了决心，不管以后怎样，一定要将行动表现出来，只有这样才可以让自己心安。他慢慢地进入了梦乡。

第二天，他洗漱完毕，并没有急于穿上马甲和夹克，还有十分钟才上课。于是，他在众人面前慢慢地跪下去，可是第五个词还未说完，上课的铃声就响了起来，好像在嘲笑他。他想听听众人的议论，看别人会怎样说他。

他不想再跪下去，也不想再起来。后来，从他的内心传来一个声音："请上帝原谅我这个可怜的孩子吧！"他不断地重复着，规规矩矩地站起来，他已经作好了面对一切的准备。

实际上，汤姆想得太多了，因为在他之后又有两个男孩也开始这样做了。后来，汤姆明白了：只有战胜自身的恐惧才能战胜整个世界。他想到了希伯来的预言者以利亚，当初，她在勒布山的山洞中，捂着脸祈祷，可是一个细小的声音却问道："以利亚，你在干什么？"这时他同样明白了：不管真理是如何孤单，上帝都在关注着他。因为不管在什么社会，也不管腐败、邪恶多么强大，总有一些人是从不屈服的。

后来，汤姆发现自己想象得太复杂了。他跪下来祈祷的时候虽然还有一些嘲笑声，但是几天之后，别人就开始跟着他做了。只有三四个男孩例外。

知识拓展

★ 托马斯·休斯（1823—1896）

他是英国作家、法理学家和改革家。出生于伯克郡，毕业于牛津大学。作为一名虔诚的基督教徒，他为伦敦工人大学的创建作出了大量贡献。后来他担任此学校的校长，并于1882年担任法官。

他一生中的主要作品有《汤姆·布朗求学的日子》，主要描写了拉格比学校的暴力，以及汤姆·布朗的正义行为。本篇文章就是选自此书。后来，他又写了一本续集《汤姆·布朗在牛津》。此外，他还写了《阿尔弗雷德大帝传记》和其他非小说作品。

阅读思考

1. 阿斯为什么会在床边祈祷？
2. 汤姆看到阿斯的行动后有怎样的感想？
3. 汤姆是按照自己的承诺虔诚地祈祷吗？为什么？
4. 当汤姆开始在床边祈祷的时候，其他人都有了怎样的变化？

第2课
正直的人永远不会被抛弃

在一个周六的晚上，松树铺的寡妇正在火堆旁，身边还有五个刚刚学说话的孩子。她听着孩子们的说笑声，想以此来驱散心中的愁苦。这一年的时间，她一直在用自己的双手努力地支撑着整个家庭，没有任何依靠：在这个广阔但冷漠的世界，她没有任何朋友。

但是上帝还是垂爱于她的，他了解她的痛苦和困难。现在已是深冬，厚厚的白雪覆盖了整个大地，暴风从松树间呼啸而过，将她的屋子吹得都有些颤动了。她正在用炭烧烤着一条青鱼，这已经是他们最后的食物了。当她看到孩子们那期盼的目光时，内心涌起一种焦虑之情。虽然上帝曾说过要帮助他们，她也知道上帝不会忘记自己的诺言，可是她的内心还是很不安。

几年前，上帝夺走了她的长子。他离开了家乡，去遥远的海边寻找宝藏，却一去不返，从此再无音讯。后来，上帝又让死神带走了她一生的幸福——她的丈夫。但是，到此时她的生活并没有失去支撑，她不但养活着自己的五个孩子，还常常帮助其他穷人。

懒惰的人只要能生存，就会忍受苦难。只为自己着想的人，会受到严冬的考验。她的感情不会被伤到，她的心灵也不会受到折磨。在热闹的都市，即使最无助的人也不要放弃希望。因为仁慈还没有将她施舍的手收回，也没有将她的心灵关闭，在痛苦面前她更没有闭上自己的双眼。

但是这位无助的母亲，还远未达到慈爱的地步，所以这些并不能使她得到安慰。松树铺的寡妇就是这样的人。当她弯腰将最后一点儿食物分给孩子们的时候，似乎突然变得精神了很多，也变得快乐起来。在她的头脑中出现了一首美丽的小诗：

上帝并非依靠自己的感觉判断，

我们应该相信他是仁慈的，

在眉头紧皱的背后，

他有一张微笑的脸。

　　她刚将青鱼放在桌子上，门外就传来轻轻的叩门声和嘈杂的犬吠声，这吸引了全家人的注意。孩子们跑去开门，门口站着一位破衣烂衫的老人，他虽然看起来疲倦不堪，但身体还比较健壮。他想在这里借宿一晚，并寻觅点儿吃的。他说："我都整整一天一夜没有吃过东西了。"

　　寡妇的心里很难过，她并不是只关心自己家中的事。即使到现在，她也是毫不犹豫地把剩下的食物给了陌生人一些。她说："我不会因为施善就被抛弃或者承受更大的苦难。"

　　陌生人来到盘子前，他看到盘中那仅有的一点点食物，然后抬头望望天，问道："这就是你们所有的食物吗？你还要把它分给一个素不相识的人。我从来没有见过这么善良的人。但是，女士，你如果将这仅有的一点儿食物分给他人，那不就太委屈你的孩子们了吗？"

　　听到这儿，寡妇的泪水流了下来，她说："我有一个儿子，我最爱的儿子。如果现在上帝没有夺走他的生命，他就可能还在世界的某个地方。我这样对待你们，就是想让别人也这样对待他。上帝给大地洒下甘露，来供养那些以色列人，同样，他也会供养我们的。今晚，也许我的儿子也像你一样，贫穷、流浪。如果他能为别人所收留，即使像我这样穷的家庭所收留也行。所以我怎能违背上帝的意愿，而将你扔下不管呢？"

　　寡妇的话刚说完，陌生人就从椅子上跳了起来，抱住了她。"上帝真的要一个家庭收留了你的儿子，并且给了他无限的财富，让他去报答收留他的人：母亲！我的母亲！"

　　原来这个陌生人就是她失去音讯的儿子，他是从印度回来的。他将自己假扮成别人，就是为了给家人一个惊喜。是的，这的确是天下最完美、最甜蜜的惊喜。

阅读思考

1. 从这篇文章中，我们可以懂得什么道理？

2. 为什么当寡妇家几乎没有食物的时候，还要分一些食物给前来借宿的人？

3. 为什么寡妇的儿子把自己假扮成乞丐的模样？

第3课

河 口 剧 院

托马斯·贝利·奥尔得里奇

那天下午，天阴沉沉的就要下雨了，我们7个同伴聚集在谷仓中开着秘密会议。然后我问道："朋友们，我们现在应该做什么？"

贝尔·华莱士提出建议："让我们建一个剧院吧！"

这真是一个好主意，可是剧院应该建在哪呢？我以专业的眼光巡视了一番，最后决定了一个好地方：在马厩的草料棚中将会被堆上卖给吉卜赛人的干草，而放马车的地方旁边有一个很长的空房间，所以在这就非常适合建剧院。

我对剧院的东西很熟悉，因为当初在新奥尔良的时候我参加过多次演出。在这里，如果有需要的话我会将自己画得很有创意的背景挂出来。在我的脑海中，尽管帷幕可以顺利拉开，可是在演出的时候却总是挂着的。

一直到现在，剧院还是很成功的。我表演完之后，至少收到了1500枚大头针，这还不算那些"缺胳膊少腿"的或变形的大头针，这些大头针常常让我们的看门人不知所措。从一开始，我们就是拿大头针当做钱使用的。要想进入"河口剧院"必须要付20枚大头针的门票。在剧院中所有的主要角色都由我一个人扮演，这并不是我的表演出色，而是因为我创建了这个剧院。

当我们的演出进行到第十次的时候，因为不充足的条件让我们的演出被迫终止了。那时我们演的是一个名叫《威廉·特尔》的戏剧，其中的主角是一个瑞士的英雄。我的角色当然是威廉·特尔，可是弗莱德也想扮演这个角色，但是没有得到我的同意，所以他不再参加我们的演出，并且将我们唯一的弓和箭带走了。

于是我自己做了一个鲸鱼骨的弓，没有了弗莱德我照样可以做好。当我们的戏剧达到最高潮的时候，奥地利的暴君——哥士勒想让特尔将他儿子头

上的苹果射掉。皮尔斯·惠特科姆一向善于表演年轻人或妇女，所以在戏剧中他是我的儿子。

为了不出什么差错，我让惠特科姆在脸部放了一块木板，然后用手帕系紧。而我的箭头上则缝了一块布。我对射箭技术十分精通，所以离我有两码远的苹果对我来说简直就是面对面。

皮尔斯正勇敢地站在那里，准备应对我高超的射箭技术。那时所有的观众——有7个男孩和3个女孩都聚精会神地看着我，其中还有坚持用缝衣针当做门票的凯迪。我将箭举起，然后搭在了弓上，随着"当"的一声箭被射了出去。可是，啊！箭没有射中苹果，而是直接进入了皮尔斯的嘴里，而他的嘴在那时正好是张开的，将我的目标弄乱了。

那个可怕的场景我永远都无法忘记，皮尔斯恐惧、恼怒和痛苦的叫声还回荡在我的耳边。我以为他会死，然后想到了自己，在不久之后也会在这些观众面前被处死。

万幸的是，皮尔斯伤得并不重，他的叫声招来了纳特爷爷，面对这种情况纳特爷爷立马慌了手脚。他告诉我们要立马将这里关闭，以后不许再到这里表演戏剧。但是，我还是可以在最后一刻做一个告别演讲的。我说，如果不是将箭射进皮尔斯的嘴里，这将会是我一生中最光辉的时刻。所有的观众（他们都是在皮尔斯的支持下，我很兴奋）都大喊着："听，听。"

之后，我将事故原因都推给了皮尔斯，我说那一刻他那张开的嘴就像旋涡一样将我的箭吸了过去。我想到了轮船也会被旋涡吸进海里的故事，我想继续向他们解释这一现象，可是在观众的叫喊声中幕布掉了下去。

这是我最后一次在舞台上露面，很久之后关于威廉·特尔的事才慢慢平息下来。那些不掏门票而被我拒绝在剧院门外的男孩常常在我背后故意喊道："知更鸟是被谁杀死的？"

知识拓展

★ 托马斯·贝利·奥尔得里奇（1836—1907）

托马斯·贝利·奥尔得里奇是美国作家和编辑。他曾在几家报社做撰稿人，在南北战争期间也做过战地记者，曾是《大西洋月刊》的编辑，在退休之后投入写作。其半自传体的小说《坏男孩的故事》深受读者欢迎。此外，其作品还有诗集《钟》、短篇小说《马乔里多及其他人》。

阅读思考

1. 在"河口剧院"建成后，用什么方法可以去剧院看表演？

2. 在文中有这样一句话："……那一刻他那张开的嘴就像旋涡一样将我的箭吸了过去。"这句话对吗？请说明其理由。

3. 这可以说是文中男孩的一件童年趣事，你的童年有什么有趣的事情发生吗？和大家分享一下。

第4课

本杰明·富兰克林初到费城

本杰明·富兰克林

　　那天晚上，我在河边散步。这时，我遇到了一条开往费城的小船，船上的人不多。他们招呼我上船，于是我就这样踏上了去往费城的路途。没有风，所以人们不得不划桨朝费城去。一直走到半夜，我们仍没有到达。不过有人却很自信地说，我们一定是早已错过了，所以我们不能再向前走了；然而其他人也并不知道我们所处的位置。所以，我们开始靠岸，最终将船停在了小溪边上的一个栅栏旁。那时正值10月份，天气已经有些寒冷，并且现在已是半夜时分，所以我们开始生火，并围着火堆等到了天亮。

　　等到天亮，同行者中有人说这条小溪叫库伯河，属于费城的上游。于是我们都跳上小船，朝费城的方向划去。不一会儿，我们看见了费城的影子，大约在八九点钟的时候，我们终于到达了那里。那天正好是周日，所以我们就在市场街的码头处停了下来。

　　我对这里的描写很特别，可是当我第一次来到费城的时候的确是这样的，你可以比较一下，初到费城的我跟现在的我有多大的区别。

　　我当时身穿一套工作服，那是我在海上时最好的衣服了。经过了漫长的旅行，我已经变得肮脏不堪，我的口袋中满是衬衣和袜子，也许是它们在口袋中憋得时间太久了，所以都想出来透口气。我在费城没有一个认识的人，更不知道自己该住在哪里。因为旅途劳累，再加上划船，所以我极其需要休息。我肚子已经很饿了，很想好好大吃一顿。可是我所有的财产也就一个荷兰盾和一先令的硬币，并且，那一先令我作为租船费给了船的主人。本来船主人不想要我的钱，因为我在旅途中帮他划船了，可是在我的坚持下他只好收下了——事实经常如此，当一个人钱财很少的时候往往表现出异常的慷慨，也许是因为怕别人将他看成是真正的穷人。

然后，我开始沿着大街行走，并观察着周围的一切。后来，我走到了市场的旁边，看见了一个手拿面包的男孩。在这些天，我都是以面包充饥的。所以，我去询问那个男孩，问他的面包从哪来的。他向我指明了方向，于是我朝前面那条大街的面包房走去。我想像在波士顿一样，买一些小点心。可是这里——费城的面包师傅却不做这种小点心。我想要三便士一条的面包，可是却卖完了。于是，我让面包师傅给我三便士的面包就行，不论什么价格、什么样子，只要它们能吃，我对别的都不再顾及。可是出乎我意料的是，面包师傅却给了我三个大的面包卷，这让我感到异常惊讶，可还是收下了。因为我的口袋是满满的，所以我只好将两个面包卷夹在我的两个胳膊之下，手里拿着另一个边吃边走。

我就这样来到了市场的第四条大街上。我在经过我未来岳父大人——里德先生的门口时，遇见了我未来的妻子，她同样看见了我。她认为我非常好笑，也许我当时的确很好笑，也很傻。当我看见她脸上的表情时，转头就跑开了，就在樱桃大街上跑着，我边吃着面包边四处游荡，后来，我来到了市场大街的码头处。我靠近那条船，喝了几口水。因为一个面包卷已经足够我吃了，所以我将另外两个给了船上的一个妇女和孩子，他们正在等着船前行。

我在吃饱之后，感觉舒服多了，似乎一切也都恢复了平静。于是，我再次走到了大街上，这一次，我在大街上看见了很多衣冠整洁的人，他们都顺着一条路朝着一个方向走去。我也开始跟着他们行走，然后进入了一个教徒聚集地，它就在市场的附近。我在其中找了个位子坐下，开始向周围观望，可是没有一个人说话。我经过了很长的旅途之后，的确已经非常疲乏，于是我就在不知不觉中睡了过去。当会议结束之时，一个好心人将我叫醒。这是我在费城的第一个安歇之地。

我又一次来到了大街上，边走边观察着路上的行人。此时，我正好遇到了一个年轻的教徒。我对他的印象很好，所以上前问他在哪里可以住宿。其实，当时我们已经走到了画有三个水手标志的旅店旁。于是，他说："在这就行，这里就可以供游客休息。但是这里的声誉不是很好，我们不如再向前走一段路程，我可以帮你找一家更好的。"就这样我们来到了沃特街上的一个旅店。我的午饭就是在那里吃的。在吃饭期间，店主问了我几个很奇怪的问题。他也许看我年纪轻轻，又穿得很狼狈，所以怀疑我们是逃出来的。吃过饭，困意袭来，于是，我便

和衣上了床，瞬间就睡着了。我就这样睡了足足6个小时，醒来的时候已经到了晚上。店主将我叫醒，该吃晚饭了。在晚饭之后，我又开始睡了，一直睡到了第二天的早晨。

知识拓展

★ 本杰明·富兰克林（1706—1790）

他生于波士顿，从小所受教育并不多，但是因为哥哥从事印刷工作，所以他接触到了大量书籍，并由此养成了热爱读书与学习的好习惯。1723年，他来到费城，后来成为《宾夕法尼亚公报》的出版人，此外还出版了著名的《穷理查德历书》。

富兰克林被世人所知是因为他通过实验得出了闪电亦是电的结论。他热衷于公共事务，并且经常帮助民众解决困难。他12岁的时候就开始文学创作。在他一生的创作中最著名的就是《富兰克林自传》。本篇文章正是选自于此。

阅读思考

1. 为什么船主不想要"我"的钱？

2. 作者在文中这样说："当一个人钱财很少的时候往往表现出异常的慷慨，也许是因为怕别人将他看成是真正的穷人。"你认为是否有道理？

3. 作者到达费城之后，第一次是在哪睡的觉？

4. 为什么当"我"住进旅馆的时候，店主人会问"我"一些奇怪的问题？

第5课
偷袭纳梅亨

约翰·洛斯罗普·莫特利

1589年8月10日的晚上，在一座豪华的城市的一栋富丽堂皇的房子中正在举行着一场婚礼。直到深夜，人们还在竖琴和六弦琴的伴奏下舞动着轻盈的脚步。突然，马丁·申克那张冷峻的脸出现在了人群之中，那是一张从不会笑的脸。

这个海盗身上穿的不是参加婚礼的礼服，而是武装着铠甲。他的头上戴着一个高高的头盔，手中拿着一把长柄的剑，正在迈着重重的脚步穿过大厅。在他的身后是一帮荷枪实弹的手下，他们面露凶相，没有任何仁慈的表情。他们的出现使那些欢笑的人们变得心惊胆战，四散逃离。

在茫茫黑夜的掩映下，申克走出了自己的城堡，带着25条船离开了。他和自己最忠诚的帮手坐在最前面的一条船上。他们一到达岸边就将圣安东尼教堂的大门砸掉，并残忍地杀掉了守门的侍卫。

后边的船还没有赶到，他就和自己的帮手穿过了寂静的街道，将如今所在的这栋房子的栅栏和别的防御措施全都销毁了，他们想通过这一栋房子来占领整个集市。

闯进这栋房子进行这次袭击行动，是申克早有准备的。因为他没有被邀请来参加婚礼，所以他的突然出现，就显得有些不谐调了。

那些从宅子中逃离的人们到了大街上赶快发出了警报。申克则加紧了防御，并占领了广场。但是，市民和部队很快就赶来了，又将他赶进了屋子里。

他带着自己的手下曾三次占领了广场，但是每次又都被市民和军队夺了回来。

他手下的另一部分人很奇怪，直到现在都没有到来。如果有那些手下的帮

忙，他也许可以取得成功。他对于那些人迟迟不来的原因一无所知，所以只有靠着现在拥有的这些手下了。

实际上，他那些未到的手下是因为遇上了汹涌的海浪，他们刚要上岸就又被洪水冲了回去。他们一次次与海浪作着斗争，想寻找其他的着陆点，可是却没有得逞。

这时，申克和他的手下正在那座宅子里拼命作战。全市的军民都拿起了武器，奋起反抗。申克根本就无法抵御，人们将他困在宅子里，最后又被赶上了街头。

此时，天开始蒙蒙发亮，城中的男女老少，市民和军队将这些人死死围住，并用手中的武器对他们进行攻击。申克像平时一样奋力抵抗，但是他的手下却不顾他的愤怒，开始向码头的方向退去。

申克开始变得狂暴，并大骂手下人，然后亲手将几个撤退的兄弟杀死。那些受到惊吓的手下开始拥着他向码头退去。直到申克异常愤怒并大嚷大叫地撤回码头的时候，他终于搞明白了手下不能及时赶到的原因。

与他一同前来的人们的船依然在码头停靠着，其余的船仍在水中与海浪搏击着。申克的手下都赶紧跳上了船，岸上几乎只留下了他自己，慌乱之间有几只船立刻就沉入大海，而落水的人要么被淹死，要么就是开始和海浪搏斗。

这次偷袭未能成功，那些攻掠者只有退回去了。申克心里仍有不甘，可是看着越来越近的人们，他不得不跳上了最后一条船。船本来就已经超重，申克一跳上去更是承受不住了，结果立马沉入了海底，然而全身武装的申克因为动作不灵活，迅速就沉入了海底。

落水的人有些顺着海水的冲击到了下游，被下游的同伴救起，才捡了一条命。其余的人则跟随着申克葬身大海。一段时间以后，纳梅亨的居民将那个恶毒的海盗的尸体捞了出来。人们一眼就能认出他，因为人们太过熟悉那身沉重的铠甲和那张好斗的脸。他死时脸上还挂着愤怒的表情。

知识拓展

★ 约翰·洛斯罗普·莫特利（1814—1877）

美国历史学家，因写历史书而著名。本文选自他的作品《荷兰共和国的兴起》。

阅读思考

1. 在欢快的婚礼上，谁的出现打破了这种局面？

2. 为什么申克后边的手下迟迟未到？

3. 申克最后的下场是什么？

第6课
勿 管 闲 事

约20年前，在一个由很多槐树围绕着的教堂中住着一位老绅士，他年龄大概60岁，但是脾气古怪、习惯异常，然而说起他的乐善好施却是无人能及的。

那些穷苦的农民，得病的病人，乞讨的人们（真正的乞丐），都曾受到他的施舍，从没有人两手空空地从他那里离开。就像这里的一位牧师在《被抛弃的村庄》中所描述的那样：

所有经过的列车都知道他的住所；

他对流浪的人们进行训斥，但是却可以让他们减轻痛苦；

他总是对他招待过的乞丐记忆犹新；

乞丐的胡须飘扬在他苍老的胸前。

如今，老绅士想找一个人帮他做一些事情，并照顾他的日常生活，他喜欢年轻的人。他虽然对年轻人的世界很好奇，但是却不喜欢年轻人的好奇心。他常常这样说："偷偷地观望抽屉的人定是想从中取走东西。而如果一个人在年轻的时候偷过一分钱，在长大后就有可能偷一元钱。"

当人们得知老绅士想找年轻的助手时，都纷纷写信请求，没多长时间，20多封信就落到了老绅士的手中。但是，老绅士却喜欢不爱管闲事并且没有好奇心的人。

于是，老绅士从中挑选了7个年轻人，让他们星期一前来面试。当他们个个身着盛装地出现在教堂大厅的时候，都下定决心要得到这份工作。这位古怪的老绅士特意准备了一个屋子，在那里他可以清楚地看到这些小伙子的举动，看他们是不是爱多管闲事或怀有好奇心。随后，他让这几个小伙子逐个进入了房间。

第一个进入房间的叫查尔斯·布兰科，老绅士让他在这里等一会儿，自己便出去了。查尔斯坐在门旁的一个椅子上，开始，他很安静，只是向四周看看。可是当他发现房间里的很多新奇玩意后，终于站起来去偷偷观看。

他看到桌子上的一个罩子，他想知道这里面到底是什么，但是又不敢轻易去动。然而坏习惯总是很难改掉，他强烈的好奇心在此时已无法控制，于是他伸手将罩子掀开。

　　然而，结果并不让人欣慰，下面只是一些轻轻的羽毛。罩子掀开以后，羽毛开始随着空气流动。查尔斯慌了，赶紧将罩子再次盖上，可是这使其他的羽毛都被吹到了桌子下。

　　这该怎么办？查尔斯将地上的羽毛一点点捡起。老绅士在隔壁听到了房间里的声音，也猜到了发生了什么事，于是推门进来，正好看见查尔斯慌乱的举动。查尔斯当然没有通过，因为他连这么小的诱惑都禁不住。

　　老绅士将房间重新布置好，叫第二个人——亨利进来了。同样，老绅士离开了。可是当亨利看到桌上的一盘美味的樱桃时就按捺不住了。亨利是最爱吃樱桃的，所以他想：这么多的樱桃，如果我只吃一颗，老绅士应该不会发现的。于是，他思考再三，终于从椅子上站了起来。他刚想上前拿樱桃却听到外面有脚步声，再仔细听，还好，没人。

　　亨利再一次上前，拿起一个最好的樱桃，放进了嘴里，他决定就吃这一个。简直太好吃了，也许再吃一个也没事的。于是他又拿了一个放进了嘴里。谁知老绅士之前在这堆樱桃中放进了几个假樱桃，其中灌满了辣椒。而亨利正好拿到了一颗假的，所以他的嘴立马像火烧一样疼起来。老绅士在隔壁听见了他的咳嗽声，也明白发生了什么。老绅士想：这孩子既然会拿樱桃，就会去拿别的东西，我不喜欢这样的人。于是，老绅士让亨利离开了，而他的嘴里仍然是火辣辣的，就像被点燃了一样。

　　卢夫斯接着被叫了进去，老绅士把他独自留在了房间里。但是还不到十分钟，他就开始摸这摸那的。他原本就是不受约束的人，并且很倔犟。如果在别人不知道的情况下，他可以打开房间的每个窗户、壁橱或抽屉，他定会这么去做。

　　他四下望望，发现桌子上有一个抽屉，他想打开看看里边是什么东西。于是他将手伸了过去，突然一阵铃声响起，原来桌子的下面有一个铃。老绅士听见声音走了进来。

　　卢夫斯被这铃声吓住了，即使平时他脸皮很厚，可是此时仍感觉很羞愧，并有些惊魂未定。老绅士说：你按铃是不是需要什么东西？他结结巴巴地开始解释，但是一切都为时已晚，他只能被驱逐出去。

一名老管家将乔治领进了房间，他是一个小心谨慎的人，所以除了向四周望望之外，并没有动任何东西。后来，他突然看见一个壁橱上的门没有关严，他想：即使我将门再打开一点，也不会有人发现的。他朝门的下方看了看，生怕碰到什么东西。如果他当时看看上边就好了，因为在门的上方系着一个小塞子，塞子堵在一个小桶上，而小桶中却盛满了小铅球。他将门开了一点，没有发生什么事，然后又开了一点……堵在小桶上的塞子被拉开，里面的球纷纷落下，掉在壁橱底部的一个锡盘上，顿时发出了巨大的声音，乔治被吓坏了。

老绅士赶紧跑过来看个究竟。这时，乔治的脸色煞白，于是被老绅士请走了。

接下来是阿尔特。他并不知道在其他人身上都发生了什么事，因为别人都被各自送回家去了。

当阿尔特看到桌子上放着的一个小圆盒时，顿时对盒子里边产生了兴趣。他想：其中一定隐藏着什么好玩的东西。于是他走来走去，很想把这个盒子打开，于是他拧开了盒子上面的旋盖。盒子刚刚打开，就从里边跳出一条一码长的假蛇，蛇落在了阿尔特的胳膊上。他大叫了一声，赶紧躲开。老绅士进来了，他看到阿尔特手中的盒子和盖子，还有地上的蛇。

老绅士说："起来吧！屋子里有一条蛇已经足够了，你还要在这干吗？"没有任何解释，阿尔特就被打发回家了。

后来，威廉进入了房间，老绅士刚一离开，他就开始左顾右盼的。他不仅具有很强的好奇心，还爱管闲事。在书柜的抽屉上挂着一串钥匙，他上前去拿，可是谁知钥匙的一端系着一截电线，电线的另一头是电机。威廉接触到钥匙的时候被狠狠击中了，这可真够人受的。他刚刚从混沌中清醒过来就被老绅士告知：以后抽屉还是让主人去打开吧。

哈利是最后一个男孩。他在椅子上稳稳当当地坐了有20分钟。他虽然也可以用眼睛看见任何东西，但是他却是一个正直的人。不管是樱桃、罩子、抽屉、壁橱、盒子还是钥匙，他都一动未动。在半个小时之后，老绅士在榆树大厅将他选为助手。自此以后，他一直尽心尽力地服侍了老绅士的后半生，并且因为他的正直和善良，他从老绅士那里继承了一大笔遗产。

阅读思考

1. 在这7个面试者中，前6个都是因为什么被淘汰的？

2. 老绅士为什么要用这些方法来试验他们？

3. 本篇文章的名字叫"勿管闲事"，但是现实中与我们无关的事我们都要敬而远之吗？请举例说明，什么样的闲事该管，什么样的闲事不该管。

第7课
破碎的窗户

新年伊始，乔治·艾林得到了一个新年礼物——一枚光亮的银币。

他想用它买下很多想要的东西。

白雪覆盖着大地。阳光从天空中洒下，将大地照射得异常美丽。乔治戴上帽子，向大街走去。

他在雪地里滑行着，看到了一群打雪仗的男孩，于是他也走过去加入其中。

他捏了一个雪球，向对面的詹姆斯·梅森投去，可是雪球却偏离了方向，飞向了马路对面的一扇窗户。

乔治非常害怕有人会出来找他，所以飞快地逃跑了。当他跑到街道的一个角落时，忽然停了下来，他因为自己做了坏事而陷入深深的自责中。

"现在我没有权利去花这一个银币了，我应该用它去赔偿被我打碎的那块玻璃。"乔治自言自语着。

他不停地在街上徘徊着，心里很是难过。因为他既想用银币去买自己喜欢的东西，又想赔偿那块破碎的玻璃。

最后他终于下定决心："即使打碎人家的玻璃是一个意外，但同样是我的错。即使用上我所有的钱，我也要去赔偿。只有这样，我才会让自己心安。如果我为自己的错误承担责任的话，那家的主人应该不会怪罪我的。"

乔治开始让自己去做正确的事，并因此而感到由衷高兴。

他走到了那家的门口，按下了门铃，当有人出来时，乔治说："对不起，先生，刚才我用雪球不小心打碎了你们家的玻璃，虽然我不是故意的，但我想赔偿你。这枚银币是父亲给我的新年礼物，现在给你吧。"

先生将乔治手中的钱接了过来，问他还有没有钱，乔治说没有了。那位先生说："好吧，孩子，你会有更多的钱的。"

那位先生问过乔治的名字和地址，并夸奖他是一个好孩子，然后将门关上。

该吃饭的时候，乔治走回了家。他脸上红红的，可是眼睛却很明亮，就像什么都没有发生似的。在吃饭期间，父亲问乔治用那一枚银币买了什么。

　　乔治只好把所发生的事情一五一十地说了一遍，并告诉父亲，虽然自己现在没有了零花钱，但心里却非常高兴。

　　饭后，父亲让乔治去看他的帽子。乔治走上前，却发现帽子里放着两枚银币，原来被乔治打碎玻璃的那家主人来过了，他不仅把事情的经过都告诉了乔治的父亲，还将乔治的银币还了回来，另外又加了一枚银币。

　　不久之后，那位先生又来找乔治的父亲，说想让他的孩子去自己的商店里帮忙。

　　后来，每天放学之后，乔治就会去那位先生的商店里帮忙。原来，那位先生是一个富豪。几年之后，乔治竟然和那位先生合伙做起了生意。

阅读思考

1. 乔治是怎样打碎别人家的玻璃的？

2. 为什么那位先生要问乔治的名字和地址？

3. 设想一下如果乔治没有去找那位先生，而是逃跑了，后果将怎样。

16

第16部分
勇敢面对一切

AMERICAN
LITERATURE

第1课
真正的勇气

　　那是一个寒冷的冬天，三个男孩子从一所学校前经过。其中最大的是一个调皮捣蛋的孩子，不仅自己总是惹事，还常常唆使别人去干坏事。最小的那个则是个本分的孩子，他叫乔治。

　　乔治一直想让自己的胆子更大一些，但却不想做坏事。另外两个孩子一个叫亨利，一个叫扎姆斯，他俩在边走边聊。

　　亨利：我想如果用雪球将一个教室的门砸一下，将会十分好玩，因为里边的学生和老师定会被吓一跳。

　　扎姆斯：如果真的砸了，吓一跳的应该是你。因为即使老师不能惩罚你，他们也会将此事告诉你的父亲。那时你一定会受到一顿斥责，你会比学生更悲惨。

　　亨利：不会的，在老师开门之前，我们早就跑开了，他们根本不知道是谁干的。这里就有一个硬雪球，这些事乔治就可以做，而且他也不会被老师抓住。

　　扎姆斯：他不敢，要不你让他试试。

　　亨利：你认为乔治胆小吗？你可别小看他。乔治，拿着这个雪球，让扎姆斯看看，证明你并不是胆小鬼。

　　乔治：我不是胆小鬼，也并非不敢做。而是我觉得这并不是什么好事，我对此并不感兴趣。

　　扎姆斯：看看，我说他是胆小鬼吧！

　　亨利：不是吧，乔治。我本以为你什么都不怕，可是现在怎么变得这么胆小。别让人小看你，来，快扔，就扔一下，我知道你敢这样做。

　　乔治：好的，我要让你们看看我并不胆小。把雪球给我，我可以砸一下门并且不会被抓住。

　　"砰"的一声，雪球被乔治狠狠地扔了出去，三个孩子拔腿就跑。亨利开始嘲笑乔治，说他是傻子，被人给耍了。

乔治不但做错了事，还被人嘲笑，真是吃力不讨好。他的确是个真正的胆小鬼，因为他不敢接受别人说他是胆小鬼，更怕被人嘲笑。

　　如果他真是一个有胆量的人，就会说："亨利，你以为我会上当吗？我才不会那么傻呢，想扔你们可以自己扔呀！"

　　这样也许还会被亨利称为胆小鬼，然而乔治可以说："我会在乎你们的这些话吗？我认为用雪球砸门是在做坏事，我从来不做我以为不好的事，即使全世界的人都笑我我也不会去做。"

　　这才是勇气。如果乔治这样对亨利，亨利也就不会再取笑他了，因为乔治是真正的勇敢的人。这个故事告诉我们：即使你陷入困境，受到所有人的嘲笑，也要有一种勇气，敢于坚持自己的观点，坚持自己认为对的事。

阅读思考

　　1. 乔治将雪球扔向教室就能够证明他胆大了吗？为什么？

　　2. 什么才是真正的勇气？

　　3. 乔治就是因为受不了别人的嘲笑才去做错事的，现实中的你是这样的人吗？你认为用这种方法证明自己的勇气对吗？

第2课

露西·弗洛斯特

约翰·维尔森

　　露西虽然只有6岁，但是她却像仙女一样胆大。她常常独自走上山坡，或去两三英里之外的地方买东西。她的父母有什么为她担心的呢？因为小路很坚固，又没有危险，孩子在上边玩耍的时候都不用特加小心。露西哼着歌曲从这边走进了矮树林，又哼着歌曲从那边出来。她一会儿将手放在栏杆上，沿着木桥滑行，一会儿又在小溪的石头上蹦蹦跳跳。

　　她一出去就是几个小时，家人根本不用为她担心。她提着一个小篮子，也许是去了邻居家借东西，也许一个人上了山坡，她在山坡的花丛中玩耍，回来时戴着满身的花环。

　　那天，美恩斯想邀请露西到他的农场——雷帝赛德玩一天，从早到晚。于是，太阳刚刚升起一个小时，露西就出发了。

　　家里没有了露西，变得很安静，但是却很快乐。还没有到晚上，露西随时都会回来。她的爸爸麦克、妈妈阿妮斯和姨妈伊莎贝尔开始去迎接她，没准在路上能与她相遇。可是他们走了很长一段路，也没有看到露西的影子，他们虽然感到很奇怪，但是并不着急。他们到达雷帝赛德，听到了屋内孩子的尖叫声，假期就要结束了，孩子仍玩得很欢快。来开门的是美恩斯，他们都礼貌地询问为什么这么晚了也没有让露西回家。可是他却表现出很惊讶的表情，说露西根本没来这里。

　　在不到两个小时的时间里，100多人开始向四面八方寻找露西，他们甚至走到了露西几乎不会走到的地方。整整一夜，牧羊人找遍了整个山谷：岩石聚集的地方，整片花丛中，那些隐藏着尸体的岩石缝隙他们都一一看过，可就是没有露西的影子。

有时，露西的妈妈甚至给自己最大的鼓舞去和人们一块寻找。她心跳加速，在每一块石头的背后察看着，并仔细倾听着山谷中的每一声回音，想寻找到女儿的声音，或是有什么新的发现。可是月亮西沉了，星星也都隐藏了起来，它们本来为人们提供着光亮，可是现在却消失了。天开始变得灰蒙蒙的，然后变得越来越亮，露西还是没有找到。

　　麦克对旁边的一个人说："露西是陷进沼泽地中了吧！这是多么残忍的事实，那些泥会在我孩子的头顶慢慢聚集，然后将她全部遮住，我们以后再也见不到她了。"可是他并没有抬头看旁边的人。

　　后来，跑向大路的一个人朝这边走来，他的胳膊中还夹着什么东西。阿妮斯已经太过疲惫了，她躺在了麦克旁边的草丛中。那人有些迟疑地走了过来，麦克在他的身上看到了露西的帽子、衣服和披肩。当他们看到露西披肩围在脖子上的位置有血迹时，开始大喊起来："谋杀！谋杀！"然而这些话却没有进入阿妮斯的耳中，因为这一夜她经历了希望和失望，已经再也坚持不住了，她睡着了，大概已经开始在梦中寻找露西了。

　　伊莎贝尔将衣服拿过来，仔细地看着、摸着，然后开始激动地大叫起来。麦克虽然已经不抱任何希望了，但是他仍然在说："不会的，露西还活着。她的衣服上并没有挣扎的痕迹，更没有谋杀者的痕迹。这些血迹是有人为了迷惑人故意留下的。还有，谋杀者为什么不把衣服带走？为什么会杀害她？我们为什么要这么绝望，这不是太傻了吗？我在说什么？就算这个世界真的很残忍，可是他们怎么会去谋杀我的孩子？我想这很明显，露西是被那些可恶的吉卜赛乞丐拐走了。"

　　人们开始慢慢散去，然后骑上马到处寻找：有的人去了公路上，有的人走进小路，有的则去了没有路的山上。如今，他们都感到轻松很多，只要孩子没有死，那就不会有什么大的灾难了，人们心中充满着希望，认为露西总会回来的。

　　阿妮斯从山上下来，回到了家中，麦克和伊莎贝尔就守护着她。她太疲倦了，她怔怔地听着树叶的响声，看着窗外树的影子。时间慢慢驶过，已近黄昏时分。阿妮斯本打算睡觉，可是却突然说了句"我听到了山坡上的脚步声"。话音刚落，外面就传来美恩斯的声音。

　　美恩斯看上去很严肃，似乎并没有带来什么好消息。麦克站起身盯着他，脸上似乎没有了悲伤的表情。麦克想："如果他对我的孩子不闻不问，那他也同样

不会关心自己的孩子。"

阿妮斯赶紧问道:"快说,快说。不过,我想你也不用说了,露西现在一定在天上,已经没有希望了。"

"有人发现了她的踪迹。昨晚,有人在克拉文福特看见了一位妇女今天早上离开了,她手中的孩子并不是自己的。"

伊莎贝尔说道:"亲爱的阿妮斯,你听到了吗?露西可能会被她们带去埃迪克或雅卢,这些山谷之中虽然幽静,但是人很多,所以她一定会被人发现的。等不到她们到达哈维克,就会被捉住的。我小时候去过那里的。你说对不对?美恩斯先生,我想你也是抱有希望的。"

"是的,女士,每个人都说那是露西。如果那是我的孩子,我想今天晚上就见到她。"

美恩斯拉过一把椅子,坐了下来,脸上露出了高兴的表情:"我可以告诉你们,瓦迪在布里格看到露西跟在一个吉卜赛人的身后一瘸一拐地走了,他知道那是你们的孩子,但是却没有感到奇怪,所以也就没有在意。但是就这一眼,他就已经确定那就是你们的孩子——漂亮的露西。"

此时,伊莎贝尔已经将面包、奶酪和自家酿的桂花酒摆上了桌子。"美恩斯先生,我不知道你去了哪里,但是我看得出你跑了很远的路,吃点点心吧。"麦克祈祷自己的孩子平安无事。

美恩斯认为现在是公布真相的时候了。"不,夫人,我根本吃不下任何东西,我太高兴了。请你们作好准备,我有一个好消息要宣布。你们的孩子就在附近,是我发现她的,现在,我要拉着她的手将她送到你们身边。"

阿妮斯听完,想从床上坐起来,可是又轻轻地躺了下去。伊莎贝尔坐在椅子上,一动未动。麦克猛地站起身,好像脚下的土地要塌陷似的。刹那间,屋子变得异常安静,随后有很多声音响起,然后又渐渐平息。大家都有些迟疑地向门口望去。

美恩斯并没有完全遵守诺言,因为他并没有亲自拉着露西的手将她送到她父母身边。他们的孩子穿着自己的衣服和披肩,戴着帽子,脸上流下高兴的泪水,跑进来。爸爸妈妈将她紧紧地搂在了怀里。

知识拓展

★ 约翰·维尔森（1785—1854）

他生于苏格兰的派斯里，曾在牛津的格拉斯哥大学就读。1808年，他移居英格兰，并与一些诗人组织了一所"湖畔学校"。 1820—1851年，他任爱丁堡大学道德哲学系教授。1822—1825年，他因在《黑森林》杂志上发表了《诺克塔斯·安伯罗斯安纳》的组文，由此获得了一生中最高的荣誉。在他的诗歌中，主要有《棕榈树岛》和《瘟疫之城》等。本篇选自寓言《弗洛斯特家的人》，主要描写的是苏格兰人的生活。

阅读思考

1. 露西是怎样迷路的？又是跟着谁走了？

2. 寻找露西的人们找到的那个带血的披肩和衣服是露西的吗？

3. 露西是怎样回来的？

毅　力

　　我的小侄子约翰在放着风筝，可是已经很长时间了仍没有放起来。所以他请求姐姐的帮助："你可以帮我把风筝放起来吗？"

　　他姐姐露西将风筝捡起，然后向空中抛去，可是她的弟弟却没有奔跑，风筝又没有放起来。

　　小侄子说道："哎！你真是太笨了！"

　　姐姐说："这全是你的错。"

　　我告诉他们："孩子们，再来一次。"

　　露西再一次将风筝拿了起来，可是这次却因为约翰太快了，风筝突然从露西手中脱落，掉在了地上。露西说："这次怪谁呢？"

　　我说："别急，再来一次！"

　　他们又开始试验，这一次他们更加小心。但是露西在放开风筝的时候却突然刮来一阵风，将风筝刮进了矮树丛中，风筝的尾巴被挂住，那只风筝却头朝下地挂在那里。

　　约翰嚷起来："你看，这次全怪你，是你把它放偏了。"

　　露西也阴沉着脸说："好像我可以支使风的方向似的。"

　　我走过去，把风筝从树上摘了下来，然后卷起来。说道："孩子们，我们可以到别的地方去放，这里的树木太多了，让我们再试一次。"

　　我们来到了一块宽阔的草地上，周围都没有什么树木。当准备好之后，我手拿风筝，在约翰向前跑的时候将它抛出。风筝像气球一样升了起来，它越飞越高。约翰高高兴兴地只管向上看去，可是却忘了拉线，等线变得松弛之时，风筝开始左摇右晃，因为当时没有很大的风，风筝稳稳地落在了草地上。我说道："哎！约翰，你不应该停止拉线呀！不过，咱们可以再试试。"

　　约翰愁眉苦脸地说："我不想试了，风筝是飞不起来的，你都看到了，我不想再为此费心思了。"

"哦？可是我们为了做这个风筝已经费了很长的时间了，又花费了很长时间去放飞它。你想就这样放弃吗？这点困难不会把我们难倒的。来，让我们再试一次。"

我们又试了一次，结果也真的成功了。风筝好像轻轻的羽毛一样飞上了天空。当风筝的线放到最长的时候，约翰兴奋极了。他抓住风筝线，死死地盯着天上的风筝，此时的风筝看起来就像一个小黑点。

约翰高兴地大叫："姑姑，你快看呀！它飞得那么高。我真想让我的线再增长一些，这样肯定可以放得再高一些。"

当约翰尽兴之后，才开始收线。当风筝落下之后，约翰将风筝完好地收起来。他看到风筝毫无损失，说道："姑姑，我们明天还来放风筝，好不好？我想再试一试。"

"好的，亲爱的，天气好的话我们一定出来。那我可不可以问问你，你从今天早晨的事学到了什么？"

约翰答道："我知道了怎么放风筝。"

"你应该先感谢姑姑，如果不是姑姑让你再试一次，你怎么可能放得起来。"露西说道。

孩子们，我希望你们做事懂得坚持，即使在放风筝的小事上也应如此。不管何时，只要你还没有做到想要做的事情时，一定要再做一次，也许就会成功。

阅读思考

1.当文中的"我"问约翰"从今天早晨的事学到了什么"，他的回答是"放风筝"，除此之外，你说约翰还学到了什么呢？

2.这篇文章讲的是做事要有毅力，请说明为什么我们要做一个有毅力的孩子呢？

第4课
真正的男子汉

弗雷克·里斯克姆今年12岁，聪明伶俐，他看到妈妈正在收拾桌子上还没有动过的早餐，于是说道："妈妈，你别动，让我来，你先坐下。"里斯克姆夫人看起来脸色苍白，异常疲倦。

里斯克姆夫人笑笑说："弗雷克，你要洗碗吗？"

弗雷克说："是的，妈妈。如果我做不到，那么我就太笨了，我已经看你洗碗无数次了。"

里斯克姆夫人打心底里高兴，于是坐在了旁边的椅子上。弗雷克将盘子洗得干干净净，又把它们放到了橱柜中。接着他又把厨房打扫干净，然后从地窖中取出几个马铃薯，冲洗干净，这是准备用来做晚饭的，之后便上学去了。

弗雷克的父亲虽然不在家，可是冰箱中还有一些冻肉，看来晚饭还是比较容易做的。放学之后，弗雷克飞快地回到家，然后将饭桌支好。晚饭后他又将餐具洗刷干净。在以后的几天里他都是这样做的，一直等到妈妈的病有了好转。

一天，医生无意中说了一句："夫人，如果不是你安心静养，你的病可能会变得很重。"医生并不知道里斯克姆夫人静养背后的故事，他更不知道他的这句话给了弗雷克多大的鼓舞，此时男孩的心正在怦怦直跳。

此时正是滑冰、滑雪的时候，可是弗雷克为了帮助母亲干活，却毅然放弃了自己的兴趣爱好。这使他的耐心受到了很大的挑战。因为以前他总是提前来到学校，或者推迟离开学校。

男孩子都想和他在一起玩，可是却不知道他现在再也不会提前到校或者放学后再玩一会儿的原因。当问及他时，他总是说自己只想待在家中。

孩子们感到很好奇。

其中，汤姆说："你们等着吧！我会查出来的，我一定会将真相告诉你们。"

一天早晨，汤姆在上学之前去找了弗雷克。当他悄悄来到弗雷克家的厨房时，看到他正在洗碗。

于是，他将自己看到的情景原原本本地告诉了自己的同学。当课外休息之时，那些孩子就迎上来。

"弗雷克，你真可以，竟然在家洗碗。"

"你的围裙在哪？"

弗雷克是个勇敢且坚强的男孩子，他很想和这群侮辱他的男孩子打架，但是当想到妈妈的爱和那些不成文的观念时，又止住了。

在他努力克制自己的怒火时，老师走了进来，他知道老师已经听到了同学们的嘲笑和耍弄。老师看着弗雷克，好像在鼓励他："别怕，要让自己勇敢起来。"

那天嘲笑他的男孩子被老师警告：以后不许再嘲笑弗雷克。他们因为害怕受到老师的惩罚，以后就再也没有说过弗雷克。

"着火了!"在寂静的夜里，一阵惊恐的声音划破夜空，火警响了起来。弗雷克被警铃声惊醒，红色的警灯将他的屋子照亮。他赶紧穿上衣服，轻轻地叩响了母亲卧室的门。

他焦急地对妈妈说："妈妈，是巴特先生家着火了，我去看看。"

里斯克姆夫人没有说话，可是她又想：弗雷克虽然还是个孩子，但是她相信他可以照顾好自己的，而且她知道儿子很想去帮助他们。

里斯克姆夫人终于开口了："好的，孩子，你可以去，但是一定要小心。你可以尽力帮助他们，但是不要莽撞行事。"

巴特先生和太太都不在家，房子暂由仆人照看。外面的风很大，火势蔓延得很迅速，所以想救房子几乎不可能了。仆人们开始四散奔逃，却没有做任何有意义的事。

弗雷克看到汤姆，急忙问道："凯特在哪？"

汤姆被吓得战战兢兢，他除了想逃跑，脑子一片空白。

"她还在房间里。"

弗雷克问道："哪个房间？"

汤姆用手指指二层的一个窗户："就那里。"

没有时间多想了，现在需要的是赶快救人。楼梯也开始烧了起来。只有通过楼梯才可以救凯特，可是这样太危险了，因为楼梯很可能被烧断，可是弗雷克还

是相信上帝会保佑他的。

人们架起了一架梯子，弗雷克爬了上去，一个消防员也随后跟了上去，他将窗户转开，挤进了屋子中。屋子里满是烟，弗雷克都快窒息了。

弗雷克好不容易叫醒了凯特，并将她架到窗口，放上了阳台。之后被一双大手接了过去，弗雷克随后钻了出来。他们顺利到达地面的那一刻，轰隆隆一生巨响，房屋倒塌了，他们差点被困在里面。

汤姆对那天晚上的事久久不能忘怀，他懂得了真正的勇敢是和爱心、奉献联系在一起的。自此以后，他就一直以此为自己的行为准则。

阅读思考

1. 弗雷克为什么要帮妈妈洗碗，他这样做对吗？

2. 汤姆和同学们为什么会嘲笑弗雷克？

3. 弗雷克是个勇敢的男孩，他敢于钻进火海去救人，可是为什么当受到汤姆他们嘲笑的时候，他并不会去动手打架呢？请仔细想想。

第5课
微小的胜利

休流着眼泪对妈妈说："妈妈，我的腿没了。我以后再也不能当水手或者士兵了，也不能再环游世界了。"他说着，内心感到万分痛苦。

他的妈妈坐在床边，帮他擦去脸上的泪水，并听着他的不断诉说："我以前对未来几乎没有任何乞求，只想环游世界，可是现在，我永远都做不到了。"

自他刚一记事，他就开始练习攀岩，可是现在却没有任何用处了。他同样练习过行军，但是仍然没有了用处。当他把埋怨——诉说一遍之后，出现了暂时的停顿。这时，妈妈说道："孩子，你知道胡伯吗？"

"是那个研究蜜蜂的人吗？"休问道。

"对，是蜜蜂和蚂蚁。那时，胡伯发现他对于小动物的知识比以前任何时候都要多，发现自己在动物领域会有更大的发展，发现自己越来越想知道这些动物的生活方式的时候，他却成了瞎子。"

休哀叹了一声，妈妈接着说。

"你知道贝多芬吗？他是世上最好的作曲家之一。他一生的贡献和价值都在音乐上。音乐成了他生命的源泉，承载着他的忧伤和快乐。当他全心投入音乐创作之时，却变成了聋子，一个十足的聋子。以后，他再也听不到任何音符的声音了，哪怕最响的声音对他来说都是寂静的。然而他的乐曲仍会让听众感到忧伤或快乐。"休没有说话。

妈妈问道："现在，你是不是会觉得这些人从没有得到上帝的关注？"休看到妈妈脸上有了一丝淡淡的微笑。

休问道："哦，不是的。可是他们都是病人，不是吗？"

"可以这样说，在不同的方面，轻重程度亦不同。你是不是会认为他们从来都未被治愈？或者上天在他们得病之后给了他们更好的事情去做？"

"上天总是明智的。但是不幸却偏偏发生在他们身上，这的确让人很难

过。如果胡伯变成了聋子或者贝多芬变成了瞎子，也许他们都不会对自己的不幸如此在意。"

"可以想象，他们当时是多么失望，但是他们一直相信上天的安排会更加明智，总是强于他们自己的愿望的。我们发现，如果他们通过了上天的考验，那么他们用心做成的事要比健全的人做成的事更伟大和高尚。并且他们同样会感受到一种由悲惨和痛苦带来的生活的快乐。"

"那是什么？"

"那就是激励自己去承担痛苦而带来的快乐，那就是当天意不遂人愿之时，默默地顺从上天的快乐。让自己的心灵承担巨大的痛苦，让自己在顺从上帝的时候放出光芒，这种快乐是独一无二的。"

"我会得到那种快乐吗？"

"我一直相信你可以做到，如果你下定决心放弃当水手或士兵时，或者你下定决心要做某件事时，就会拥有那种快乐。但是我并不希望你现在就这样做。因为即使贝多芬，当无数观众因听到他的音乐而狂喜的时候，他也会因为自己耳朵的失聪痛苦好久。"

休说："自从聋了之后他还会笑吗？"

"如果他笑了，那肯定是他已经感受到了比音乐所能带来的更大的快乐。"

"我真的好想知道，我是不是也能拥有这种快乐。"

"我们会乞求上天，让它赐予你那种快乐。现在就让我们共同祈祷好吗？"休将双手交叉在胸前，妈妈则跪在床边。他们用简练的语言做了祈祷，请求上帝让他们顺利地承担痛苦，并让他们的朋友给予合情合理的帮助。

休有时的确会陷入极度的痛苦之中，就像没人理解他的时候，或者他害怕没有人可以给他帮助的时候。然而，有一次，他却真的很高兴。那时，妈妈和妹妹爱丽丝正在聊天，却从沙发后面传来了轻轻的哭泣声。她们喊了休的名字，确信是他在悲伤地哭泣。

妈妈赶紧问道："怎么了？宝贝！爱丽丝，难道我们说了什么话让他伤心了？"

休哭着说："不是的，妈妈，我现在就告诉你们是怎么回事。"

休说他自己正在专心地听她们的谈话，听得是那样投入，以至于都忘记了其他的事。他好像感觉到什么东西在夹他的脚趾，于是他有意无意地去摸自己的脚，好像那时脚依然存在一样。但是，当他伸出双手的时候，却发现那里空荡荡的，多么可怕呀！这让他着实吓了一跳。休感觉将这一切告诉妈妈是一种安慰。妈妈走到沙发旁，跪了下来，然后告诉他，对于失去腿的人来说，这是一种必须经历的痛苦。以后，这种感觉也会不时出现，可是并不会像先前那样痛苦了。

休很痛苦，他想到了在死之前这段漫长而痛苦的时光，想到了自己以后再也不能跑步玩耍，想到了自己再也不能如常人一样生活，此时，他竟然有了死的念头。

爱丽丝感受到了他内心的痛苦，否则他不会把这么悲伤的话题讲给自己的妈妈。她看了看妈妈，妈妈的表情很自然，似乎没有丝毫的不悦。当她遇到一些困难时也会有这种感觉的，当然她的困难远远不如休的困难。但是后来她发现，即使未来看似充满了困难，但是它们并不是一起袭来，所以解决起来并没有想象的那么难。

妈妈告诉休："当我还是个孩子的时候，异常懒惰，不想起床，还不爱梳洗打扮。"

休感到异常惊讶，随口喊道："什么？妈妈！你怎么会？"

"是的，那时我就是这样懒惰。有一天，当我想到我这一生每天都要洗漱、打扮，并一件件地穿衣服的时候，就觉得生活没有了希望。"

"那你有没有把这种感觉告诉过别人？"休问道。

"没有，我感觉这是很丢人的事，那时我哭了。你知道最后怎样了吗？当我开始试着做每件事并形成习惯的时候，就不再觉得有任何麻烦了。就像故事中所说的，钟表在一下一下地敲击着，好像一切都是一种惯例。这时你会发现，你在任何场合都能应付自如，而且做任何事也总认为是顺其自然的了，毫无困难可言。"

休说："可是这并不是我想要的东西，甚至连一半都不到。"

"是的，孩子，你遇到的困难还不足所有困难的一半呢。我记得你说过，自己会克服一切困难，你还有什么害怕的呢？"

"我害怕所有的事情，因为我再也不能像一般人那样生活了。"

妈妈答道："是的，有些事情你的确不能做了。你不能再玩那些男孩子玩的板球了，也不能在妹妹的圣诞舞会上跳舞了。"

爱丽丝惊叫起来："妈妈！"她眼眶中含满泪水，因为这样残酷的事情实在让人难以接受。

休却露出高兴的表情，催促着妈妈说："妈妈，请接着说！你能体会到我的感受，你和别人不一样，他们只是对我说这些没有必要在意，也不算什么事，甚至连妹妹也这样说。好像我不应该把这当做不幸，我在痛苦的时候，他们谁都无法了解。妈妈，我想让你接着说，还有别的吗？"

"你还会受到很多的羞辱，当你看到其他男孩子在跑跳玩耍的时候，你只能站在一边观看。他们会用一种你不想接受的方式去同情你，同时也会嘲笑你。"

爱丽丝又大叫道："妈妈！"

休却继续问道："那，还有别的吗？"

"你以后必须以这种你并不能适应的方式去生活，而不是你喜欢的方式。"

"那还有别的吗？"

"现在我不知道。我再也想不到别的什么了，我也希望不会再有什么了。但是我想这些对于一个小男孩来说，或者对于任何人来说都已经很多了。"

"但是我会克服这些困难的，你瞧吧！"

"你还会找到别的方法。这些痛苦会让一个人变得更加坚强。它们也同样是有好处的。我认为你缺陷的双腿并不能阻止你成为一个有爱好的人。你还会学更多的知识，更丰富你的大脑。我们大家都会更加喜欢你，上帝也会更加宠幸你，因为它让你变得更加坚强。上帝还会帮助你有所成就。你会一个一个地克服所有的困难，并且你会通过慢慢克服这些困难从而取得更大的胜利。"

阅读思考

1. 当妈妈告诉休以后有很多事情他都不能做了的时候，爱丽丝为什么想阻止妈妈？

2. 为什么妈妈要将事实毫不隐瞒地告诉休？

3. 从这个故事中你学到了什么知识？

第6课
哈利的财富

那天早晨，小哈利一直和好朋友乔恩·克莱斯在一起玩耍。乔恩家有一栋漂亮的大房子，每个星期天他们都会坐上最气派的马车去教堂，镇上的人都能看到。

哈利回家后对妈妈说："妈妈，乔恩的两个口袋中装满了钱。"

"是吗？亲爱的。"

"是的，妈妈，他还告诉我，如果他想要更多的钱也会立马得到的。"

妈妈随意说了句："哦，那的确很好，你觉得呢？"

"是的，可是……"

妈妈问道："怎么了？哈利。"

哈利有些不高兴地说："妈妈，他还拥有很多东西，有玩具枪、手表，还有摇动木马。"

"孩子，这又怎么啦？"

"没事的，妈妈。只是我想我们家很穷，是吗？"哈利的眼泪让他的秘密暴露了出来。

"不，我们并不穷。但是如果你认为不像乔恩家那样富有就是穷的话，我也没法解释了。"

哈利还在争辩着："不是的，妈妈，我们是真的很穷，这是真的。"

妈妈用责备的眼神看着哈利："哈利！"

小家伙隐隐地哭泣："妈妈，我们就是很穷。我们家没有一样值钱的东西，除了吃穿之外，我们几乎什么都没有，甚至连那些必需的东西我们都不能拥有。"

"必须的东西？"妈妈重复着这句话，然后将手中正在编织的毛衣放了下来，她想好好地和孩子谈谈这个问题，"孩子，难道你不知道吗……"

正在一旁读报纸的本叔叔听到哈利的话，抬头问道："哈利，让我们研究一下人的眼睛吧，如果我出2美元，想让你把自己的眼睛给我，可以吗？"

哈利吃惊地大嚷道："要我的眼睛？"

本叔叔一本正经地说："是的，我需要你的眼睛。不过你放心，你不会感到痛苦的，因为我会事先给你打麻醉针的，然后还会给你一副玻璃眼球。一只就1美元呢，快点决定，否则就要降价了。我现在就可以将它取出来，怎么样？"

哈利都不敢相信本叔叔会说出这样的话，心里有些害怕了，然后坚定地说："我想不行，我怎么可能把眼睛给你？"

"那5美元呢？10美元？要不就20美元？"哈利都一次一次拒绝了。

哈利变得激动起来，嚷道："不，叔叔，即使你给我1000美元我也不会将眼睛给你的。如果没有了眼睛，我将再也看不到我的妈妈，再也看不到花草树木，再也看不到马，还有周围所有的东西。"

本叔叔却继续说道："如果我给你2000美元呢？"说着他就从口袋中拿出了一卷支票。哈利却赶紧走远，说自己永远不会这么做的。

本叔叔严肃地说："那好吧！我给的价格不能再高于2000美元了，所以我不需要你的眼睛了。不过，如果你同意另一件事的话，我会给你20美元的，那就是让我在你的耳朵中滴进几滴药水，你不会觉得痛苦，但是会变成聋子。我想做一个实验，看这种药水是否灵验。快点决定，我这里已经为你准备好了20美元。"一边说着，本叔叔还不住地在本子上写着什么。

哈利就要气疯了，对桌子上的钱理都不理，并嚷道："你要我变成聋子，不，我不会那么做的。如果我聋了，岂不是再也不会听到任何声音了？"

本叔叔回答："嗯，应该是这样的。"

哈利当然没有答应，并且说："绝对不行，即使给我3000美元我也不会答应的。"

本叔叔又在本子上记了些什么，然后又开出更高的价格要买"哈利的手"、"哈利的脚"或"哈利的鼻子"，但是哈利都一一拒绝了。最后本叔叔竟然说要出10万美元的价格买"哈利的妈妈"。

哈利愤怒地回绝了本叔叔的请求，并表现出极度不满。然后本叔叔说哈利的价格太高了，他无法再继续做实验了。

哈利高兴地大笑起来，说道："我看谁能买得起我？"

本叔叔盯着笔记本，将所有的数目都加起来，说："哦，天啊！哈利，你过来看，这里面已经有了一大笔钱呢。"因为里面已经有32000美元了。

"哈利，你不要这些钱岂不是很傻吗？"本叔叔问道。

哈利却坚决地说："不，我不会要的。"

本叔叔说："这是怎么回事？刚刚你说你很穷，可是为什么又不肯让自己去换取这32000美元。"

哈利不知该说些什么了。他的脸涨得通红，泪水顺着脸颊落下，他用胳膊紧紧搂住了妈妈的脖子，轻声地对妈妈说："妈妈，上帝真的很仁慈，它赐予了我们每个人那么多的财富。"

阅读思考

1. 哈利很羡慕乔恩吗？为什么？

2. 当本叔叔要用高价买小哈利的眼睛或鼻子的时候，哈利为什么拒绝了？

3. 最后哈利明白了什么道理？

第17部分
做一个勤奋
的人

AMERICAN
LITERATURE

第1课

勤奋的好处

在这最后一节课上，我将给你讲讲乔治·琼斯的故事，他是一个游手好闲的男孩，最后只能自食其果。不过现在，我先要告诉你关于乔治的同学查理的故事。查理和乔治年龄相当，都不算天资聪颖。并且，他俩在智力上几乎没有差别。然而查理学习十分刻苦，从小他就养成了勤奋细心的好习惯。如果有的课文很难读懂，他就利用课余休息的时间学习，而不是像其他孩子一样出去玩耍。他给自己定的首要目标就是好好学习，然后才能安心地去玩。他同样是一个爱玩的孩子，身边的好朋友也很多，当大家做游戏的时候，都喜欢和查理一伙。

有时虽然查理会利用休息的时间学习，但是却不常见，只有功课很难学会的时候他才会这样。平时，他总是下课第一个跑向操场，而上课第一个走进教室。尽情的玩耍可以让他更努力地进行学习，而刻苦的攻读也让他玩起来更加带劲。所以上课或者下课的时候他总是很快乐。他总是按时完成作业，也不去惹事，这样的孩子老师怎么能不喜欢呢？

查理在上大学的时候，备受老师的推崇。考试的时候，查理将试题全部答完。他中学的优异成绩，为他的大学奠定了良好的基础，所以使他在大学的学习变得很轻松，并且还有很多课余时间可以进行充分的阅读。

但是，不管做什么事，查理仍是把学习放在第一位，遇到需要背诵的课文，他总会提前预习。当被老师点名背诵的时候，他可以流利背出，几乎没有错误。他不但深受同学们的敬重，还受到了学校领导的极大好评。

学校有一个团队是由所有的好学生组成的，查理也在其中。按常理，这个团队中每年都要有一名代表出来演讲，而查理就成了众望所归的人。他学习刻苦，读书很多，所以他的演讲既生动又有趣。

大学时光结束了，查理拿到了学位，大学毕业了。所有的人都知道查理是一名好学生，并深受大家的欢迎。在毕业典礼那天，他的父母、兄弟姐妹都前来听他的演讲，他们都异常高兴，而且更喜欢查理了。

很多机遇都来到了查理的面前，因为他学识广博、受人尊敬，拥有一个幸福的家庭，且生活得很快乐，并受到了所有人的爱戴。

这就是勤奋给予我们的回报。这真是奇怪呀！整日游手好闲并不能给人带来快乐，但是很多人却一直这么做。所有懒惰的孩子几乎都是一样的，让人悲哀，然而勤奋的孩子却是快乐的。

当读到这篇文章，也许会有小孩子问："上天会关注我们这些年幼的小孩子吗？"当然会。人生在世，一定要善于利用时间。年轻的时候你必须为美好的明天努力奋斗。如果你从不对自己的优势加以利用，那么就是对上天的叛逆。

阅读思考

1. 为什么智力相当的两个男孩最后的结果却大不相同呢？

2. 查理是一个不懂得娱乐，只是死读书的孩子吗？我们从哪里可以看出来？

3. 如果我们在年轻的时候不懂得努力，长大后会有什么后果？

4. 你是个爱学习的孩子吗？你认为努力学习的好处是什么？

第2课
休·爱德尔和托利先生

纳撒尼尔·霍桑

休·爱德尔只想做那些容易的事，稍微有些困难的事他就不想去做。但是当他还是个孩子的时候，他就被父母送到托利先生那里去照看，托利是一位很严肃的校长。

真正了解托利的人都说他是个品德高尚的人，他不管对孩子还是对成人都很好，简直无人能及。可是他却长相丑陋、表情严肃，且声音尖锐。总之，他的行为方式和习惯都让休·爱德尔异常反感。

这位严肃的校长常常手持一根木棍，在学生中间穿梭。如果不是所有的孩子都在安静地上课，他是不会让自己停下来的。休心想："我绝不想让这种事情发生在我的身上，我要逃离这里，我要回家。"

第二天一大早，休就为自己带上了一些面包和奶酪，还有一些零用钱，准备逃离学校。不一会儿，他看见一个沉稳的男人正在沿着马路溜达。

"早上好，孩子！"陌生人说道，他的声音有些生硬和严肃，但是却蕴涵着一些关怀之情。"为什么你这么早就出来了？你要去哪儿？"

休毕竟只是一个孩子，他很诚实，因为在他的意识中还不知道什么是撒谎。所以他如实告诉陌生人，他是从学校里逃出来的，因为他对托利先生很反感。"哦，很好，孩子！"陌生人说道，"那我们可以一块走，我和托利先生已经认识很多年了，我可以帮你找一个他从来没有听说过的地方。"于是他俩就开始一同向前走去。

不久之后，他们来到了一片农田里，农田中有几个人正在晒干草。休不禁想到，在这蓝蓝的天空下，享受着暖暖的阳光，翻着干草，肯定比在托利先生的教室中读书好多了。

想到这，他停下了脚步，开始向墙外望去。突然间，他抓住了陌生人的手，向后退了一步。然后喊道："快，我们快跑，要不他会抓住我们的。"

"谁抓我们？"陌生人问道。

休回答道："我们的校长，托利先生，在那几个晒干草的人之中不就有他吗？"休指向了当中的一位老者，他看似是这片农田的主人。

那个人身穿一件衬衣，正在忙碌地工作。他额头上布满了汗珠，嘴里不停地向其他干活的人嚷嚷，趁着太阳还好赶快翻晒干草。真的很奇怪，这位老者从神态上来看，和托利先生太相似了，在需要的时候他一定会出现在教室。

"别怕，那不是校长托利先生，他是校长的兄弟。他只是一位农场主，如果你不是他手下的工人，他不会训斥你的。"陌生人说道。

休虽然认为这话是真的，但是当他看到和托利先生很相像的老者时，心里还是很不舒服。

他们经过一块空地时，看到那里有几个木匠正在建房子。休想要他的同伴停下来，他看到木匠们灵活地用着锯子、刨子和锤子，被他们深深吸引了。休也好想自己成为一名木匠，像他们一样使用这些锯子、刨子和锤子。但是突然间他像发现了什么，忍不住惊恐地抓住陌生人的手。

"快点！快！"他喊道，"托利先生在这里。"休指向了一位年纪稍长的男人，陌生人顺势望去，那人好像是在监督木匠干活。他在没建好的房子附近走来走去，检查着已经完成的活，并不住地催促工人努力。只要他布满皱纹的严肃面孔一出现，人们便开始拼命地锯呀、锤呀。

"不！他不是托利先生，不是那位校长，"陌生人说道，"这也是托利的兄弟，他是位木匠。"

"如果这样那太好了，"休说，"可是，先生，如果可以的话，我想赶快离开这儿，离开他。"

他们没走多远，在路上遇到了一群士兵。士兵们个个身着鲜艳的服装，戴着插有羽毛的帽子，扛着闪闪发亮的步枪。击鼓手和横笛手走在队伍最前面，他们演奏的音乐异常欢快，休真想一直跟着他们走下去。他想，如果我是一名士兵，老托利先生就再也不敢训斥我了。

一个生硬的声音突然响起："齐步！向前——走！"

休被吓了一跳，因为这声音像极了托利先生在教室中发出的声音，他突然感到一阵恐惧。休转头向那位军官望去，他看到了托利先生的背影，即使他现在穿的是军官的制服，可是那张丑陋的脸看上去仍然让人感觉很不舒服。

休的声音开始发颤："这一定是托利先生，我们快走，可别让我们加入他的军队。"

陌生人则显得很平静："你又错了，孩子，"陌生人非常平静地回答道，"他是托利先生的另一个兄弟，他一直都在军队里生活。我们不必害怕他。"

"行，行，"休说，"可是如果可以，我还是不想再见这些士兵了。"于是他们又开始向前走去，不一会儿，他们来到马路边的一幢房子里，一些小伙子和有着玫瑰色脸颊的姑娘正在小提琴的伴奏下跳着舞，他们脸上洋溢着笑容。

"哦，我们就在这里吧，"休喊道，"托利先生不喜欢音乐和舞蹈，所以他一定不会在这里出现的。"

休在说话期间将目光转移到了小提琴手身上，他的眼中又出现了一副像托利先生那样的面孔。只是那人的手正拿着琴弓，悠然自在地拉着小提琴，这样看来好像他一直都在从事这演奏行业。

休的脸色变得煞白，自言自语道："哦，天呀！世界上好像除了托利先生，没有任何其他的人。"

"这同样不是你的那位校长，这也是他的一位兄弟。他因为酷爱拉小提琴，而被家族所不容，因为他的家族认为这是一种耻辱。他的真名虽然是托利，可是他平时都说自己是快乐大师，然而，那些了解他的人都知道他给人的反感更甚于他的兄弟。"陌生人向休这样解释着。

"求求你，咱们还是继续走吧！"休说道。

于是，他们两个开始继续向前，他们不管是走在宽阔的大路上，还是穿过狭窄的小路，经过安静的村庄，总能看到托利先生的身影。如果他们走进一幢房子，托利会出现在卧室中；如果他们走进厨房，托利也会出现在那儿。他会很自然地在每一个农场和每一栋豪华的大厦中。不管在哪，他们总会碰见托利先生的某一个兄弟。

最后，休为了躲避托利先生将自己搞得筋疲力尽。他的脸上已经布满了泪水，然后大声喊道："把我送回去！把我送回去！如果这个世界上除了托利没有别的，我还是选择在学校待着。"

"看那里，那里就是学校的房子！来吧，让我们一起回学校。"原来，陌生人虽然带着休走了很长的路，但他们走的都是环线，所以又回到了学校的附近。

这时，陌生人的声音使休像感到了什么，他很奇怪自己之前怎么没有感觉到。休将自己的脸抬起，去望同伴的脸。看！这同样是另一个托利先生。这个可怜的孩子虽然一直在尽力逃跑，可是仍然没有避免和托利在一起。

从此，休开始勤奋学习，因为他懂得了一个道理：努力并不比偷懒和自由辛苦。他对托利先生越来越熟悉了，也不再感觉他有之前那么讨厌了，而且他感觉到老校长脸上那种满意的微笑像极了妈妈脸上的微笑。

知识拓展

★ 纳撒尼尔·霍桑（1804—1864）

纳撒尼尔·霍桑是19世纪美国著名小说家。其代表作《红字》已成世人公认的经典作品。他在1824年大学毕业后开始尝试写作，由此完成了长篇小说《范肖》，然而却没有受到关注，随后，他将自己未发表的小说全都烧毁。1837年，他又出版了短篇故事集《重讲一遍的故事》，其中有一篇《教长的黑纱》最为人称道。之后他又陆续发表了大量作品，主要有《红字》、《古宅青苔》、《玉石雕像》、《石面人像》等。

阅读思考

1. 在文中作者说托利先生"不管对孩子还是对成人都很好，简直无人能及。"可是为什么休不喜欢他呢？

2. 在作者的具体论述中，陌生人带着休一共去了几个地方？

3. 发挥你的想象，你知道为什么休在逃跑的路上一直遇到和托利先生相似的人吗？作者这样写的用意是什么？

第3课

优秀的朗诵者

　　据说有一天，普鲁士的国王弗雷德里克正在房间里待着。这时，士兵送过来一诉状，等待国王的裁决。国王刚刚打猎回来，不知道是什么原因，他的眼睛有些模糊了，根本看不清上面的字。

　　他的贴身侍卫不在身边，而送来诉状的人并不识字。国王看到了自己最钟爱的男仆，于是将他唤过来，将诉状给了他。这人是一个贵族的儿子，平时的阅读能力很差。

　　此人不但发音不清，在朗诵的时候常常把几个词连在一起，然后快速读完。而且他还发音不准，他朗诵的声调没有任何变化，别人根本无法听懂他所表达的意思。他的朗诵平白无味，从无起伏。国王听了会儿不耐烦地说："好了，你像是在读物品拍卖清单，把你的同伴叫来读吧！"门旁的另一名侍卫走了过来，接下国王手中的诉状。他先是装模作样地清了一下嗓子，国王向他开玩笑道："你昨晚不会是在后花园中开着门睡的觉吧？"

　　但是，这名侍卫并未对国王加以理睬，而是高傲十足的样子，他不想再犯与第一个人一样的错误。于是他放慢语调缓缓朗读，声音拖得长长的，每一个词都重点强调一下。他的表情实在是让人讨厌极了，国王无法再忍受下去了，吼道："停下！你是在教小孩识字吗？滚开！不，把坐在喷泉旁边的那个小女孩给我叫过来。"

　　国王所说的小女孩是来此帮父亲种花的，她的父亲是皇家花园园丁的用人。女孩就像很多穷人家的孩子一样，有着优良的品质。当来到国王身边时，她略显紧张。国王告诉她，自己的眼睛不好，希望让她帮忙读一个诉状。小女孩明白了，随后也平静了下来。

　　小女孩叫欧内斯婷，她很喜欢大声朗读，当她朗诵的时候，经常有很多人围在她家的房子周围听。那些并不认字的人，收到亲戚或子女的来信时，常常找她来帮忙。所以她练就了清晰而熟练的朗读方法，并且也学会了辨认各种笔迹。

小女孩从国王手中接过诉状，开始大略看了一遍，她看着看着，眼睛开始发亮，胸脯开始不断起伏。国王问道："你怎么了？你知不知道怎么朗读？"

小女孩回答："知道，陛下，如果可以，我现在就为你朗读。"她还是那么有礼貌。

两名侍卫想偷偷溜走，被国王呵斥道："留下！"小女孩的朗读开始了。原来诉状是一个寡妇写的，她说自己只有一个儿子，却被征兵进入了军队，可是他身体很差，根本无法适应军中的生活，他也并不想当一名士兵。他的父亲就是在战场上死去的，他一生只想做一个肖像画家。

这位寡妇将事情表达得朴实简单，但是却感人至深。欧内斯婷朗读起来很有节奏，语调适中，且富有感情。当她读完诉状，国王的眼中已噙满泪水。他说："现在我全明白了，可是如果让刚才的那两名侍卫为我朗诵的话，我将永远听不明白。现在我要将他们两个的职位解除一年，让他们好好去学习。"

"至于你，孩子，我知道你最希望得到的就是亲自前去为我传达命令，让我免除她儿子的兵役。我看看你是不是有同样的书写能力，现在请拿着这支笔，写下我对你说的话。"小女孩照办了，等写完后，国王在上面签了字，然后让一名士兵陪同小女孩前去传达命令。

欧内斯婷太高兴了，因为她不但帮助了别人，还受到了国王的夸奖。她可以帮助那些穷苦的邻居，给他们以指导，让他们开心。那位写诉状的寡妇，不仅让儿子回到了她身边，而且她的儿子还奉命为国王画了像。后来，男孩通过努力很快成了有名的画家，很多人都请他来画像，他每天都忙得不亦乐乎。他和母亲都不知道该怎么表达对小女孩的感激之情。

小女孩的父亲成了国王的首席园丁，这同样是小女孩的功劳。当然，国王也不会忘记酬谢小女孩的，国王为她支付了所有的学费，让她接受了良好的教育。那两名侍卫呢？更要谢谢这位小女孩了。因为自从朗诵的事情过后，他俩都觉得有些无地自容，于是开始刻苦学习，后来，他们竟然一个成了律师，一个成了政治家，都是业内很有名气的人。而他们取得如此的成就全都是因为自己有着绝佳的演讲能力。

知识拓展

本篇讲述的是发生在普鲁士国王弗雷德里克二世身上的一件逸事。普鲁士国王弗雷德里克二世（1712—1788）， 即弗雷德里克大帝，德国最伟大统治者之一。他的军事才干卓越突出，智慧非凡，将国家治理得井井有条，且文学修养很高。他曾用法文撰写了很多美文。且在这位国王身上流传着很多趣闻逸事，一直在民间传诵。此篇文章就是其中之一。

阅读思考

1. 国王为什么会让小女孩为他朗读诉状？

2. 给国王写诉状的老妇人有什么需要国王帮忙的？

3. 国王身边的两名侍卫因为朗读而受到了惩罚，为什么他们还要感谢那位小女孩？

第4课
懒惰的后果

许多人总是这样认为：年轻的时候是不是浪费时间根本无关大碍，只要长大之后通过努力去弥补就行了。在他们眼中，成年之后再浪费时间是件很丢人的事，可是年轻的时候他们却一直在按照自己的行为方式生活。

乔恩·琼斯就常常这样认为。在他12岁的时候，他正在一所私立学校上学，就要准备升入大学了。他的父亲拿钱给他付学费，并给他买了很多书本、衣服，可是他竟整天在学校瞎混。老师经常对他说：如果小时候不好好学习，长大以后将一事无成。

但是乔恩除了眼前的快乐什么都不管。在上课之前，他还是从不预习课文，当被点名背诵课文的时候，他就会变得结结巴巴的，还常常闹出笑话，逗得全班同学大笑。他的成绩很差，因为他很懒惰。

每当课间休息，别的男孩子都跑到操场上玩耍，乔恩却拖着懒洋洋的步子慢慢走来。他在上课的时候不好好听课，每天都是一副睡不醒的样子，可是到了真正要玩的时候，他却没了兴趣。我还清楚记得，每次打球之前投硬币的时候，我们总是最后想到乔恩。只要有足够的队员，我们就会把他搁在一旁。因为不管课上还是课下，他总是一副闷闷不乐的表情。

我想任何事情都比不上努力学习让我们更快乐了。在课间休息过后，其他的男孩子都回到了教室，精力十足地投入到了学习之中，而乔恩却慢悠悠地坐回自己的座位。在上课的时候，他有时睡觉，有时又去逮苍蝇，然后将它们放进自己凳子的小洞中，他上课的时间就这样被浪费掉了。当老师转过身去的时候，他还会将纸团扔到窗外去。当有人被点名起来背课文时，乔恩就显出一副昏昏沉沉的样子，焦虑得好像要挨皮鞭一样。别的同学总能够流利地将课文背出来。但是每当轮到乔恩时，他却吞吞吐吐很长时间，并且不住地闹出笑话，所有的人都好想让乔恩离开这个班级。

然而，乔恩竟然和别的同学一样进入了大学，虽然他的成绩很差，也算勉强通过了。因为主考老师以为他是因为害怕才没有考好的。如今，乔恩真正的痛苦来临了。大学可不像中学那样具有同情心。乔恩已经太长时间没有好好学习了，即使他比以前有些努力了，但离其他同学还是差得很远呢。

在中学的时候有时可以应付了事，结果不过是受到同学的嘲笑而已。可是他现在上课所在的大教室中，有着全国各地的同学。当教授让他背诵时，可是当着所有同学的面。这个可怜的家伙，已经为自己的懒惰付出了代价。

当教授要求同学们背诵的时候，你就会看到他心惊胆战的样子，生怕被教授点到名字，那时你也许会向他投去一些同情的目光。当点到他的名字的时候，他就会像哑巴一样，一个字也说不出来。有时他也会说出很离谱的笑话，弄得班里哄堂大笑。这种笑就是他懒惰的下场。他的确很可怜，他整天在学校瞎混，如今都不知道该怎么开动脑筋去学习了。同学们都躲得他远远的，觉得和他在一起很丢人。后来，乔恩就开始慢慢堕落了。

学校的领导只好让他暂时回家休息一段时间。几个月过去了，当他再次回到学校的时候，还是没有丝毫好转。学校只好通知他的父亲将他带回家去。在几个月之后，我遇见了乔恩，他成了可怜的流浪汉，没有钱也没有朋友。这就是他懒惰的后果。我希望读者从他的故事中能够接受教训：在时光流逝中我们要留下努力的烙印。

阅读思考

1. 为什么在让背课文的时候，乔恩总是受到同学的嘲笑？
2. 乔恩是怎样考上大学的？
3. 乔恩在大学变得勤奋了吗？
4. 乔恩最后的下场是什么？
5. 阅读此文，你知道为什么我们要在年轻的时候努力了吗？

第5课
知识的力量

"知识是一件很美好的事。"一个个子矮小、活泼开朗的男人这样说道。而听他说这话的人比他的年纪要大很多。他又一次重复道:"知识很美好!我的孩子现在才五六岁,可是他懂的知识甚至超过我12岁时所懂的。他们读书的种类很丰富,提出的问题也很全面。这个世界都比以前聪明了很多,难道这不是一件美好的事吗?先生。"

老人表情很严肃,说道:"哎,可是这还要看他们把知识用在哪些方面。它们既可以成为好事,又可以成为坏事。知识就是力量,可是这力量也有好有坏。"

那个矮男人有些不明白了:"我怎么搞不懂了。为什么力量有好坏之分呢?"

老人平静地说:"那就让我来告诉你吧!马是有力量的,可是当它的力量被控制时,它就可以拉车、带人和驮东西,然而如果它的力量一旦失控,马就会发疯似的向前奔跑,把东西和人从马背上摔下来,造成惨重的后果。"

"再比如,池塘中的水如果得到正确的引导,就可以用其浇地。可是如果让它肆意横流,只会把农田冲坏,使农作物受损。"

矮男人说:"哦,我明白了,明白了。"

"船在海上航行,如果有正确的指引,就会让其早早靠岸。然而如果指引方向错了,只会让它与目标越来越远。"

"我明白了。"矮男人重复道。

老人说:"如果你真的已经明白了。那么就要知道,知识必须得到正确运用,才会成为好事,如果得不到正确运用,只会成就坏事。有了渊博的知识和聪明的头脑,还要拥有善良的心,才能为人类造福,否则只能带来灾难。"

阅读思考

1. 你知道怎样可以获取知识吗?
2. 你知道因为知识丰富而犯罪的事例吗?

第6课
优秀源于勤奋

威廉·怀特

　　对于我们所有人而言，道德或智力方面的成就，都是由自身的努力程度所决定的。以此为信仰的古人是极其正确的，如果我们通过道德和智力两方面使自己变成品质优秀之人，就定会取得巨大的财富。若非如此，如今为何那些拥有着相同机会的年轻人，却会取得恰恰相反的两种结果，并使自己走上彼此相悖的命运中。

　　这个问题并不能用天分的不同加以解释，因为这样并不能给那些失败者提供足够的理由。我们常常看到这种情况：同一所学校的学生，不，甚至同一个家庭中的两个孩子，往往是一个天资聪颖，而另一个资质平平。天资聪颖的人常常在困苦、磨难前堕落下去，而资质平平之人却常常因为自身的努力，一跃成为卓越的人才。他们脚踏实地，一步一步走，并不断发展自己，最终获得了地位和荣誉，为国家争光，为人类谋福利。

　　那么，取得这种成就的功劳在于谁？当然是他们自己。他们为自己积累的财富。那些教书育人的学校只能给你提供学习知识的机会，但是你到底能学会多少或者利用多少，就得靠自己了。

　　当我对以上答案加以肯定的同时，也得出了一条结论：没有辛苦的付出就不会有良好的收获。这是命运的法则，具有任何天资的人都无法逃避。

　　如果对自己的天资不好好利用，天才也会变成扑火的飞蛾，最后使自己"命丧黄泉"。那么什么样的天才是受人尊敬且仰慕的，那就是那些伟大且高尚的人了。他们就像翱翔于南美高空的秃鹰，驻扎在高高的钦博拉索山之上。他们生活在高空之中，他们的生命力并未因为自己的拼搏而减弱，反而因此而大增。

　　正是这样的不懈努力，这样强大的力量，这种广泛的理解力和宽广的思考

力，才使他们得以"从月光中吸取明亮的光辉，或跳进深深的水底，将已经沉没的光荣挽救起来"。这才是真正卓越的才干，才是让人名垂青史的伟大功绩。

阅读思考

1.在作者看来，什么会决定人的成功？

2.为什么人的成就往往和天赋不成正比？

3.通过对本文的阅读，请对作者的观点进行总结。

第7课
老师和患病学生

查尔斯·狄更斯

　　老师将两条长凳安置好，随后就走到了讲台上，准备开始今天的课程。不一会儿，教室的门口出现了一个白头发的小男孩，他停下脚步，鞠了一个乡下人的躬，然后走进教室，坐在了自己的座位上。随后，他将一本折痕很深的书打开，放在了自己的膝盖上，然后将自己的两只手插进上衣口袋里，开始数口袋中的石子。他虽然做着这一系列的事情，却一副满不在乎的神情，他自豪地瞄了一眼课本，心却并不在这里，手中还在数着口袋中的石子。

　　不久之后，又一个白头发的小孩走了进来，身后跟着一个红头发的男孩，在他俩的身后，还跟着两个白头发的男孩。还有一个黄头发的孩子跟在他们后边。就这样，后边的学生接二连三到来，直到长凳上坐了十二三个学生之后，后面才没有人再跟进来。这些孩子有着各种颜色的头发，但是却没有灰色的。他们的年龄大都在4岁到14岁之间，也有比这大的。其中最大的一个都比老师高出半头，且看起来愣头愣脑的，但是他脾气却很好。最小的一个坐在板凳上的时候，脚还接触不到地板。

　　坐在第一排第一个座位上的是个有病的学生，这是特意给他提供的，但是，现在那里还没有人。在挂帽子的长钉子上的第一个也同样是空的。已经到来的孩子都不想破坏坐座位和挂帽子的规矩。但是他们看看空着的座位，再看看空着的钉子，然后望了望老师，随后开始用手捂着嘴和邻座窃窃私语。

　　上课开始了。学生们开始发出嗡嗡的声音，有的在读书，有的在背诵，有的在偷偷地开着玩笑，有的在隐蔽地搞小动作，还掺杂着各种无精打采的声音和言语。在这片混杂的声音中，老师可怜地坐在座位上，脸上显出和善、淳朴的表情。他想忘掉那个得病的学生，让自己将心思全都集中在一天的工作之中。但是

这样的工作实在太单调了，这更使得他无法忘记那个好学生，从他的表情上我们已经知道了，他对眼前的这些学生已经不抱有什么希望了。

那些懒惰的学生似乎早就看穿了老师的心思，他们知道，即使自己再大声一点嚷叫都不会受到惩罚的，所以他们更加放肆了，声音也更加夸张。他们开始当着老师的面吃苹果，猜谜语，开玩笑，互相打闹，他们对此毫不在乎，并且还会在老师的桌子腿上雕刻上自己的名字。在老师旁边的那个学生正在背诵着课文，他根本不用独自去想自己忘掉的句子，而是将目光移到老师的课本上。有一个学生，面前没有任何书本的遮挡，所以面对最小的孩子摆出各种滑稽的姿态和表情，结果逗得最小的孩子哈哈大笑。如果老师从沉思中醒过神来，抬头观望他们，他们就会立即停止自己的动作，装出很用功苦读的样子。但是，当老师再次进入沉思时，那些声音就会再次响起，并比之前的更大。

你不知道这些学生多想跑出去尽情玩耍！他们用眼睛直瞪瞪地望着敞开的窗户，好像随时都准备着冲出教室，到森林中玩耍，变成一个十足的野孩子。当他们想到那清凉的河水和由那些垂柳遮掩而成的浴池时，就变得难以忍受。这对于那两个强壮的男孩更是一种极大的诱惑，他们将衬衫扣子全都解开，就好像立马要脱掉似的。他坐在座位上，不停地用扇子扇着通红的脸，此刻他真想让自己变成一条鱼，哪怕一只苍蝇也好，反正只要脱离这闷热的教室就行，这里的确让人难以忍受。到底热不热？你可以问问坐在门口的那位学生，由于座位处于有利之地，所以有机会他就可以偷偷溜出教室，到井水中洗把脸，然后到花园中的草地上尽情玩耍一番，最后再回到那闷人的教室，出于嫉妒心理，他的举动会让很多学生气得半死。可以先不问这些学生是不是真的热，反正就连蜜蜂都躲到花丛中不肯露面了，它们好像过起了长假，等假期之后再准备继续自己的工作似的。这样闷热的天气定会让人变得懒惰。如果一个人可以悠闲地躺在草地上，仰望着广阔的天空，直到刺眼的阳光让他慢慢闭上眼睛，然后进入梦乡，那该有多好！现在难道是闷在教室中读书的时间吗？天下还有比这更荒唐的事吗？

等这一堂课上完之后，接下来就是写字课。所有的学生都需要到教室中唯一的书桌——老师旁边的书桌前写下自己歪歪斜斜的字。老师在教室中踱来踱去。此时的教室相对比较安静，因为老师会常常走到写字的学生身边，和蔼地告诉他们，要仔细观看墙上的字母是如何写的，有时又会对某个学生的字表扬一番，说他们的一撇一钩写得很好，并要求大家以他为榜样，对他进行模仿。随后，老师又告诉那些学生,那位生病的学生昨晚告诉他,他很想和大家在一起。老师的语气中透着温柔和怜悯,学生们都被老师的话感动了,他们都有些后悔,不该惹老师生气。所以,接下来学生们都安静了下来,足足有两分钟的时间,学生们都不再吃苹果,不再开玩笑,也不再打闹和做鬼脸,更没有人观望窗外的景物和那清凉的井水。

当时钟指向12点的时候,老师宣布:"同学们,我想今天下午让大家休息半天。"老师话音刚落,那个高个子和一群男孩子都开始喊叫起来,老师接下来的话大家都没有听到。老师举起手示意大家安静下来。老师接着说:"你们不要吵了,如果想吵可以到别的地方去,不要在这里,要离这远远的——我是说,你们可以到村子外面去。我想你们是不会扰乱每天和你们在一起读书的同学们的。"学生们答应老师以后不再吵闹(也许这是真话,因为他们毕竟还是孩子),那个高个子男孩也是和其他人一样真诚,他想让身边的人证明他刚才只不过是在小声说话。

老师说道:"我想请大家记住,只有这样才是好孩子。我希望你们以后能够做到,这也算对得起我了。你们尽情玩耍去吧!但是一定要记住,身体健康才是最重要的。再见了,同学们。"

学生们开始和老师告别:"先生!再见!""先生!谢谢你!"随后,孩子们慢慢离开。这时,阳光仍然照耀着大地,小鸟也在欢快地歌唱,好像只有假日阳光才显得灿烂,小鸟才开始歌唱似的。路边的树林好像在向这些快乐的孩子招手,让他们攀登到自己身上,将它们密密地围起来。那些成堆的干草好像在向他们乞求,要孩子们将它们摊到路边上好好地晒太阳;绿色的田野也正在向树林和溪水打着手势;大地被阳光和影子笼罩着,看起来特别平滑,好像在邀请孩子们在它们上边尽情地跑跳、玩耍。这样的情形,怎么能让那些男孩子控制得住?在一声呐喊之后,孩子们都开始四下散开,他们开始跑呀,跳呀,边笑边闹,快活极了!

老师看着孩子们陆续离开,自言自语道:"感谢上帝!这是顺其自然的事。他们并不在意我为他们放假,这很令我欣慰。"天将要黑下来,老师来到了那位病学生的住所,他用手轻轻地敲了一下门,门随后打开。他走了进去,里边有几个妇女,其中年长的一个被她们围在中间。那个女人面容憔悴,坐在一张椅子上,隐隐地哭泣着。老师走近她,说道:"老夫人!事情还没有严重到这种程度吧?"

老夫人并没有说什么，只是用手指了指另一个屋子。老师朝她所指的屋子走去，在那里，他看到一个孩子，半裸着身子躺着。

那个孩子很小，小的简直就像一个婴儿。他卷曲的头发覆盖着脸。他的眼睛很亮，可是并不是人间所拥有的那种，而是天堂的。老师走近他，将头靠在他的枕头边，轻轻地呼唤着他的名字。那孩子忽然变得活跃了，用手去抚摩老师的脸，然后用那瘦弱的臂膀搂着老师的脖子，他说老师是他最忠实的朋友。老师答道："是的，我希望自己永远是你的朋友，苍天有眼，它也会知道的。"

老师轻轻地问："哈利，你还记得那个花园吗？"老师感觉身体被一种东西重重地压着，所以他想让自己变得轻松一点，"在那里的黄昏是那么快乐，你一定要再去看看，那些花儿因为看不到你都不如以前鲜艳了。所以你要去看看它们，亲爱的，你不久就会去的，一定会去的，是不是？"

男孩无力地笑了笑，是虚弱到极点的那种笑，然后他将手放在老师的白头发上。他动了动嘴唇，几乎没有发出任何声音，对，就是没有任何声音的。周围陷入了一片寂静，远处人们的声音在晚风的吹拂下飘了进来。男孩睁开眼睛，问道："是什么声音？""是孩子们打球的声音。"男孩听后，用手将枕头下的一块毛巾拿了出来，想在头顶挥动一下，可是由于他的胳膊没有了任何力气，所以不得不放了下来。老师说："让我来吧！"

"请在窗户那挥动一下，然后将它系在窗户上，当他们看见它的时候，也许会想起我，所以，他们会看到这里的。"

男孩将头抬起，然后看了看那飘舞的毛巾，那些棒球、写字板、课本和玩具，随后，又轻轻地躺下，然后，他再一次伸出胳膊搂住了自己的老师。他们既是老人和孩子，又是忠实的朋友。就这样，很长一段时间过去了，小男孩将头转向了墙，睡去了。

老师依然坐在那里，手中还放着那只冰凉的小手。他知道了，现在那已经是一只死人的手，可是他仍在不住地抚摩着，好像要将那只手抚摩至复活似的。

知识拓展

★ 查尔斯·狄更斯（1812—1870）

狄更斯是19世纪英国批判现实主义小说家。其作品善于描写英国社会底层的

"小市民"生活，从中我们可以看出当时英国复杂的社会现实。他开拓并发展了英国批判现实主义文学，受到世人的欢迎。其作品一直长盛不衰。其主要作品有《双城记》、《远大前程》、《匹克威克外传》、《老古玩店》、《雾都孤儿》等。

　　本篇选自查尔斯·狄更斯的《老古玩店》。文中前半部分主要描绘了小学生在孩提时代的贪玩、淘气，此外还有天真烂漫、纯洁质朴的一面。后半部分则描写了贫穷、患病、优秀的学生和老师之间的深厚友谊，其作品文笔细腻，虽然对话并不多，但是通过动作和细节的描写将学生和老师之间的友谊表达得淋漓尽致。

第18部分
勤于思考

AMERICAN
LITERATURE

第1课

妈妈的礼物

那天，杰西和妈妈开了一个很好玩的玩笑，接下来让我讲给你听。

圣诞节快要到了，杰西、杰米和乔恩一起去树林采集绿色的树枝，想对房间装饰一番。

杰西穿了一件白色的皮大衣、红色的裤子，头戴一顶小帽子。她原本性格开朗，爱说爱笑，可是那天早晨她却感到异常难过，因为妈妈告诉她："在圣诞节的时候所有的孩子都会收到礼物，可是我就没有了，因为咱们家今年太穷了。"

杰西将妈妈的话传达给了自己的兄弟们，他们开始在一起讨论。

杰米说："真是糟糕透了，妈妈这么善良，却没有圣诞礼物。"

小杰西眼眶中已经充满了泪水："我不想这样。"

乔恩突然说："对了，她有你呀！"

"但我又不是什么新奇的东西。"杰西反驳道。

乔恩说："谁说的？你在一个小时后再回家就是全新的了，因为她已经很长时间没见你了。"

"那你们把我放进篮子里吧，然后当做圣诞礼物送给妈妈。"杰西高兴地跳起来。

于是，他们让杰西藏到篮子中，并用绿色的树枝将她围起。他们愉快地完成了这次旅行。到家时，他们将篮子放在了门口，然后进去对妈妈说："妈妈，我们给你带来了一件圣诞礼物。"

妈妈赶紧跑了出去，她走到门口，看见自己的小女儿在篮子中正在高兴地朝她笑。

妈妈说："这正是我最想要的东西。"

杰西从树枝中跳了出来，笑着说："妈妈，我觉得对于你来说每天都应该是圣诞节，因为你每天都可以看见我呀！"

阅读思考

1. 为什么那天早晨杰西感到异常难过?

2. 是谁想到要送妈妈一个特别的圣诞礼物的?

3. 想象一下,如果杰西将一个买来的礼物送给妈妈和将自己送给妈妈有什么不同?哪个的意义更大?

第2课
正确的办法

弗兰克·H.斯托克顿

　　"嗨，安迪"小詹妮说道，"你走到这里我很高兴，我过不去了。"

　　安德鲁问道："过不去了？怎么回事？"

　　詹妮答道："这里的桥没有了。我早饭后来这里桥还在呢，可是现在就到了那头，我怎么回家呀？"

　　"原来如此，我刚才过来的时候桥还在呢。可是老唐纳德每天早晨都会赶着他的牛从桥上过，之后他就会把桥拉到那头去。他是没有权利这样做的，在他心里没准会以为桥就是专门为他的牛搭建的。"安德鲁说。

　　詹妮说道："我现在必须从下面的大桥那里过去，可是，安迪，你必须跟我一起去，因为我穿过那片树林的时候会害怕的。"

　　"可是我不行的，詹妮，我们就要到上课时间了。"

　　安德鲁是一名优秀的苏格兰男孩，他不仅学习很好，在其他方面同样很优秀，所以深受校长的喜欢。

　　詹妮是他最好的朋友，他们两家离得很近。由于詹妮家就她一个孩子，所以安德鲁就像大哥哥一样照顾她。所以那天詹妮站在河边急得要哭的时候，一看见安德鲁便觉得自己的问题解决了。

　　以前安德鲁总会帮助她解决一切问题的，所以这次她一样以为会得到安德鲁的帮助。她今天早晨是到河对岸去采野花的，然而当她回去的时候，事情偏偏像安德鲁所说的那样：桥被对岸的老唐纳德拿走了。

　　这条小河虽然并不宽，岸边的水也不是很深，可是在河中央却有一段深达四五英尺。现在又正值春季，水流很急，就算是牛和大人蹚过去都不是那么容易，何况小小的詹妮，没有桥她根本无法过去。

詹妮问道："安迪，你会跟我一起去学校吗？"

"即使迟到也要这样吗？可是你是知道的，詹妮，我从未迟到过。"安德鲁说。

詹妮说："也许多米尼·布莱克以为你病了或者去放牛了。"

安德鲁说："如果我这么说，也许他会相信的，但是你应该知道，我不会这么说的。"

"那，如果我们跑去的话，还会迟到吗？"詹妮问道。

安德鲁回答："如果我们跑到桥的那头，然后我再跑回来，我在抄写之前也是赶不到学校的，上课铃随时都会响。"

"那我该怎么办呢？"可怜的小詹妮说道，"我总不能一直在这里等到放学吧。我不想去学校了，那样男孩子会笑我的。"

"好吧！我会尽力将你送回家的。不能让你待在这。要不你妈妈会着急的。"安德鲁一边说，一边想着主意。

詹妮说："是的，她会以为我掉进了河里。"

时间紧急，詹妮越来越失望。可是安德鲁实在不知道该怎么办才能既把詹妮送回家，又使自己不迟到，不让自己丢掉在学校的尊严。

然而如果想到河对岸，最近的路途也就是寻找大桥了。他左右为难，他不想因为送詹妮回家而迟到，然后再为自己的迟到找一个圆满的理由，更不想丢下詹妮不管，也不可能将她带去学校。

要怎么办才好？安德鲁的脑海中冒出了无数个想法，可是都荒谬得无法实施。这时，他听到了学校的铃声，如果现在跑去学校还不至于迟到。

安德鲁的心里越来越焦急，詹妮看着他为难的样子，开始哭了起来。

安德鲁从没有迟到过，可是现在他却越来越失望，真的没有更好的办法吗？

对呀！突然一个主意冒了出来。他怎么刚才就没有想到呢，他完全可以征求多米尼·布莱克的意见，让他同意自己送詹妮回家。这不正是最直接简便的方法吗？

校长当然同意了安德鲁的请求。事情得到了完满的结局。但是，最好的结局是，安德鲁从中懂得了一个道理：当面对困难我们费尽心思也想不出办法的时候，不妨让我们稍等片刻，看有没有最简单可行的办法。如果这样，就会找到最满意、最简单的方法。

知识拓展

★ **弗兰克·H.斯托克顿**

他于1834年4月5日出生于费城，在他还是个小男孩的时候就很喜欢写故事。他曾经弄过木雕，也做过编辑，后来却将全部精力投入到了写作中，尤其擅长写儿童故事和冒险类书籍。本篇就是由弗兰克·H.斯托克顿的一个故事改编的。

阅读思考

1. 为什么詹妮无法过河了？
2. 安德鲁为什么不能送詹妮回家？
3. 最后安德鲁想出了怎样的好办法？

第3课
弗兰克和沙漏

弗兰克是一个爱思考的孩子，他总是爱问很多问题，当发现一件新奇的事物，他就开始问出一堆问题。他的母亲是个和蔼且很有耐心的人，只要她可以解答的问题，总是仔细地给弗兰克讲解。

有时他母亲也会告诉他："孩子，现在你还小，有些问题告诉你你也不会明白，等你十岁的时候再来问我，我会一一给你解答的。"

既然母亲这样说了，他也不再固执地问下去了。他知道只要自己的问题合理，母亲定会给他回答的。

弗兰克第一次见到沙漏，觉得它非常好玩，但是不懂它能用来做什么。

母亲说："沙漏的形状像个8。人们会将它的一端装进沙子，然后让沙子顺着另一个小孔漏出去。一个小时能够漏掉多少沙子，人家就会在里边装上多少。"

弗兰克感觉这沙子漏得太慢了，很是心焦，于是说道："妈妈，它流得实在是太慢了，让我晃动一下吧，像这样什么时候才能漏完呀。"

"是的，儿子，它原本就是这样的。沙子虽然流动很慢，但是它却一刻都没停止过。"妈妈说。"这就像我们的时钟，你同样感觉它走得很慢，事实也的确如此，可是它却一刻未停过。""即使你在玩耍时，时钟照样在一秒一秒走，沙子也同样在一粒一粒地流着。"

"一个晚上的时间，沙子会通过小孔12次，时钟也会走上一圈。"

"它们无时无刻不在工作，从来不想它们为什么要做这些，也从来不想要做多长时间。"

妈妈让弗兰克学习一首赞美诗，他却说："妈妈，我不会这些。"

妈妈却说："虽然现在不会，但是你只要一直学习，不要问学习到什么时候可以停止，以后你就都学会了。"

弗兰克听了妈妈的话，开始刻苦学习，他一行一行阅读，不一会儿就理解了

赞美诗的全部内容了。

阅读思考

1. 弗兰克是个爱发问的孩子，他的这一特点好吗？

2. 我们常常用一句俗语来形容对问题过于执著，请问这句俗语是什么？

3. 弗兰克最后明白赞美诗的意思了吗？为什么？

4. 你知道什么是沙漏吗？它是做什么用的？

第4课
富兰克林说话的魅力

威廉·沃特

我以前从未遇到过如此亲密的朋友。不管是从政治家还是哲学家的角度来说，他都算是伟大的人物。当与人亲密交谈时，他的个人魅力会得到尽情显现。我曾在宾夕法尼亚州的朋友家中与他相处过两三周的时间，深感荣幸。那时，纷纷扬扬的大雪下个不停。因为地上的积雪太深，我们无法走出家门。但是，因为和富兰克林这位亲密的朋友在一起，我并没有感觉到大雪对我的阻碍。他谈吐文雅，有一种特殊的魅力。

我在此谈到他的说话魅力，并不是要和波斯维尔笔下的约翰逊对比。约翰逊的言谈总给人"参加一场激烈的战争"的感觉，事实上亦是如此，约翰逊在谈话之时总是要争取胜利，好像必须要赢得他人的尊重。他说话语气强硬，头脑灵活，思维敏捷，用词华丽，声音洪亮。他的谈话就像是一场暴风骤雨，可以席卷整个赫布里底群岛，甚至震撼整个城堡。

然而，人们久而久之就会对暴风骤雨般的谈话感到厌烦，不管其多么超凡脱俗，人们希望听到的总是井然有序且和风细雨般的言语。所以，富兰克林从没有引起过任何人的厌恶。不管谈论何种话题，他从来不刻意雄辩。你从他的谈话中感觉不到丝毫争取敬佩的意思。他的言谈就像儿童般朴素自然，不加修饰。他说话时就像一位年长的长辈。他的真诚和直率会让你感到很轻松，并使自己的谈话技巧得到有效的运用。他的观点别出心裁，然而这凭的全是他自身的光彩而非其他因素的帮助。

他好像永远都不会才思枯竭。从幼年开始，他就时时处处保持警惕，从不会放过任何事物。他的判断力很精准，他可以从生活中的每一件事中寻求到机会。他不曾浪费过自己的青年时光，也没有甘心堕落，随性而为。他一生都在痴狂地

读书，所以亦是一位思想家。凭借着自己的努力，他将书本中的知识加以运用，达到学以致用的目的，他的学习方法异常巧妙，几乎让书本上的知识都成了他自己的，所以那些知识在他身上大大增值。

知识拓展

★ **威廉·沃特（1772—1834）**

他出生于马里兰州的布莱登堡，是美国的作家、政治家，曾任美国司法部部长。他一生中作品并不多，其中《一名英国间谍的书信》、《帕特里克·亨利传》较为有名。

阅读思考

1. 我与富兰克林是怎样相识的？

2. 通过作者的描述，我们从中可以总结出富兰克林的言谈有什么特点？

3. 你知道富兰克林是谁吗？向同学们介绍一下他的大概情况。

第5课
人是如何推理的

　　我的朋友，也就是我曾对你提起过一两次的那个教授，他昨天告诉我，有人骂他。我说，这是他应该接受的；并且希望每隔几年就要被别人骂上一两次；如果不去骂人，没有人会认为他们的邻居是聪明的；人们总是不喜欢别人将自己的小错误拿来说事，他现在就有这种思想。教授笑了笑。

　　现在请听我说，用不了多久那些人，尤其是那些喜欢评论人或描写人的人们就开始赞美别人了。人与桃子或梨子有些相似之处，在即将烂掉的时候总会变得更甜一点。我不知道其中的原因，这到底是因为人们心理和生理上的自然变化，还是因为自己的真诚付出没有得到回报？然而，事实却是，除了那些性情古怪和一些没有成功的作家，大部分作家在他们年老之时已经对吹牛不屑一顾了。

　　一般情况下，如果面对一个50多岁的作家，我是不会浪费时间去让那些批判家作任何评论的。在30岁之时，我们都想将自己的名字刻在生命的印记中。然而20年之后，我们要不就已经刻过了，要不就是已经把我们的刀子收起来了。这时，我们就会去关注如何去帮助人，而不是怎样去阻挡别人的路，也不再有人阻挡我们的路了。所以，你的生命还没有终止，我对此很高兴，在以后的时间里，你定会受到人们的欢迎。

　　我曾听过或见到过很多关于作家软效应的事例，有些出乎我的意料。对于作家一生中所发生的变化我已经说过。但是，你也许并不知道，那些最坚强的人在成熟到衰老的过程中也会变得像孩子一样柔弱和温和。我还听说这样一个故事，但是没有去验证它的真假。据说，洛希尔这位伟大的部落首领在年老之后被人放在摇篮摇来摇去。还有一位老人，一生一直在撰写那些文风犀利的学术性文章，但是在年老之后却总让人给他朗诵儿童故事。一个亲眼目睹威灵顿老年生活的人说，他的行为举止都变得异常温和。在我的记忆中同样有这样一个人，他在年轻的时候不苟言笑，然而在年老之后却突然变成了一个仁慈和善的人。

由此，我常常想到梨的成熟过程。有些人就像早熟的梨，20岁时就开始成熟，他们此时应该得到充分利用，因为未来的时间不再长久。那些晚熟的人就像秋天的梨，味道总要好过夏天成熟的梨子。有的人则像冬天的梨，外在冷酷，不讨人喜欢，等其他的梨全部成熟后它才会慢慢成熟，一直到大雪将果园的土地全部覆盖，它才会绽放出自己的光芒，香气四溢。所以，请不要轻易发表评论，也许你对那些秋天或冬天成熟的梨子并不看好，然而在8月份你从地上捡到的梨子也许是被虫子咬过的或者被风吹落的。圣杰曼梨树和玫瑰色的厄尔利凯瑟琳嫁接会产生弥尔顿梨，但是老乔叟则是生命力旺盛、多汁多产、颜色金黄的伊斯特波梨。

知识拓展

★ 霍姆斯·奥利弗·温德尔（1809—1894）

美国著名作家，被誉为美国19世纪最佳诗人之一，出生在美国马萨诸塞州的坎布里奇。其作品有《早餐桌上的独裁者》等。

第6课
读书的目标

　　读书之时，我们最好给自己确定一个目标。在读书过程中，如果我们越清楚地了解自己想要得到什么知识，对知识的记忆就越持久。所以，在读书之时，要形成一个良好的习惯，那就是不断问自己："我读这本书的原因是什么？我为什么选择在这个时候读这本书？"这样也许我们会得到一个令人满意的答案。有时可能是因为此时读书比较方便；或者刚好手边有一本书，随手拿起；有时也许是为了消磨时间。这些理由都比较不错，但是并不能让我们感到满意。然而，不管这个答案是否令人满意，只要在读书前习惯性地给自己提出这个问题，就会明白读书的原因，从而培养我们的责任感，也使我们变得更加睿智。

　　这样明确的目标和意识能够更加激发我们对书籍的兴趣。它会给读者一种力量，一种吸引力，也正是因为有了这种吸引力，才促使我们可以专心地去读书，使我们朝自己规定的目标发展。一个人读书的目的如果是：将这个故事讲给他人听；将一篇报告或者论文中的内容作为自己引经据典的材料；体会一首诗中的意境，然后记住其中最美的诗句，那么这样的人肯定能够深深地体会到这一点。其实，一般而言，只有带有目的性的阅读才是最有效的读书方式。

　　从古至今，不管是富兰克林还是在他之前，凡是靠着自学成才的人，靠的不仅仅是刻苦攻读，读书还应有选择性，他们读书时总是有着明确的目的，所以只选择那些有用处的书。事实告诉我们，那些自学成才之人总是比那些有老师指导的人更能获得成功，因为他们知道自己读书和学习的目的是什么。那些不管三七二十一的人，总是不管什么书，拿来就读，他们漫无目的地阅读主要是因为他们只存有一种好奇心，所以他们并不能成为一个合格的读者。

　　读书的另一个良好的习惯就是要坚持。身边放上一摞厚厚的书，有时间就拿起读上几页，一直到读完为止。虽然很多成功的读者并不会这么做，但这的确是一个不错的读书方法。有一天早晨，我去拜访一位兴趣广泛、毅力坚强的现代旅行家，我和他步行到一个很远的村子里去。在早饭之后，尽管只有几分钟的时间可以利用，这位旅行家还是拿起一本厚厚的历史书读了起来，这是他每天必做的事情。他说："在这旅行的许多年中，我一直这样读书，久而久之就形成了一种习惯。这种习惯增加了我的知识，并使我的生活变得多姿多彩。只有养成这样的习惯，才不会使我浪费时间，导致注意力不集中。"

读书需要我们有一个确定的目标，所以我们要让自己最终实现这一目标，就要努力地将书读下去。当然，如果我们读书的目的只不过是娱乐、玩耍、或者放松，那就只能另当别论了。

前边所说就是意在告诉读者，在阅读的时候一定要有明确的目的，除此之外，读书还必须讲究方法。如果我们现在只有一个目标，那就只能朝着这个目标去选择书籍的种类，并一步步完成自己的阅读计划。

如果在我们心中，多个目标都一样重要，都能够引起我们的兴趣的话，那就让我们一个一个去完成。其中的道理不用多说。其实不管是读书、思考还是做事，我们都只能一项一项去做，这是完成多项事情的最佳方法。

当我们研究一个主题时，就需要我们阅读大量的相关书籍，这些书每本都不尽相同。并且它们之间还要互为补充。这种情况下，对这一主题的所有作品都一一进行阅读不失为一种好的方法。比如说，我们正在读一本名为《英国动荡史》的书籍，如果可以的话，我们就不能只读一个作者的作品，像克拉伦登的作品，我们还应该挑选其他作者所著的此类书籍，有时甚至要读上十几个作者的，这样我们可以从不同角度和立场去理解这段历史，也可以看到它们之间的相互补充或相互纠错。除了这些正规的历史著作外，其他的书籍也应如此，如那些以历史为背景的小说，比如斯科特的《伍德斯托克》；或者日记，如伊夫林、佩皮斯和伯顿的日记；或者随笔，如哈钦森的随笔；另外，还有诗，如安德鲁·马韦尔、弥尔顿和德莱顿的诗；除此之外，还有种类繁多的传单、小册子、招贴和讽刺漫画等。

我们在此提到那些不同种类的书籍，并不是因为这些书是在各个地方很常见的，或者说要读者都将这些书借来读，而是想说明众多的书籍是怎么对这一主题去分类和描写的，这仅仅是在讲述一个道理。

一个明智的读者应该知道他解决这一主题需要多长时间，或者需要读多少关于此类的书籍。对于这一点来说，我们最好确保：越简单越好，越适合越好，越节约时间越好。如此，我们才可以集中精力和时间去研究这一主题。读与主题相关的经典作品比阅读大量的庸俗作品效果要好得多。

  以上的习惯不止对学者有用，对于那些极少阅读，时间欠缺的人同样适用。他们同样需要懂得阅读目的和阅读方法，这样才可以让其集中精力去阅读那些感兴趣的书，从而取得更大的收获。

阅读思考

  1.你平时爱读书吗？你都读过什么书？和大家分享一下。

  2.你会像作者所说的那样为自己制订读书计划吗？

  3.文中作者共提到了几种读书方法？

第7课

考　　试

　　"你还有什么其他问题需要问我的吗？先生？"洛克问。

　　"没有了。"邦克答道，"我对于语法、写作和阅读根本搞不懂，我想你在这些方面应该是不错的。如果你在其他方面都思维敏捷的话，那么我的想法大概也就是对的了。你对哲学熟悉吗？"

　　"先生，你指的是哪方面的哲学？"

　　"就是那唯一的一种哲学呀。"

　　"可是你应该知道，哲学是分很多种的，比如自然、道德或智力方面的。"

　　"乱讲！哲学就是哲学，就是对我们所见事物的前因后果进行研究的，不管其是应用在一个疯狂的梦想上还是一个发霉的土豆上。这些你了解吗？"

　　"是的，一定程度上是了解的，先生。"

　　"那么，如果可以的话，我想提一个问题。我们常常看到这种现象，如果我们同时向两把刀上吹气，材料好的那把刀的湿气会消散得更快，这是为什么？"

　　洛克回答道："也许是因为两把刀的磨光程度不同吧！"

　　邦克幽默地说道："你回答的仅仅是表面上的知识。你也许是一个不错的思考者，但是对于这一问题你显然并没有想过。我曾在这一问题上花费了一周的时间，并通过在铁匠铺的试验找到了其中的原因。这和磨光程度几乎没有关系。如果两把刀的磨光程度相同，那么材质好的那个仍然是湿气散得较快。这其实是材质的疏密程度决定的。"

　　"首先，我看到钢材经过锤炼和锻造后就会变得密致，捶打的次数越多就会越密，其中的孔隙自然就会变得很少了。到此我就找到了我所要的答案。因为我知道让一块湿海绵变干比让一块湿木头变干需要的时间要长得多，因为海绵的空隙更大些。一块陈木总比新木干燥需要的时间短，也是这个道理。"

　　"你也可以在一块木头上钻一个大孔，在另一块木头上钻一个小孔，在孔里注满水，然后观察它们变干的时间，这样你就可以证明我的说法了。就刀锋来说，在最粗糙的刀上，湿气散去得最慢，因为其中的孔隙大，吸收的水分自然就多了，所用时间就会长久一些。"

"这个理论很精妙，"洛克说，"这让我想到了另外一个现象，我对此还没有合适的理由解释。为什么那些被踩过的土壤总是比没有踩过的土壤冻得更僵硬呢？如果我用这一理论来解释，你觉得合适吗？"

邦克说："不，我在很久之前就想过这个问题了，让我来告诉你原因吧。你是知道的，冬天我们所获得的温度一般都是从地下散发出来的，即使这并不绝对，但在一定程度上来说也是对的。温暖的地气会从地面发出然后和空气混合，使地面上的冷空气得以缓解。"

"如果地下的这股暖流被上面坚实的土地阻挡，那么它自然就会通过周边松软的土地散发出来。这样，在僵硬的土地下面很深的地方将都是冰冷的。所以这里就成为了冰霜的聚集地，暖流是不会对它们有任何影响的。这时，那些有暖气流通过的松软土地上就会有暖流的不断上升，冰霜也就不易形成了。"

"这就是对这一现象的合理解释，先生，你应该相信它是真确的。可是我们无须再讨论这些问题了，因为我已经确定你有着丰富的知识，并知道如何思考。如今，我想知道你是不是可以教会别人去思考，这才是当好一位老师的关键。因为我在观察别的方面的时候已经注意到了这一点，所以我只需你在一个孩子身上作一个小小的试验足矣。"

洛克说道："先生，请讲。"

邦克转身面对着炉火，炉子中的木柴燃烧产生的烟雾正在呈柱状上升，邦克说："先生，你看到那上升的烟雾了吧？我想我们都明白烟雾扩散的原因，可是这里最小的一个孩子是不明白的。现在去为他解释一下吧，看看他能否明白。"

洛克略微想了想，看了看屋子的四周，想找到可以用得上的辅助工具。之后，他选了一个刚好装得下那个圆管的锡杯，并在杯子中注上适量水，如果将圆管放进去的话水刚好可以满杯。洛克将这些东西拿给了那些孩子，并说道：

"孩子，你看。这两件东西哪个更重？"

孩子一手将杯子拿起，一手拿着马车圆管，说道："我想是圆管更重一些。"

"你觉得圆管比与它等量的水重，是吗？"

"嗯，是的，还是有些重的，这一点我知道。"孩子立马肯定了自己的说法。

"那么，现在请看我要做的是什么！"洛克将圆管放进了杯子中，杯子的水立马和杯口持平。

"水到了杯子的顶部，看见了吧。"

"是的，看到了。"

"好的，那这是由什么引起的呢？"

"这很简单呀！我看得很清楚。圆管比较重，并且它的周围都是水，水不能流向别处，就只能向上升了。"

"很对。那你能告诉我烟雾会沿着烟筒向上升的原因吗？"

孩子犹豫地说："我想，我想，我是不知道的。"

"那么在冬天的时候你有没有为了看上方的东西而踩到椅子上边去，当你的头接近有暖气的屋子的屋顶时会怎样呢？上面的空气和下面的空气有什么不同吗？"

"有的。我踩到上面去的时候，觉得上面的空气很温暖，可是低头捡地下的东西时，却发现地上的空气很冷。"

"事实就是这样的。但是我想让你告诉我，为什么屋顶上的空气是热的，而地面上的空气是冷的呢？"

"因为，因为，重的东西会沉下去。哦，冷空气——我明白了，我知道答案了。因为冷空气比较重，所以会下沉，暖空气就会上升了。"

"不错，现在你明白冷空气下沉的道理了，就像圆管为什么下沉一样。那么让我们看看这个问题吧，为什么烟雾会上升呢？"

"哦，我明白了。像那些铁管一样的冷空气，推动着那些像水一样的热空气向上升。烟雾是被热空气带上去的，就像在风中飞舞的羽毛一样。啊！我明白烟雾上升的原因了，真是太奇妙了。"

邦克叫道："真像一个哲学家，难题解决了。在所有老师之中，你可谓是一个稀有的人才。你不仅能够独自思考，还会指引别人去思考，所以你可以尽快来上任了。"

知识拓展

★ 丹尼尔·皮尔斯·汤普森（1793—1868）

他出生于美国马萨诸塞州的查尔斯镇，不久之后随父亲搬迁到佛蒙特，在20岁之前一直在那里的一个农场中干活。他几乎没有受到过正规教育，但是他有着远大的志向，善于把握机会。在自己的努力下，他挣到了能够使自己完成大学的钱，然后进入了米德伯瑞学院，1820年毕业。后来，他作为一名私人教师去了弗吉尼亚，并在那里当了一名律师。不久之后，汤普森回到了佛蒙特，并在那里开了一家律师事务所，后来被选为法官，后来成为美国国务卿。在大学期间，汤普森就开始为多家杂志写稿，其代表作有小说《洛克·阿姆斯顿校长》、《掘金者梅·马丁》、《绿山男孩》和《女子军或托利的女儿》。

阅读思考

1. 从文中我们可以看出邦克和洛克的关系吗？

2. 为什么两把刀上湿气散去的时间不一样呢？用自己的话表达一下。

3. 洛克是怎样向小男孩解释烟雾上升的原因的，是直截了当地给他讲道理吗？

第19部分
享受快乐

AMERICAN
LITERATURE

第1课
通往快乐的道路

每个孩子也许都注意到了，有些孩子总是比他人乐观、可爱。有些孩子非常招人喜欢，人人都想和他在一起。他们不仅自己快乐，还会将这种快乐传给他人。

有的孩子则人人都想离他远远的。他们好像没有一个真正的朋友。所以他们也不快乐。心灵就是为爱而生的，如果没有了爱，当然也就不会有快乐的心灵。

你若想让别人爱你，你就要去爱别人。爱只有付出才会有所收获。所以具有良好的性格是十分重要的。如果没有它，你的快乐就无从谈起。

一个女孩曾这样说："我在学校并不受欢迎，这我都知道。"从中我们可以看出她待人并不友善。

如果你得不到他人的喜欢，那只能说明是你自己的错。如果你待人和善，他们就会主动来和你交往的。如果你根本得不到他人的关爱，那是你根本就不值得他人去关心。我承认，有时为了体现自己的责任感，我们又不得不做一些令朋友不悦的事情。

如果你是一个高尚无私的人，且甘愿为他人牺牲自我，那么你永远都不会缺少朋友。

不要认为不招人喜欢是很不幸的事，你应该自我反省。美貌和富有都不是吸引朋友的方法。如果你真的想得到他人的尊敬和喜欢，就要表现自己的仁爱之心。

你也许还不知道，良好的性格是得到幸福的基本条件。如果你一心想去助人为乐，那么你的周围自然会招来一帮热心的朋友。如果你从儿时起就开始遵从这一原则，并一生坚持，那么你一定会得到幸福，并且受到你影响的人也会更加幸福。

在冬日的清晨你刚到学校，看到炉子中的火烧得很旺，大家都在那挤着烤火。在你身体开始变得温暖的时候，一位冻得发抖的同学走了进来。你朝他喊道："嗨，乔恩斯，到这来，我烤得差不多了。"

你起身将自己的位置让给他，难道他不会因此而感到你的善意吗？此时，即使那些最坏的孩子也会因你的慷慨举动而产生敬佩之情。就算他们并不领情，当他们想与你交朋友的时候，你定会很乐意接受。如果你总是遵循这样的原则，你的身边朋友就会不断。

再比如，某一天你正在和同学一起打球，这时，杰克走了过来。他只能在一边看着你们，而你则可以说："杰克，你过来替我一会儿，我想休息一下。"

你在草地上悠闲地躺着，而杰克则加入了球队，开始热情洋溢地施展自己的才干。他心里很清楚，你去休息只不过是想把打球的机会让给他，他又有什么理由不去感激你呢？其实，慷慨善良的人几乎不会得不到别人的尊敬和喜爱。

看看周围那些拥有朋友最多的人，他们必定都是崇高无私的人。他们为了让别人得到幸福，宁可牺牲自我。交友的第一条法则就是待人和善。

也许已经有同学感觉到自己并不受周围人的欢迎了，可是他们却很想与人交朋友。你想知道怎么做吗？来告诉你一条规则：尽力让别人快乐起来。为了他人能够快乐，宁可牺牲自我利益。

在兄弟姐妹之间要懂得忍让、体贴，这样才会得到他们的爱。与外人交往，一定要遵循这一条法则，你同样会得到丰厚的回报。

阅读思考

1. 为什么有的人受人欢迎，有的则不受人欢迎？
2. 如果你是一个不受欢迎的人，你应该怎么做？
3. 书中所说的观点正确吗？为什么？请举例说明。

第2课
保持心情愉快

奥利弗·戈德史密斯

　　每一个时代的作家都想要证明快乐是源于我们本身，而非源于那些供我们娱乐的物体。如果拥有着一颗快乐的心，那么任何东西都会让他感到愉悦。这样，人们就几乎没有任何痛苦了。如果我们像阅兵一样检验每一件事物，我们就会看到有的人感到很尴尬，有的人衣着不整，然而，这种情况下却没有人朝主持仪式的人大嚷大叫，除非那人是傻子。

　　从前，在弗兰德斯的一个关口我曾见过一个奴隶。从表面看来，他似乎对自己的处境没有丝毫不快。他是一个残疾人，然而还每天戴着一条锁链被迫干活，从早干到晚。法庭曾判决他以此种方式度过余生。虽然他的处境让人心酸，然而他却并不在乎，还有心情唱歌。要不是现在只剩一条好腿，他恐怕还会跳舞的。他看上去就像是这里最快乐幸福的人。这里就确实存在这样一位实际的哲学家，正是因为快乐的心灵让他懂得了人生的哲学。虽然表面看来他没有智慧，但实际上他却是真正的智者。没有任何一本书或任何一种教育告诉他自己处在快乐的天地间，然而他却可以从任何事情中找到快乐。尽管有很多人认为他是没有头脑的傻子，然而实际上他才是真正值得哲学家学习的。

　　如果所有的人都能够像这个奴隶一样，认为自己所处的环境之中的所有事情都是令人愉悦的，那么我们就会发现，原来所有的事情都会给自己带来好的心情。对他们来说，那些最悲惨的事，不管对于他们自己还是对于别人来说，都不会令他们变得苦恼。在他们眼中，世界就是一个大剧场，不过里边表演的都是喜剧。剧中人物所渴望的远大理想和英雄主义看起来十分荒唐，然而却会增加剧情的幽默感。总之，他们对自己的痛苦或他人的抱怨从不理睬。就像那些承办葬礼的人们，虽然身穿一身素服，但是内心却没有丝毫痛苦。其中的道理相同。

在我所认识的人之中，有一位叫做德·里茨的红衣主教。他虽然身处逆境，内心却十分愉悦。在他最悲惨的时候，就是被他的死敌——红衣主教马萨林抓住，然后被关押在法国瓦朗谢纳的一座监狱里。他从来都是对所谓的智慧和哲学思想不屑一顾的，所以也不会利用它们去加剧自己的痛苦。他反而对自己所处的环境十分满足，还以为那些对他进行压迫的人十分可笑。在监狱的时候，他没有任何娱乐，生活也很艰难，且几乎与外界失去了联系，但是他却一直以一颗乐观的心对待一切。他对于敌人满不在乎，并常常嘲笑他们，还和狱卒聊天逗趣，甚至将狱中的生活一一记录下来。

有些人目中无人，然而他们的智慧只会让他们在困难面前变得忧郁。但是这位红衣主教却让我们懂得，即使最悲惨的时候，也不要忘记有一颗乐观的心。也许我们乐观的态度会让人觉得这是麻木和傻瓜的表现，但是这并不重要，因为我们自己可以从中感受到快乐。只有傻子才会根据别人的态度去判断自己的生活。

在我所认识的人中，性情温和、活泼开朗的人往往是最幸福的。因为他们宁可伤害自己也不会去损害别人。这样的人无论何时陷入痛苦之中，都会说自己看到了"真实的生活"。如果他们被别人打破了头，或者被人骗了钱，他们则会模仿爱尔兰人的方言或者某些流行的黑话来安慰自己。无论生活多么不尽如人意，他们都不会有痛苦的感受。他们不在乎钱财的多少，以至于理财的事不得不交给他们的长辈，并且那些朋友向他借的钱也往往不知所终。一位老人临死前，家人（迪克也在这些人中间）都守在这位财迷的床前。

老人有气无力地说道："我要将所有的房产留给二儿子安德鲁，希望他可以勤俭节约地生活。"

安德鲁悲痛地（他说话往往是这样的）乞求上帝让他的父亲身体健康，福寿绵长。

"我的三儿子西蒙要归他二哥照顾，并且，我会留给他4000英镑的生活费。"

西蒙也悲痛地说道："我的父亲，我希望你身体健康，福寿绵长。"

最后，老人将目光转向了迪克："你永远是一个自由放荡的人，你一生都不会有所作为的，更不会拥有更多的财富。我只给你一个先令，去买一条缰绳吧。"

迪克却平静地说："父亲，愿上帝保佑你身体健康，福寿绵长。"

知识拓展

★ 奥利弗·戈德史密斯（1728—1774）

他是英国的天才作家，行为古怪。他曾先后在爱尔兰的都柏林、爱丁堡以及荷兰莱顿等3座城市的学校上学，然而他并不是一名优秀的学生，他异常懒惰，不热爱学习，且不遵守纪律。但是，他为人十分慷慨，做事直爽利索且喜欢体育运动，所以深得同学们的喜爱。曾经有一段时间，他在欧洲大陆漫游，但是生活却异常贫困，几乎过着身无分文的生活。1756年，他返回英国，在伦敦的寓所中，他与几名非常杰出的人相识，其中有约翰逊、乔舒亚·雷诺爵士等。他一生创作颇丰，作品几乎涵盖了任何文学体裁，其代表作品有小说《威克菲尔德的牧师》，诗歌《旅行者》和《荒村》，戏剧《委曲求全》，讽刺作品《世界公民》等。他的作品让其晚年的生活变得富裕，可是由于之后他参加了赌博活动，使生活变得极为拮据。直到他去世之时，他仍然是负债累累。

阅读思考

1. 人为什么要保持愉快的心情？
2. 文中一共举了几个事例？
3. 在最后一个故事中，为什么老人死的时候只给了迪克一个先令的遗产？

第3课

微　笑

　　天空阴沉沉的，珍妮又一次坐在窗前，望着那条狭长的小路，脸上尽是痛苦的表情。她叹了口气，说："上帝，这又是一个漫长的白天。"她向街道的另一端望去，眼神中充满希望。

　　她突然将身体向前凑了凑，使那张苍白的脸贴在了玻璃上。这时，小路的另一头走来一个小男孩，他不时地摇晃着自己的书包。当他走到珍妮的窗前时，他摘下自己的帽子，向珍妮鞠了一躬，然后望着珍妮笑了。

　　看着男孩慢慢走远，珍妮想："这真是一个可爱的小男孩！真好！他每天上学都要从这里经过。我真希望所有的人都像他一样，抬头向上，并且露出阳光般的微笑。"

　　乔治回到家中，追着妈妈问："妈妈，我不是经常对你说那个待在窗前的小姑娘吗？她看起来很可怜和疲惫。我今天向她鞠躬了，我想再为她做些什么。"

　　妈妈说："你可以给她带上一束漂亮的鲜花。"

　　乔治说："嗯，如果我知道那栋房子的入口的话，明天我就给她送去。"

　　第二天早晨，珍妮又一次无聊地坐在了窗前，她看着外面的雨水一滴滴地从玻璃上滑下。突然，她发现从小路的那端，乔治手里拿着一束鲜花向这边走来。走到她的窗前，乔治停了下来，说："我怎样可以进入你的房间？"

　　珍妮用手指向不远处的小过道，乔治颇费了些力气才找到楼梯。来到珍妮的门前他听到了一个温柔的声音："请进！"乔治说："我带过来了一些花，等下雨的时候你就可以看着它们。"

　　珍妮高兴地拍起了手："是送给我的？真是太好了！"乔治把花放到了她的腿上，她说："自从我们搬进了城里，我都还没有见过鲜花呢。"

　　乔治问道："你以前住在郊外吗？"

　　"是的。我们以前的房子很大很漂亮，那里有很多花草树木，那里的空气很新鲜。"

"那你们怎么搬到这里来了？"

珍妮轻轻地说："哎！我爸爸去世了，妈妈又一直有病在身，我们的钱基本花光了。所以妈妈卖掉了郊外的房子，到这里来工作。"

乔治看了看屋子的四周，望了望远处的小路："你每天都在这里坐着吗？"

珍妮答道："是的，因为我的脚是瘸的。但是如果我可以帮妈妈做些事的话，我并不在乎这些。"

乔治想到自己不能再在这里待下去了，于是叫道："太糟糕了！"

然而，珍妮却平静地说："其实也没那么糟糕！"

乔治解释说："我必须去学校了。"随后就不知道怎么说了。他渐渐从珍妮的视线中消失了，然而他心里却十分高兴，因为他正在试着帮助别人。可是他并不知道自己已经把一个小女孩沉闷的一天变成快乐的一天。

晚上，乔治回到家，将珍妮的事情告诉了妈妈，他对妈妈说："妈妈，如果爸爸给她们一些钱，她们就可以回到自己的家去了。"

妈妈说道："不，孩子，我们不能这么做，并且你爸爸也不会同意你这么做的，但是我们可以从别的方面去帮助她们，这样她们的生活就会更好一些。"

乔治边翻地理书边说："那明天我就带一些葡萄送给珍妮。"

妈妈接道："我可以和你一起去，再带上一些桃子。但是除了这些东西之外，我们还必须带一样东西，这样东西比好吃的更重要，甚至比金钱都重要。"

乔治抬头看着妈妈问："那是什么？微笑吗？"

妈妈高兴地说："是的，如果在微笑的同时再说一些鼓励的话，那就再好不过了。"

阅读思考

1. 文中有这样一句话，"当他走到珍妮的窗前时，他摘下自己的帽子。"你知道为什么小男孩要摘下自己的帽子吗？

2. 为什么珍妮她们从郊外搬到了这里？

3. 小女孩珍妮为什么总是坐在窗前呢？

4. 为什么当乔治请求妈妈给珍妮一些钱的时候，妈妈拒绝了，而是说要给她一些别的东西？再想象一下，如果乔治的妈妈答应了乔治的请求，结果又会怎样呢？

5. 你平时爱笑吗？你知道为什么乔治的妈妈说要为珍妮带上一些微笑吗？

20

第20部分
感悟人生

AMERICAN
LITERATURE

第1课
为死者哀悼

华盛顿·欧文

　　生活中的每一种伤痛我们都能尽力让它愈合，只有对逝者的伤痛是让人永久难忘的。其他的痛苦我们都会慢慢忘记，只有这种痛苦我们有责任不去忘掉。我们将它珍藏起来，在孤独的时候拿出来细细咀嚼。有哪个母亲能够忘记像花儿一样逝去了的孩子？虽然回忆会让人更加痛苦。有哪个孩子想忘记自己慈祥的父母？虽然回忆中尽是淡淡的哀伤。有谁会忘掉自己最亲密的朋友？即使在最悲伤的时候。

　　对逝者的爱是人类心灵的最高品质之一。其中蕴涵着忧伤，亦有快乐。当往日的伤痛逐渐平息，转而变为回忆的泪水，当突然失去亲人的巨大打击和悲痛慢慢淡去，变为对曾经岁月的回忆时，谁想将其从内心最深处抹去？尽管它有时会给我们的快乐增加一些暗淡的色彩，也会让我们的痛苦更加持久，这也并不是某一首欢快的歌或一时的兴奋可以代替的。不，其实天国中传来的声音比歌声更吸引人。有时我们宁可抛弃快乐，而甘愿沉浸在对逝者的哀思中。

　　坟墓，将所有的过错、缺点和仇恨全都统统埋葬。留给人们的只有那默默的悔悟和多情的沉思。即使当我们面前的坟墓已经成为了一个黄土堆，我们仍然对其肃然起敬，并深深感受到心灵的悔悟。当我们走到所爱的人的墓前，怎么会不让自己陷入沉思呢？那里有我们永不忘怀的记忆，那里有我们的亲人一生的故事，那么可敬、可爱、可亲。他们给予了我们无尽的关怀，这些甚至在他们存在的日子里我们都从未注意。他们离开时的庄严肃穆、他们平日里的言谈举止一幕幕地显现在我们眼前；在他们的床前充满了悲伤、瞩目和关爱。这是爱的印记！我们握着他们的手，从指尖感受到了那一点点的激动！他用那混浊的眼神死死地凝视着我们，虚弱的声音已经在向我们说明这已经是他最后一次表达爱的机会了。

请到亲人安息的地方沉思吧！请用良心去偿还那些你收受了他的恩德却还未曾报答的人吧！请将你的哀伤献给那些生前给你关爱但你从未珍惜的人吧！让他们的在天之灵也得以安慰。因为你不可能再抚平他们心灵的创伤。如果作为子女的你，给父母带来过忧愁，增添了他们的白发；如果作为丈夫，你曾让那个对你全心全意的女人对你的忠诚和关心有过片刻的犹疑；如果作为朋友，你曾对一个对你大公无私的人有过言语或行动上的误解；如果你对如今脚下这片土地中那寒冷的灵魂有过伤害；请记住，每一个恶毒的眼神，每一句刺人的话语，每一个不善的行为都会再次回到你的记忆中，让你的灵魂不断痛苦。请到他们的墓前表达你的哀思和忏悔。让你迟来的痛苦和泪水尽情地发泄出来吧，请大声痛哭，让泪水肆意流淌，因为他们再也不会看到，再也不会听到了。

将你的鲜花献上，如果这些迟到而无用的忏悔可以安慰你支离破碎的心，那就请记住：从对逝者的哀痛中接受教训，担起你应有的责任，善待生者。

知识拓展

★ 华盛顿·欧文的写作风格

华盛顿·欧文善于写随笔和短篇小说，他一直向往田园生活和古代遗风，所以文章大部分以此为题材。但是，他虽然生活在美国，却喜欢描写欧洲的奇闻逸事和一些偏远地区的民风民俗。欧文的短篇小说大都取材于欧洲的古老传说，所以具有很强的神秘色彩。

第2课
北美印第安人

查尔斯·斯普雷格

　　数年前，就在你们所坐的地方，人们的生活文明而快乐。那时的景象生机勃勃，蓟属植物生长得很茂盛，并在风中不住地向人们点头；野狐狸在大白天都敢出来挖洞，对人类不屑一顾。那时在这里幸福生活的人是另外一个种族。那时的阳光和现在一样明媚，印第安人在草丛中追逐肥壮的鹿群；那时的月光亦和现在一样明亮，印第安小伙子正在和心爱的姑娘一起享受恋爱的甜蜜。在这里，无论强者还是弱者，无论庸才还是奇才，都能各得其所，人尽其才。后来，他们被赶进了深林中，从此无家可归。这里也是他们曾经的战场，他们在战争中助威的呐喊声和激昂歌声还在这里久久回荡。当战争结束，这里才再次回归宁静。

　　同样在这里，他们曾膜拜过自己心目中的神灵，他们曾千次万次地向神灵祷告。虽然神并没有将什么规章制度刻在青石板上，但是神的旨意却被深深地印刻在他们心中。这些可怜的上天之子，虽然并不知道上天的指示，但是却坚信周围的一切都是上天的恩赐。他们每天都可以看到美丽的北极星落寞地进入自己的归宿；看到暖暖的阳光照在自己身上；看见美丽的花儿在微风中轻轻点头；看见高贵的松树毅然接受着风雪的袭击；看到胆小的动物从不敢离开它们居住的小树林；看到雄鹰不畏雨水的击打，仍然翱翔在湛蓝的天空下。他们看到那些爬行动物在脚下穿梭，人类的身体无与伦比，他们因此开始崇拜一种神奇的力量，并让自己变得更加谦虚。

　　然而，这些都成为了过去。大洋对面的清教徒呼啸而来，闯进了这片宁静的土地。他们带来生与死的种子。种下生的种子，就产生了现在的各位；种下死的种子，大量的土著居民就几乎被消灭殆尽。200年的时间，美洲大陆的人类构成几乎全部改变，原来生活在这里的种族几乎全部灭绝。人类将大自然的权利剥夺了。与那些没有教养的土著人相比，上帝之子——印第安人还是足够强大的。一直到最后，在这里或那里还有着几个印第安人的幸存者，但是不管怎样，他们已经没有祖先那种永不服输的精神了。在印第安人的时代，美洲的天空中还有很多雄鹰在翱翔，森林中还有成群的狮子在行走，人们在茶余饭后还会唱出优美动听的歌谣，那些值得尊敬的英雄的故事也在人们口中不停传颂。当年，印第安人可以挺直胸脯行走在美洲大陆上，而今他们的后代只能爬行前进了。这让我感受到，一个人被征服，被人踩在脚下时，是怎样的痛苦呀！

作为一个种族，如今他们已经不复存在。他们的弓箭都被折断，泉水也已干涸，屋里落满了灰尘。他们在夜间召开会议时燃起的篝火也早已熄灭，他们被打败后急速地跑进了人烟稀少的西部地区。他们对自己的家园恋恋不舍，他们怀着满腔的愤怒爬到了荒山之上。在夕阳下感慨自己的命运，在奔涌的海浪到来之前他们开始撤离，可是紧接着就是另一次的海浪。最终，他们被最后的一次海浪全部卷走。后来，白人来到了这片土地，他们看见印第安人的尸体，异常好奇，并开始想象他们的生活方式。印第安人的记载只留在了消灭他们的人类中，因为这样可以满足他们研究的兴趣。让他们承认自己的暴行，并为印第安人的不幸而哀思吧！

知识拓展

★ 查尔斯·斯普雷格（1791—1875）

他出生于波士顿，曾就读于波士顿公学。他一生中曾有16年的经商生涯，但仅仅是店员或合伙人。1820年，他成为一家银行的出纳，1825年以后，一直担任全球银行的司库职务。查尔斯·斯普雷格一直忙于工作，因此一生的著作极少。

阅读思考

1. 美国驱逐印第安人的事件是美国历史上的哪次运动？

2. 你知道美国人驱逐印第安人的原因吗？请查阅相关资料，增长课外知识。

3. 现在还有印第安人的存在吗？你对此了解多少？

第3课
一幕家庭场景

多纳德·格兰特·米切尔

男孩也许并不知道，时间的流逝，已经承载着他不知不觉地离开了家的港湾，进入了苍茫的人生大潮中。所有的机遇、兴趣、情感都将被深埋在无情的回忆之中，没有人可以让它们永存，除非插上梦的翅膀。

他也许并不知道，当他依靠在母亲的膝盖上，用乞求的眼神望着她，急切希望满足自己那些不切实际的愿望，或因为内心的悲伤而寻找安慰时，再也不会有人分担他的忧伤，满足他的幻想。

他也许并不知道，一直对他精心照料，且总是用微笑将一切悲伤赶走的姐姐蕾妮也就要离开他了。时光的流逝让姐姐离他越来越远，直至消失在人生的浪潮中。

但是现在，你仍在那里。炉火中的光亮隐隐约约地映照在墙壁上，父亲的大摇椅仍然放在烟囱旁边的那个角落里，父亲将头靠在了摇椅橡木的顶端，他头上的**丝丝**白发已经越加明显。母亲瘦弱的身躯坐在父亲的对面，脸上带着一丝愉悦的表情，她对你讲以后要注意的事情时，会将胳膊放在你的肩头。

火炉的旁边传来猫的鼾声，在查理去世时就在那里的挂钟现在仍然在那里单调而乏味地响着。屋子的中间放着一张大桌子，上面堆满了书，好像在等着燃起灯的那一刻再次照亮承载着无数奇闻逸事的书籍。

星星点点的火光不时反射到镜子中，随后再被反射到天花板上，看起来扑朔迷离的。在镜子的下面放着一个小架子，上面有一本厚厚的书，那是他们家族的《圣经》，其中蕴涵着他们对于自己祖先的无限敬意。《圣经》很厚重，几乎成了一个正方体，上面还带有银质的搭扣。你经常将那个搭扣按开，放开那些印有奇怪图形的画面，钻研其中写有家族历史的部分。

这里有你父母的出生年月。他们的生日看似十分遥远，好像要追溯到很久很久之前了。在下面的婚姻记载中只有一项，可是你感觉母亲的名字很奇怪：在你的心里，她除了是关心你的母亲，再也不知道是什么角色了。

在死亡的记录中也只有一项。那是查理的名字，这上面是怎样记述的呢？——"查理·亨利，死于4岁。"你虽然记得这一页上的每个字，可是仍然常常翻到这里，虽然只是一页记录，可是好像在这里你可以和查理会面。

在看到那页记录的时候，你的大脑中会有一丝不明的恐惧闪过，你害怕自己的名字也会出现在那里。你想让自己不再有这种想法，就像你知道那里不是你的名字一样。于是，你假装对这种想法不屑一顾，就像对一个你并不想认识却装作与你相识的人一样。

奇怪的是，你母亲对此却毫不畏惧。即使现在，你就在她的身边待着，夜色越来越浓重地笼罩着整个屋子，一个低沉、温柔的声音响起，她说以后再也不能在你身边了，是你独自行走的时候了，你必须自立，独自奋斗，儿时的伙伴也不再帮助你。

母亲用细嫩的指尖轻轻地梳理着你额头上的鬈发，你用坚定的目光看着火炉中的光亮，一丝骄傲之情油然而生，可是更多的则是恐惧和焦虑。骄傲是因为要去外面的世界了，焦虑则是因为必须一个人奋斗。童年的生活是平静的，可是他的脑海此时已经被焦虑的念头占据了。

查理去世时的挂钟仍在那不停地走着，现在已是午夜时分。炉火之下的阴影越来越重，钟摆就这样晃动着，像影子一样慢慢变淡。我的家，儿时的家，也在慢慢离我远去，直至永远消失。

知识拓展

★ 多纳德·格兰特·米切尔（1822—1908）

美国作家，曾就读于耶鲁大学，毕业3年之后，开始徒步环游英国，并在欧洲大陆生活了一段时间。回国后不久，便发表了自己的第一部作品《新拾集的落穗》，从此开始了自己的写作生涯。他一生作品颇多，主要有《巴特的夏天》《我的埃奇伍德农场》、《埃奇伍德的雨季》、小说《约翰斯医生》以及《农业研究》等，本文选自《梦幻人生》。

第4课

机械师归来

　　从斯普林菲尔德返回波士顿的途中，我坐在特等车厢中，旁边是一个强壮而留着黑胡子的人，这个人非常可笑。大约每5分钟，他就会站起一次，走到车厢门口，然后哈哈大笑，一直等到他感觉别人都在关注他，才会坐回座位上。

　　我们离波士顿越来越近，他的这种行为也越来越频繁，并且笑得不能自已。最后他坐到了座位上，但不再傻笑了。他将自己的行李取下放在座位上，好像马上就要下车了。其实此时离波士顿还有25英里的距离。他这么早就为下车作准备，有些令人不可思议。后来，他变得异常激动，他再也不能保守自己的秘密了，急于和别人分享，而我是离他最近的人，所以他理所应当地选择了我。

　　他转过头来，用手不住地晃动着座椅，说："你知道吗？我离开家有3年的时间了，一直在欧洲生活。我的所有亲戚还以为我3个月以后才会回来，可是现在我提前办完了事，于是就坐上了回家的火车。在我转车的时候为家里发了张电报，我想现在他们已经知道了。"他说着并不断搓手，然后将行李左右调换了一下。

　　我问道："我想你有一个很好的妻子。"

　　"是的，还有3个孩子。"他答道。

　　他将自己的外套重新叠了一下，然后又挂在了座椅的靠背上。我说："你很紧张，对不对？"

　　他说："是的，有点。你不知道，我这一周都没有睡过好觉呢。"然后，他压低了声音继续说道："我曾想，我快要到达波士顿的时候，这列车就会出轨，然后我的脖子也会被扭断。然而我的运气还是很不错的，但是运气总有走远的时候。当天下起大雨的时候，你也许会觉得雨会一直下下去，不再停止。可是，偏偏这时晴天了，你又会以为阳光会一直这样照耀下去。无论何时，你对一件事刚刚有些把握，可能就又会发生突然的变化，然后会让你觉得，其实你什么都不懂。"

　　我说道："按你所说的，你在等待着暴风雨的出现，所以你此时会继续享受阳光。"

"哦，我想是这样的。我觉得让我可以安全到家的原因就是我一直在担心自己不能安全抵达，这很让人郁闷。"他说。

接着他开始讲述自己的故事："我是一名机械师，我拥有了自己的一项发明，但是没有人相信我。我将所有的积蓄全都投了进去，甚至把房子都作了抵押。所有的人都笑我傻，所有的人，但是不包括我的妻子。她说，只要你还可以工作就不要放弃。我去英格兰的时候，情况同样糟糕，我曾想过要不要从伦敦的桥上跳下去。我去了一家工厂，想挣一笔钱，然后回家。在那里我遇到了一直在找的人。哦，我不用太啰唆了，我现在带了5万英镑。"

我赞叹道："不错呀！"

他说："是的，并且更令人高兴的是，她对此还一无所知。我曾经很多次都让她失望了，所以我想先不提这笔钱财。这笔财产一到手，我就坐上了回家的列车。"

"那么，现在你可以给她幸福了。"

"幸福？哎，你根本就不了解。我去英格兰之后，她不分昼夜地工作，为了让孩子们的生活不再那么贫困。她做一件衬衫只会得到13美分，她的半辈子都是这样做的。她会穿着有着100年历史的格子裙和披肩到站台来接我，因为在她的心中，这就是盛装了。你说她可能在一周之内买衣服吗？"

之后，他又到通道上来来回回地走，然后躲到一个以为别人不会看见的角落。他在这个狭小的空间里摇摇晃晃，打着奇怪的手势，表情也异常滑稽。

列车缓缓进站了，我站到了那个男人的对面——列车的台阶上。他站在台阶的最下面，双手提着两个行李箱，准备随时跳下车去。我看着他的脸，和列车外那些前来接人的人们的脸，我知道他还没有看到自己的亲人。突然，他大叫起来："你看，他们在那里。"

他看着眼前的人群，开始疯狂大笑。跟随着他的目光，我在人群后看到了一个瘦弱的女人，她独自屹立在人群中，好像经受不住那些衣着鲜亮的人群的拥挤。她身上的裙子已经褪了色，头戴一项旧帽子，脸上洋溢着渴望甚至痛苦的表情，她焦急地看着每一扇车门。

她开始并没有看到自己的丈夫，但很快就发现了。不一会儿，男人已经提着箱子跳下去了，通过拥挤的人群，他来到了妻子面前。她望着丈夫，表情不

住变换。她不美……甚至可以说很普通。我看到她时，不知怎么了，喉咙有些哽咽。她极力想让自己笑，但是又没有笑出来。她的嘴角显出笑的样子，但是却僵住了，她的嘴角向下撇着，不住颤抖，眼睛眨得很快，我觉得她都没有看清丈夫是怎样挤过来的。

　　他走到她跟前，将行李放下，女人将头转向一边，双手捂住脸。男人将她紧紧地抱在怀中，就像对待一个孩子一样，让女人在他怀抱中哭泣。

　　他们吸引了众多人的目光，而我则将目光转向别处。我看到在他们身旁有两个衣着破旧的孩子，用袖子擦拭着眼睛，而母亲并没有说什么，他们就又继续哭。我去看那个男人，他用帽子遮住了眼睛，妻子抬头看着他，好像那些压抑多年的泪水都顷刻而下。

阅读思考

1. 机械师为什么情不自已地哈哈大笑？
2. 机械师的发明最后被人认可了吗？从文中哪里可以看出？
3. 读过这篇文章后你有什么感想？

第5课
虚幻的计划

塞缪尔·约翰逊

　　哈萨姆的儿子奥马尔75岁生日的时候，他的三个宠臣哈利发都前来为他祝寿，并带来了无数的金银财宝。人们都前来庆贺，只要他走到哪里，哪里就会出现"万岁！万岁！万万岁"的呼声。

　　可是天下没有不散的筵席，欢乐和悲伤也总是轮流到来。灯火通明之后毕竟是油尽灯枯；香气扑鼻的花朵也总有枯萎之时，从不会时时鲜艳。已过古稀之年的奥马尔也已是灯枯油尽之时，精力慢慢地衰退了。原来那容光焕发的面容也被一条条皱纹所掩盖，年轻时的俊秀面孔早已变得沧桑，曾经力拔千斤的胳膊也变得手无缚鸡之力，以前争霸四方的步伐如今也开始蹒跚起来。他对这些哈利发深信不疑，所以将自己的钥匙和机密的大印全都交给了他们。此时，权力和欲望对他来说没有任何吸引力了，他只想将自己的才智和谋略转变为善良的心和宽大的胸怀。

　　然而奥马尔是一个十足明智的人，他的才智并没有因为年迈而有丝毫减退。议事厅中宾客满座，他们都想让奥马尔传授给他们一些知识和经验。奥马尔深受他们的崇敬和爱戴。埃及总督的儿子加勒伯每天都会来议事厅，并且起早贪黑。他年轻、英俊、善于雄辩，且性格温和敏捷，奥马尔对他十分欣赏。

　　加勒伯说："你的声音传遍了很多国家，你的智慧连亚洲最远的国家都已得知。请您告诉我，我如何做才会像你一样聪慧过人、博学多才，能够赢得世人的敬仰呢？你使权力保持稳固的秘诀是什么？如今你将大权都交到了哈利发手中，这些对你来说已不再是秘密，请你告诉我，我怎样才能像你那样拥有一切，请将你所知道的都传授于我，好吗？"

　　奥马尔说："年轻人，其实制订计划几乎没用。在我20岁那年，我第一次去

环游世界，对世界上人类所处的不同环境进行了研究。有一次，我站到了一棵树枝可以触碰到我头顶的雪松下，对自己说：假如我的一生能够活70年，我将用50年的时间来生活。"

我要拿出10年去学习知识，让自己变得充实，然后，再拿出10年去国外旅游。正因为我的博学多才，所以受到了应有的尊敬。当我到达每个城市的时候，都会遇到那些人的热烈欢迎，并且每个学生也都想与我结下友谊。在这20年的时间里，我就要这样度过了，我要收集那无穷无尽的知识，我也要找到每一种生活的乐趣，虽然我会很忙碌，但是我并不会烦恼和厌倦。

当然，我也不会忘记生活的重心，我也在尽力寻找世界上最美丽的姑娘。我想找到一位美若天仙且像山鲁佐德一样聪明伶俐的姑娘，并与她结婚。她要和我共同在巴格达的郊外住上20年的时间，我们买我们想要的东西，享受我们想要的生活，创造一切美好和快乐。

在最后的10年中，我将找一个乡村，过隐居的生活，然后在我舒服的床上，反思自己的一生。我的一生就想这样度过：我不会满足于王子的微笑，不会生活在虚伪的皇宫中，不会苛求他人的敬重，也不想让国家的事务来扰乱我的生活。我生活的计划和目标就是这样的，它在我记忆中仍然是那样的真实而清晰。

我可以肯定我的第一个10年是在学习知识，可是我并不知道自己的计划如何。为了实现这一目标，我既没有遇到可见的阻碍，也没有过过分的激情。我一直把学习知识当成自己唯一的目标，也当成了生活的乐趣。时间就这样一天天，一月月地溜走了。当走到前10年的第7个年头，我回望以前的岁月时，却猛然发现我除了遗憾，别的一无所有。

后来，我将我旅行的计划向后推迟，因为要学的东西太多了。我又何必要到国外去呢？于是我将自己紧闭起来，用了4年的时间，学习了帝国的法律。我的名声逐渐被传入法官的耳中，他们发现我可以解决很多法律难题，同时我也被人们看成是哈利发的人才。人们开始关注我的观点和意见，也开始寻找我的踪迹。人们对我深信不疑，到处赞扬我，由此我便成了人们学习的榜样。

一直到这时，我仍然想去异国旅游。我从那些旅游学家口中得到了很多关于异国风情的知识，所以一直很神往。我曾多次请求辞去我的职务，然后让我远游他国的愿望得以实现。但是，我似乎成了不可或缺的人物，并且事情开始越来越多地朝我袭来，我已经再也脱不开身。有时，我会害怕受到别人的指责，害怕别人说我忘恩负义，不懂感激之情。但是旅游的愿望一直在我的心中，永不退缩，所以，我也没有去寻找那约束人的婚姻。

一直到我50岁时，我认为自己旅游的时间已经过去了，于是开始寻找自己的婚姻，想让自己拥有一个幸福的家，并随心所欲地享受我的美满生活。然而，我已经50岁了，很难再找到一个貌若天仙且像山鲁佐德那样聪明的姑娘，我寻找、拒绝、思考，一直到62岁，虽然到了这个年纪我仍然想结婚，有时我会因为这种想法而感到羞愧。到这时，我什么都没有，也没有留下任何东西，只有开始我的隐居生活。然而，我却一直没有为隐居找到一个合适的时间，一直到最后，因为身患重病我不得不从公共服务的职位上退下来。

这就是我的计划，这也是我计划的最终结果。本想无止境地追求知识，然而却错过了完善自我的机会；本想满足自己去异国旅游的愿望，想看到更多的国家，却在同一个城市中终老；本想追求到神圣而完美的爱情，却独自度过了这一生；本想年老之后隐居，独自反思人生，却在这高墙之下直至年迈。

知识拓展

★ 塞缪尔·约翰逊（1709—1784）

约翰逊是英国历史上著名的作家之一，集文评家、诗人、散文家、传记家于一身。他父亲是一个穷书商，生活过得非常艰辛。曾就读于牛津大学，但是由于生活贫困，他不得不中途退学。其前期虽写下不少文学作品，但并不为人所知。一直到1755年他完成《英文字典》的编写，才使自己的影响力大增。但是荣誉并没有给他带来经济上的富足，他依然处于贫困之中。后来，博斯韦尔以他的后半生为题材为他写了传记——《约翰逊传》，让他成为家喻户晓的人物。但是由于这部书对他后半生的描写带有夸张的成分，所以人们大都不了解他前半生的艰辛和贫苦。

阅读思考

1. 你在生活中会常常作计划吗？计划中的事又能够实现多少呢？

2. 奥马尔在20岁时的计划是怎样的？

3. 奥马尔为自己制订的计划中有不妥当之处，你能指出有哪些吗？

4. 这篇文章告诉我们什么道理？计划都是没有用的吗？